रक्षक राम

''केवल विनाश करना ही किसी को ईश्वर का दरजा नहीं दिलाता, क्योंकि एक बड़ा विनाश तबाही लाता है और उससे अन्य बहुत से मासूम-निर्दोष भी हानि उठाते हैं और ईश्वर का दरजा केवल उसे प्राप्त होता है, जो रक्षा अर्थात् विनाश के साथ-साथ कुछ नए नियम भी समाज के लिए कोई नई व्यवस्था, जो अन्य जातियों-प्रजातियों का जीवन स्तर बेहतर बनाए, लेकर आता है। वह ईश्वर कहलाता है।''

''इसका मतलब गुरुदेव सुधार के लिए शांति चाहिए और शांति व्याप्त करने के लिए रक्षक और रक्षक का निर्माण अस्त्र-शस्त्र करेंगे, क्योंकि इनका महान् ज्ञाता ही रावण का मुकाबला कर सकने में सक्षम हो सकेगा और शांति की स्थापना कर सकेगा।'' राम कुछ गंभीर होते हुए बोले।

''आमतौर पर एक साधारण इन्सान समानता की केवल यही कल्पना करता है, किंतु समानता कार्यों में कभी नहीं हो सकती, किंतु यह संसाधनों में संभव है। हमें प्रत्येक इन्सान को एक समान भोजन और जीवित रहने के अन्य संसाधन उपलब्ध करवाने चाहिए और शूद्र को भी यह मौका प्राप्त होना चाहिए। यदि लोहार में एक राजा के उत्कृष्ट गुण हों तो उसे राजा बनने का अधिकार मिलना चाहिए।''

कौशल
अयोध्या
मिथिला
चित्रकूट
दंडकारण्य वन
किष्किन्धापुरी
सुमेरु पर्वत
लंकाद्वीप
(लंकापुरी)
© सूरज पटेल

रक्षक राम

सूरज पटेल

प्रभात
पेपरबैक्स
www.prabhatbooks.com

प्रकाशक

प्रभात पेपरबैक्स

4/19 आसफ अली रोड, नई दिल्ली-110002

फोन : 23289555 • 23289666 • 23289777 ❖ फैक्स : 23253233

इ-मेल : prabhatbooks@gmail.com ❖ वेब ठिकाना : www.prabhatbooks.com

संस्करण

प्रथम, 2016

आवरण चित्र

संतोष मिश्रा

मूल्य

एक सौ पचास रुपए

अ.मा.पु.स. 978-93-5186-911-5

मुद्रक

आर-टेक ऑफसेट प्रिंटर्स, दिल्ली

★

RAKSHAK RAM
by Suraj Patel

Published by **PRABHAT PAPERBACKS**
4/19 Asaf Ali Road, New Delhi-110002

ISBN 978-93-5186-911-5

₹ 150.00

मेरे पिता स्व. श्री सेवाराम वर्मा एवं माता श्रीमती प्रभावती वर्मा को सादर समर्पित।

एक माता-पिता का उसकी संतान पर सबसे बड़ा उपकार उसके इस पृथ्वी पर आने की वजह बनना है, क्योंकि यदि आज हम कुछ भी कर पा रहे हैं तो उसके जन्मदाता और कारण हमारे माता-पिता ही हैं। उनके इस अहसान को भी संतान कभी नहीं चुका सकती।

उस अज्ञात शक्ति को भी, जिसे मैंने कभी प्रत्यक्ष नहीं देखा है, किंतु वह मेरे साथ हमेशा से है।

मेरे चाचाजी श्री पुरुषोत्तम चौधरी, जिनसे मैंने लेखन-प्रेरणा प्राप्त किया।

मेरी बहन श्रीमती प्रतिभा चौधरी का मेरे जीवन में बेहद अहम योगदान है, वो मेरी माँ जैसी हैं। उन्होंने हमेशा मेरे जीवन में मुझे सीख प्रदान किया है।

मेरे जीजू श्री लाखन सिंह, जिन्होंने मुझे हमेशा मानसिक संबल दिया और भौतिक दुनिया से तालमेल बैठाना सिखाया।

मेरे भाई श्री अमित कुमार वर्मा एवं आभास पटेल और बहन मधुलिका चौधरी, जो मेरे आत्मविश्वास का आधार हैं।

मेरे अन्य पारिवारिक सदस्यों का भी मेरे जीवन में सकारात्मक योगदान रहा।

अंत में मुझसे जुड़नेवाले सभी व्यक्तियों को धन्यवाद!

धन्यवाद ईश्वर!

लेखकीय

आज के समाज में लगभग हर व्यक्ति अपने उज्ज्वल भविष्य हेतु संघर्षरत है। मेहनत हर कोई करता है किंतु कुछ का नाम विश्व-पटल पर छा जाता है और कुछ का नहीं। महान् बनने का गुण एक साधारण से भी साधारण व्यक्ति में मौजूद है, पर जाने-अनजाने में लोग अपने आप का, अपने गुणों का सही अवलोकन नहीं कर पाते, वे अपने अंतर्मन के प्रश्नों का उत्तर ढूँढ़ने की सही कोशिश भी नहीं करते और अंत में प्रतिफल रूप वे स्वयं एक दिन खुद को हारा हुआ पाते हैं और इस जीवन-संघर्ष की हार को वे स्वीकारते हुए नाम देते हैं—'मेरी किस्मत'।

यदि इसी जगह हम अपने जीवन में घटनेवाली प्रत्येक घटना का सूक्ष्म अवलोकन एवं स्वयं से विचार-विमर्श, मस्तिष्क में मंथन करना सीख जाएँ तो हमारा व्यक्तित्व उसी महानता के गुणों से ओत-प्रोत हो उठता है, जिसके एक स्पष्ट एवं प्रत्यक्ष प्रमाण अयोध्या राजवंश के एक राजा प्रभु श्रीरामचंद्र हैं।

उन्होंने अपने व्यक्तित्व एवं खुद का सूक्ष्म अवलोकन कर अपने सद्गुणों को उभारा, स्वयं को इतना महान् बनाया कि संपूर्ण विश्व-पटल पर वे छा गए और उनके उसी महान् व्यक्तित्व के कारण आज हम उन्हें एक 'ईश्वर' के रूप में पूजते हैं। प्रभु श्रीरामचंद्र के उसी महान् व्यक्तित्व, सूक्ष्म अवलोकन दृष्टि एवं उनके जीवन के प्रति उनका नजरिया आदि का गहन अध्ययन एवं सूक्ष्म अवलोकन कर उनके एक साधारण इन्सान से ईश्वर बनने तक की प्रक्रिया का इस उपन्यास में सूक्ष्म विवेचन, मनोरंजन एवं शिक्षा के माध्यम से किया गया है, ताकि हर कोई उनके जीवन की अच्छाइयों का महत्त्व एवं प्रक्रिया को बारीकी से समझ अपने जीवन को एक नई ऊँचाई प्रदान कर सके।

इस पुस्तक में प्रभु श्रीरामचंद्र के जीवन में घटनेवाली घटनाओं को एक साधारण एवं आम इन्सान के जीवन से तुलना कर रामायण में वर्णित अतिशयोक्ति वर्णनों को सच की कसौटी पर खरा (कसकर) उतारकर पाठकों के सामने रखा गया है।

इस उपन्यास में प्रभु श्रीरामचंद्र ने अपने जीवन में जिन परेशानियों-कठिनाइयों

आदि का सामना कर उससे उबरे, अपने मानसिक द्वंद्व के बीच कैसा व्यवहार किया—क्या विचारधारा अपनाई, जिससे कि उनका व्यक्तित्व इतना महान् बन गया, आदि विषयों का सूक्ष्म विवेचन किया गया है।

मैंने देखा है कि प्रेम का स्वरूप आज के आधुनिक समाज में बदलता जा रहा है। पति-पत्नी के बीच आज प्यार और विश्वास की जगह अन्य आधुनिक बुराइयाँ अपनी जगह बना रही है। मैं इसमें न तो पुरुष को दोषी ठहराता हूँ, न तो स्त्री को, किंतु कहीं-न-कहीं ये आधुनिकतावादी वातावरण का बुरा प्रभाव है। एक पति-पत्नी के रिश्ते का पूरा प्रभाव पहले बच्चों पर, फिर उन्हीं बच्चों के माध्यम से समाज पर और फिर देश पर पड़ता है और जीवन मूल्यों का ह्रास होता है। इस बुराई को बिना एक सच्चे आदर्श की स्थापना व इसकी सही जानकारी के इसको हराया नहीं जा सकता, यह पुस्तक पति-पत्नी के उसी सच्चे स्वरूप को व्यक्त करता है।

इसी तरह इस मौजूदा भारतीय समाज में अन्य कई बुराइयाँ प्रमुखता से उभर कर सामने आ रही हैं। उदाहरण के रूप में 'वृद्ध माँ-बाप की सेवा न करना'। इन बुराइयों के निवारण हेतु मुझे **प्रभु श्रीरामचंद्र** का चरित्र एवं उनके जीवन की घटनाएँ बेहद आकर्षक लगीं, जिनको माध्यम बनाकर मैं उस प्राचीन आदर्श को एक नए रूप में सत्य के साथ सामने लाना चाहता हूँ। इसी कारण मैं अपने इस दूरदर्शी उपन्यास हेतु मुख्य पात्र चुना। यह उपन्यास कल्पना और सच्ची घटनाओं तथा दूरदर्शिता का सहारा लेकर मानव जीवन के कल्याण हेतु लिखा गया है। मुझे पूरी उम्मीद है कि यह मानव जीवन के लिए कल्याणकारी साबित होगा।

इस पुस्तक में मैंने कुछ ऐसे विषयों पर भी प्रकाश डाला है, जो अब तक मानव जाति के लिए एक रहस्य के रूप में मौजूद हैं। उदाहरणस्वरूप—ईश्वर प्यार और ध्यान जैसे चर्चित और रहस्यमयी पहलुओं पर प्रकाश डाला गया है, जो आपकी इन विषयों पर एक नए विचार का निर्माण करेंगी। उम्मीद करता हूँ, इस पुस्तक में वर्णित तर्कसम्मत उन रहस्यों के विवेचनाओं से पाठक अवश्य संतुष्ट होंगे।

मैं आशा करता हूँ कि जो भी व्यक्ति इस मनोरंजक शिक्षाप्रद उपन्यास को ध्यानपूर्वक पढ़ेगा और इसे समझेगा, निश्चय ही उसके जीवन में एक सकारात्मक बदलाव आएगा, जो उसे जीवन की सफलता की ओर ले जाएगा।

धन्यवाद,

—सूरज पटेल

प्राक्कथन

यह कहानी एक ऐसे इन्सानी राजा के बारे में है, जिसे उसके कर्तव्यों ने महान् बना दिया।

ईश्वर बनने की काबिलीयत हर एक इन्सान में होती है, परंतु पहले उसे अपने अंदर के ईश्वरीय गुणों को जाग्रत्कर बाहर लाना होता है, और यह होता है—त्याग, कठिन परिश्रम और नियम पालन से, जिसका प्रत्यक्ष प्रमाण 'राम' थे। एक साधारण इन्सान और राजा, जिन्हें उनके गुणों ने तत्कालीन भारतीय समाज का रक्षक और ईश्वर निर्धारित किया। यह किताब एक इन्सान के अंदर छुपे ईश्वरीय गुणों का परिचय, प्रेम की अद्भुतता एवं रामायण के अनछुए रहस्यमयी पहलुओं पर प्रकाश डालकर, उन्हें अतिशयोक्ति और अविश्वास की दुनिया से बाहर निकालकर, विश्वास कर पाने योग्य, सच्चाई की दुनिया में लाने का एक अथक प्रयास है।

यह किताब इन्सान को यह यकीन दिलाएगी कि राम वास्तव में एक इन्सानी राजा थे, जिनके गुणों ने और उनके सीखते रहने की ललक ने उन्हें 'भारतवर्ष का ईश्वर' घोषित किया था। यह किताब पढ़ने के बाद आप यह सोचने पर मजबूर हो जाएँगे कि सचमुच उस समय ऐसा ही हुआ होगा।

भारत की गौरवमयी गाथा की सच्चाइयों पर प्रकाश डालती हुई एवं कल्पना और यथार्थ के मिश्रण से निर्मित, यह किताब आपको एक अद्भुत, पौराणिक दुनिया की सैर करवाएगी, जिसकी याद सदैव आपके मन-मस्तिष्क में ताजा रहेगी।

तो पेश है भारत की अद्भुत एवं सच्ची गौरव गाथा—'रक्षक राम'।

—सूरज पटेल

अनुक्रम

1

महर्षि और राक्षस प्रजाति

भारतवर्ष 750 ई.पू.

कौशल प्रांत के दक्षिण में एक घना जंगल।

सरयू नदी के तट के किनारे घने बसे इस जंगल में आज कुछ हलचल थी, कारण था—भारतवर्ष के तीन सर्वश्रेष्ठ महर्षियों का मिलन। यह मिलन आमतौर पर होनेवाली कोई सामान्य प्रक्रिया नहीं, बल्कि एक अद्‌भुत घटना थी, क्योंकि प्राचीन भारतीय ग्रंथों के मुताबिक यदि भारतवर्ष के श्रेष्ठ महर्षियों का मिलन आयोजित हो तो वह सदैव एक नए अध्याय की सृष्टि करता है। यह मिलन भी एक विशेष उद्‌देश्य की पूर्ति हेतु था और इस मिलन की एक विशेष वजह थी और वह थी, 'राक्षसप्रजाति का आतंक।'

भारतवर्ष के ये तीन सर्वश्रेष्ठ महर्षि थे—

पहले—महर्षि वसिष्ठ, जिनकी उम्र करीब पचहत्तर वर्ष थी। ये तीनों महर्षियों में सबसे बड़े थे, किंतु जप और योग के प्रभाव से पचास के प्रतीत होते थे। ये भारतवर्ष के उन प्राचीन सप्त ऋषियों में से एक थे, जिन्होंने वेदों की रचना की थी, किंतु उनमें से अब केवल ये ही जीवित बचे थे। महर्षि वसिष्ठ लंबे कद के थे और सफेद अंगवस्त्र धारण करते थे। इनके सिर पर सफेद बालों की गुच्छानुमा चोटी एवं सफेद लंबी लटकती दाढ़ी; इन्हें एक अद्‌भुत प्रभाव प्रदान करती थी। वेदों की निर्माता मंडली में शामिल होने के कारण ये भारत के सबसे ज्ञानी पुरुष एवं कौशल प्रांत के राजगुरु भी थे, अतः सभी अन्य ऋषि-मुनि इन्हीं के पास अपनी ज्ञान की शंका के समाधान हेतु आते थे।

दूसरे—महर्षि विश्वामित्र, इनकी उम्र करीब साठ वर्ष थी। कद में महर्षि वसिष्ठ से थोड़े छोटे, किंतु बलिष्ठ शरीर के थे, जो इन्हें एक क्षत्रिय का रूप प्रदान करता था। हल्की सफेदी लिये काली, मोटी, गुच्छानुमा चोटी एवं लंबी लटकती दाढ़ी उनके चेहरे को एक अद्‌भुत तेज प्रदान करती थी। ये भारतवर्ष के सर्वश्रेष्ठ तंत्र विद्या के ज्ञानी थे।

(तंत्र विद्या—ऐसी विद्या, जिससे मानव स्वयं अन्य पदार्थों की ऊर्जा व अणुओं से जुड़ उनसे मनचाहा कार्य करवा सकता था।)

तीसरे—महर्षि वाल्मीकि, जो दोनों अन्य महर्षियों के मुकाबले उम्र में काफी छोटे थे। इनकी उम्र करीब पचास वर्ष थी। ये भारतवर्ष के सबसे बड़े ध्यान योगी थे। इनकी दुबली-पतली काया एवं काली लंबी गुच्छेदार चोटी तथा लंबी लटकती दाढ़ी इन्हें एक महान् योगी के चिह्न प्रदान करती थी। इनके बारे में एक युक्ति काफी लोकप्रिय हो चुकी थी, ''एक बार ये ध्यान योग में ऐसा खोए कि दीमकों ने इनके पूरे शरीर पर अपनी बांबी (घर) बना दिया था और तभी से ये वाल्मीकि कहलाए।''

इन तीनों महर्षियों के अतिरिक्त वहाँ भारतवर्ष के अन्य बहुत से ऋषि-मुनि इकट्ठा हुए थे। तीनों महर्षि वहाँ उस वन में एक महायज्ञ करना चाहते थे।

(महायज्ञ—ईश्वर के पूजन और आहुति की एक अत्यंत प्राचीन पद्धति, जिसमें एक साथ कई महत्त्वपूर्ण यज्ञ (आहुति) किए जाते थे, ताकि ईश्वर को प्रसन्नकर अपनी बात उन तक पहुँचाई जा सके।)

इस महायज्ञ का कारण भारतवर्ष के पड़ोस में स्थित एक द्वीप—'लंकाद्वीप' की एक प्रमुख प्रजाति राक्षस द्वारा पृथ्वी के अन्य प्रजातियों पर किया जा रहा क्रूर अत्याचार था, जिसमें मानव प्रजाति के भी खत्म होने के आसार थे। वे भारतवर्ष से शुरुआतकर संपूर्ण विश्व पर अपना आधिपत्य स्थापित करना चाहते थे। महर्षि महायज्ञ द्वारा ईश्वर को सशरीर धरती पर बुलाने का आह्वान करना चाहते थे, ताकि ईश्वर एक रक्षक के रूप में धरती पर आकर मानव प्रजाति के साथ-साथ अन्य प्रजातियों की रक्षा करते तथा राक्षस प्रजाति का विनाश करते।

महायज्ञ की तैयारियाँ पूरी हो चुकी थीं। सभी जरूरी पूजन सामग्री इकट्ठी की जा चुकी थी। वन के पशु-पक्षी भी इन हलचलों को देखकर घबराए हुए और अचंभित थे तथा लगातार ध्वनि कर रहे थे।

महर्षि वसिष्ठ मुख्य महर्षि की पीठ पर बैठ यज्ञ शुरू करने का मंत्र उच्चारित कर रहे थे। महर्षि विश्वामित्र उनके दाएँ तथा महर्षि वाल्मीकि उनके बाएँ यज्ञ की ओर घेरा बनाकर चंद्राकार आकार में बैठे थे और महर्षि वसिष्ठ के सामने कुछ पंक्ति बनाकर अन्य ऋषि तथा मुनि बैठे थे। जैसे ही महर्षि वसिष्ठ ने आरंभिक मंत्र समाप्त किया, वैसे ही कुछ संशय के साथ महर्षि वाल्मीकि बोल पड़े—

''क्षमा करें महर्षि! मैं आपसे अपनी एक जिज्ञासा का समाधान चाहता हूँ, जो मैं पिछले कई दिनों से अपने हृदय में लिये घूम रहा हूँ। कृपया उचित मार्गदर्शन कर मेरा

मन शांत करें, ताकि मैं अपने पूरे समर्पित मन से यज्ञ में अपना योगदान दे सकूँ।'' यह कहकर महर्षि वाल्मीकि ने अपनी नजरें झुका लीं। महर्षि विश्वामित्र के साथ अन्य ऋषियों-मुनियों ने उन्हें जिज्ञासापूर्वक देखा।

''कहिए महर्षि! क्या है आपके हृदय में?'' महर्षि वसिष्ठ नम्र लहजे में बोले।

''महर्षि मैं राक्षस प्रजाति के उदय के बारे में जानना चाहता हूँ। जैसा कि हम सभी जानते हैं कि यह सृष्टि ईश्वर द्वारा रचित है, तो ईश्वर ने ऐसी खतरनाक प्रजाति बनाई ही क्यों और फिर उन्हें अन्य प्रजातियों से ज्यादा ताकतवर बनाने की जरूरत ही क्या थी कि वे अत्याचारी बन जाएँ?''

महर्षि वाल्मीकि ने अपना प्रश्न और अपनी चिंता दोनों जाहिर कर दी।

''ईश्वर कभी अन्याय नहीं करते महर्षि।'' (उन्होंने एक गहरी निगाह महर्षि वाल्मीकि पर डाली, मानो कोई पिता अपने बच्चे को समझा रहा हो।)

वे आगे बोले, ''उन्होंने यह धरती रची, सबके साथ न्याय करते हुए ईश्वर ने अन्य प्रजातियों के साथ-साथ राक्षस प्रजाति का निर्माण किया एवं उन्हें अन्य के मुकाबले अधिक शक्तिशाली इसलिए बनाया, ताकि वे अन्य कमजोर प्रजातियों की रक्षा कर सकें, किसी भी अन्य शक्तिशाली प्रजाति से तथा सबमें समानता बनाए रखें। **राक्षस प्रजाति का अर्थ रक्षा करनेवाला होता है,** किंतु अत्यधिक ताकत सदैव अहंकार को जन्म देती है और यही राक्षस प्रजाति के साथ भी हुआ। जब उन्होंने देखा कि दुनिया की अन्य प्रजातियाँ उनसे डरती हैं तो उन्हें अपने शक्तिशाली होने का अभिमान होना शुरू हो गया और उन्होंने अब अन्य प्रजातियों को दबाना शुरू कर दिया। उन्होंने ताकतवर होने के नाते अन्य प्रजातियों के संसाधनों पर अपना अधिकार समझा तथा उनपर अत्याचार करने लगे···और अब यह धरती हम ऋषियों के हाथ में है, क्योंकि दुनिया में ज्ञान हमारे माध्यम से फैलता है, अत: अब हम ही अपनी ज्ञान-शक्ति से ईश्वर को सशरीर धरती पर बुलाएँगे तथा वे अन्य जीवों और प्रजातियों का उद्धार करेंगे।''

इतना कहकर महर्षि वसिष्ठ ने ध्यान मुद्रा करते हुए अपनी आँखों को बंद कर लिया।

''पर महर्षि मैं उनका पूरा वास्तविक इतिहास जानने को इच्छुक हूँ कि उसका जन्म कैसे, किसके द्वारा और किन परिस्थितियों में हुआ।'' महर्षि वाल्मीकि थोड़े गंभीर होकर बोले।

हालाँकि महर्षि वाल्मीकि ने किसी खास व्यक्ति के नाम की जगह 'उसका' शब्द प्रयुक्त किया, पर वहाँ मौजूद सभी ऋषि-मुनि, साथ में दोनों महर्षि भी इस शब्द पर दहशत से चौंक गए।

''मैं इतने शुभ मौके पर उसका नाम लेना नहीं चाहता हूँ महर्षि, न ही उसे याद करना। अभी हमारे पास उसके विषय में जानने जैसे व्यर्थ वार्त्तालाप की बजाय हमें

अपने रक्षक के विषय में ध्यान लगाना चाहिए, क्योंकि मैं चाहता हूँ कि उसका नाम और इतिहास दोनों उसके साथ ही भस्म हो जाएँ।'' महर्षि ने थोड़ा उग्र और इतने कठोर आदेशात्मक लहजे में बोला कि महर्षि वाल्मीकि जड़ तक गए, पर 'उसका' शब्द ने वहाँ मौजूद अन्य सभी ऋषियों-मुनियों पर क्या असर छोड़ा था, यह उनके दहशतगर्द चेहरे को देखकर समझा जा सकता था।

महर्षि वाल्मीकि समझ गए कि अब उनके लिए मौन रहना ही सबसे ज्यादा उपयुक्त है, परंतु इस बीच महर्षि वसिष्ठ के चेहरे पर कई भाव आए गए, जिन्हें कोई न देख सका, सिवाय महर्षि विश्वामित्र के।

वे सोच में पड़ गए, ''अवश्य उसके जन्म से जुड़ी कोई ऐसी बात है, जिसे महर्षि छिपाना चाहते हैं और जो उन्हें पीड़ा पहुँचा रही है। ऐसा क्या रहस्य हो सकता है उसके जन्म में?'' इस प्रश्न ने महर्षि विश्वामित्र को विस्मय में डाल दिया।

''अब हम महायज्ञ प्रारंभ करते है।'' यह कहकर महर्षि वसिष्ठ ने अपनी आँखों को बंद करके, 'ॐ' के मंत्रोचारण एवं महायज्ञ में आहुति (पंचतत्त्वों से बनी एक विशेष यज्ञ सामग्री) डाल, उसे प्रारंभ कर दिया।

महायज्ञ में जलती चंदन की लकड़ियों एवं पंचतत्त्व तथा घी के सम्मिश्रण से, जो खुशबू उत्पन्न हुई, उसने संपूर्ण वन को महका दिया एवं पशु-पक्षी भी आवाज करने लगे।

पूरे दो दिन तक चले महायज्ञ के समाप्त होने का वक्त आ गया था। सभी महर्षि, ऋषि-मुनियों ने भारत के एक बेहद प्राचीन एवं एक शक्तिशाली मंत्र का जाप करना प्रारंभ किया, जो उन्हें सदैव बुराई पर विजय पाने की प्रेरणा देता था। इसके उपरांत सभी हाथ ऊपर उठाकर ईश्वर को सशरीर धरती पर आने का आह्वान (पुकारने) करने लगे। तभी यज्ञ से धुआँ ऐसा उठने लगा, मानो कोई बादल हो। वह एक जगह एकत्रित होने लगा। सभी की आँखें उस भयानक रूप में उठ रहे धुएँ पर केंद्रित थीं, जिससे उनके रक्षक के सशरीर धरती पर आने की उम्मीद थी। सभी मंत्रमुग्ध और भाव विह्वल थे। तभी धुएँ ने एक सघन आकार लेना शुरू कर दिया और सभी की आँखें जिज्ञासा में चौड़ी हो गईं। सभी साक्षात् ईश्वर को देखने को उतावले थे। वह आकार बढ़ता ही गया, तभी वह धुएँ का बादल फट गया, धुएँ के आँखों में लगने की वजह से सबकी आँखें बंद हो गईं और जब थोड़ी देर के बाद धुआँ छँटा, तो सभी ने अपनी आँखों को मलते हुए महायज्ञ की ओर देखा, किंतु वहाँ कोई भी न था। यज्ञ भी धीरे-धीरे समाप्ति की ओर था।

''इसका मतलब...'' महर्षि वाल्मीकि बुदबुदाए।

''ईश्वर हमारी रक्षा को नहीं आएँगे?'' सभी ऋषियों-मुनियों ने महर्षि वसिष्ठ

की ओर देखते हुए पूछा।

"नहीं इसका यह मतलब नहीं।" महर्षि वसिष्ठ गहरी सोच में डूबते हुए बोले।

"पर महर्षि यहाँ तो कोई नहीं आया।" सभी का स्वर उभरा।

"नहीं, वे आए थे। (महर्षि विश्वामित्र बीच में कुछ बोलना चाहते थे, पर महर्षि वसिष्ठ ने उन्हें चुप रहने का इशारा किया) वे एक आकार में आए थे, पर इस बार चले गए।" महर्षि वसिष्ठ बोले।

"चले गए! क्या वे अपनी संतान की रक्षा नहीं करेंगे? क्या वे हमारा यही हश्र चाहते हैं?" महर्षि वाल्मीकि उदासी के साथ बोले और उनका स्वर बैठता चला गया।

"नहीं महर्षि!" महर्षि वसिष्ठ तेज स्वर में बोले। जो देख रहे थे कि सभी ऋषि-मुनियों को एक घोर निराशा अपनी जकड़ में ले, उनके अंदर डर का संचार कर रही थी।

महर्षि वसिष्ठ पुनः बोले—

"इसका मतलब उनको अपनी संतान पर भरोसा है कि हम स्वयं उन राक्षसों से निपट लेंगे (उनकी आवाज और तेज हो गई।) हम सब गुरु हैं, हमारे अंदर ज्ञान का संपूर्ण भंडार है, हम सब स्वयं मिलकर अपने ऐसे एक रक्षक का निर्माण करेंगे, जिसका काट उन राक्षसों के पास नहीं होगा।"

"यानी, एक इन्सान!" महर्षि विश्वामित्र कुछ संशय में बोले।

"हाँ! एक इन्सान। जो अब हमारी संस्कृति और प्रजाति की रक्षा करेगा।" महर्षि वसिष्ठ बोले।

"पर महर्षि यह कैसे मुमकिन होगा? वह इन्सान हम ढूँढ़ेंगे कहाँ, जो इस लायक हो?" महर्षि वाल्मीकि ने अविश्वासी नजरों से देखते हुए पूछा।

"हम सब किसी-न-किसी प्रांत के राजगुरु हैं, या गुरुकुल चलाते हैं। हम सभी आज से बारह वर्ष के बाद दोबारा मिलेंगे, अपने सर्वश्रेष्ठ शिष्य के साथ और उनकी आपस में प्रतियोगिता करवाएँगे और जो उस प्रतियोगिता में सर्वश्रेष्ठ होगा, उसको मैं और महर्षि विश्वामित्र अपना संपूर्ण ज्ञान और कौशल सिखाएँगे और वह ही हमारा रक्षक होगा।"

सभी महर्षि और ऋषि-मुनि एक बार फिर पूर्ववत् बैठे, जैसे वे महायज्ञ के पूर्व बैठे थे, क्योंकि महर्षि वसिष्ठ ने कहा कि एक आखिरी बार सब अपनी- अपनी जिज्ञासा शांत कर लें। सभी एक-एककर प्रश्न पूछते रहे। महर्षि वसिष्ठ धैर्यपूर्वक उत्तर देते रहे, इसी कड़ी में एक प्रश्न महर्षि वाल्मीकि ने पूछा—

"हम बारह वर्षों तक किस प्रकार जिएँ, क्या हम आँखें मूँदे उन्हें इसी प्रकार अत्याचार करते देखते रहें?"

"धैर्य ही सफलता लाता है महर्षि। हमें धैर्य से सही वक्त का इंतजार करना

होगा, क्योंकि ये बारह वर्ष ही हमारा सबसे महत्त्वपूर्ण समय होने जा रहे हैं और हम ही अन्य सभी प्रजातियों-जीवों के भविष्य का निर्धारण करने जा रहे हैं।'' महर्षि वसिष्ठ ने उत्तर दिया।

प्रश्न-उत्तर का सिलसिला चलता रहा और कुछ समय के बाद सभी शांत हो गए। तब महर्षि वसिष्ठ बोले—

''तो क्या अब हमारे प्रस्थान का वक्त हो गया?''

''अभी नहीं महर्षि।'' शुरू से मौन महर्षि विश्वामित्र ने अपना मौन तोड़ा।

''तो अब आपकी भी कुछ शंका है महर्षि विश्वामित्र?'' महर्षि वसिष्ठ ने आश्चर्य से भरी एक तेज निगाह महर्षि विश्वामित्र पर डाली।

''हाँ महर्षि! मुझे लगता है कि आप कुछ छुपा रहे हैं।'' महर्षि विश्वामित्र ने भी एक तीव्र निगाह महर्षि वसिष्ठ पर डाली।

''किस बारे में महर्षि?'' महर्षि वसिष्ठ थोड़े असहज हो गए, क्योंकि वे समझ चुके थे कि तीक्ष्ण बुद्धिवाले विश्वामित्र से कुछ नहीं छुप सकता। फिर भी वे अनजान होने का दिखावा करते रहे।

''उसके बारे में (इतना सुनते ही सभी ऋषि-मुनि स्तब्ध हो गए, स्वयं वाल्मीकि भी)···रावण के जन्म के बारे में।''

इस नाम और उसके जन्म के रहस्य के बारे में सुनकर सभी हैरानी व डर से जड़ पड़ गए।

''महर्षि आप साफ-साफ कहिए कि आप क्या कहना चाहते हैं?'' महर्षि वसिष्ठ उत्तर देने से बचते हुए बोले।

''महर्षि आज तक यहाँ कोई भी उसके जन्म के विषय में नहीं जानता, सिवाय आपके और आप हमेशा उसके जन्म के बारे में बताने से बचते रहे हैं। कृपा कर आज हमें उसके जन्म की उस सच्चाई को बताइए महर्षि, जो आज भी हमारे लिए एक रहस्य बना हुआ है।'' महर्षि विश्वामित्र ने तेज, किंतु सौम्य लहजे में बोला और तभी महर्षि वाल्मीकि तथा एक-दो और अन्य ऋषि-मुनि भी महर्षि वसिष्ठ से उसके जन्म का रहस्य बताने के लिए आग्रह करने लगे, शेष डर से जड़वत् ही रहे।

काफी देर सोचने के बाद महर्षि वसिष्ठ बोले, तो ठीक है। मैं तुम्हें अवश्य बताऊँगा उसके जन्म के और रहस्य के बारे में। सुनो।

2

रावण का जन्म और उसका रहस्य

"भारतवर्ष के दक्षिण में स्थित एक द्वीप—'लंकापुरी' जो अपनी समृद्धि के लिए विश्वविख्यात था। (महर्षि वसिष्ठ बोलते जा रहे थे और दोनों अन्य महर्षियों के साथ-साथ सभी अन्य ऋषि-मुनि भी ध्यानपूर्वक एवं चेहरे पर उत्सुकता और डर का भाव लिये उस अद्‌भुत डरावने व्यक्ति के जन्म का रहस्य सुनने को व्याकुल थे) वह द्वीप सभी ऋषि-मुनियों के लिए स्वर्ग था, इसका कारण वहाँ का खूबसूरत और शांत वातावरण एवं राक्षस प्रजाति थी।''' (इस समय आतंक का पर्याय बन चुकी राक्षस प्रजाति के कारण शांति जानकर सभी ऋषि-मुनि फुसफुसाहट करने लगे)''' हाँ! एक समय राक्षस प्रजाति शांति का भी कारण थी। वे इस वक्त तक अपना कर्तव्य बेहद ईमानदारी से निभा रहे थे। ऋषियों-मुनियों को अब जंगल में शेर जैसे मांसभक्षी जीव से डर नहीं रह गया था, क्योंकि राक्षस प्रजाति सदैव रक्षा को उपलब्ध रहती थी, यहाँ तक कि धीरे-धीरे सिंह जैसे खतरनाक पशु भी राक्षस प्रजाति से भय खाने लगे, क्योंकि ईश्वर ने उनके अंदर मानव के साथ-साथ पशु शक्ति भी डाली थी। अब जब उस द्वीप पर रक्षा करनेवाली प्रजाति ही रहती थी, तो जाहिर सी बात है कि वहाँ सुरक्षा का स्तर अन्य किसी भी स्थान से बेहतर होगा, लिहाजा दूर-दूर से ऋषि-मुनि आकर इस धरती पर ध्यान-योग करने लगे, तथा यह द्वीप ध्यान स्थली बन गया।

इस द्वीप के राजा राक्षस प्रजाति के तीन सगे भाई थे—माल्यवान, सुमाली और माली। ये राक्षस प्रजाति के अन्य राक्षसों के मुकाबले अत्यंत बलशाली थे। इन तीनों में सबसे ज्यादा बुद्धिमान सुमाली था, अतः राज्य प्रशासन वही चलाता था। धीरे-धीरे माल्यवान और माली पर पशु बुद्धि हावी होती चली गई। जब उन दोनों ने देखा कि हर जाति-प्रजाति के जीव उनसे डरते हैं और उनके समक्ष सिर झुकाते हैं, तो उनमें अहंकार का जन्म हुआ और वे मनमानी करने लगे। शेरों को खुद किसी ऋषि को खाने को उकसाते और ऋषि को डराने के बाद स्वयं शेर को मार डालते। इसी तरह के अन्य कई

बुरे कार्यों द्वारा वे सबको परेशान करने लगे। उनकी इन बुरी हरकतों से अन्य प्रजातियाँ बेहद दु:खी और प्रताड़ित हुईं, परंतु सब उन्हें रक्षक प्रजाति के कारण सहने लगे और अत्याचार को जब सहा जाता है, तब वह रुकने की बजाय और भयंकर रूप धारण कर लेता है। धीरे-धीरे माल्यवान और माली और उद्दंड होते गए। तब ये सबसे ज्यादा शांत रहनेवाले ऋषियों-मुनियों को और भी अधिक परेशान करने लगे। उनके कमंडल (पानी रखने का प्राचीन पात्र) में मरे जानवर का रक्त डाल देना, उनके यज्ञ को तहस-नहस कर डालना इनकी रोज की आदत बन गई। जब सुमाली को इनके इस अत्याचार के विषय में ज्ञात हुआ, तो उसने दोनों को बुलाकर खूब समझाया, पर दोनों की समझ में कुछ नहीं आया, लेकिन वे अपने भाई के सामने शांत खड़े रहे। लिहाजा सुमाली को लगा कि दोनों समझ चुके हैं और अपनी जिम्मेदारियाँ निभाएँगे। उसने एक बड़ा फैसला किया, उसे लगा कि उनके पास कुछ काम न होने की वजह से, वे दोनों ऐसी हरकतें करते हैं। लिहाजा उसने द्वीप को तीन हिस्सों में बाँट दिया—

पहला—दक्षिणी हिस्सा, जिसका राजा माल्यवान को बनाया।

दूसरा—उत्तरी हिस्सा, जिसका राजा माली को बनाया।

तीसरा—**स्वयं उसने द्वीप के नीचे का हिस्सा लिया और एक लंबी गहरी सुरंग बनाकर जमीन के अंदर अपना निवास स्थान बनाया, जो किसी खदान की भाँति प्रतीत होता था। उसने उस स्थान को नाम दिया—'पाताल लोक'।** वह यदा-कदा शासन के निरीक्षण का वादा कर, पाताल लोक चला गया। इधर स्वतंत्र शासन पाकर माल्यवान और माली और क्रूर हो गए। इसी बीच उस द्वीप में भारतवर्ष के एक श्रेष्ठ महर्षि पुलस्त्य वहाँ आए। वे प्राचीन तंत्र शक्तियों के सबसे बड़े ज्ञाता थे। वे भगवान् विष्णु के परम भक्त थे। वे इस द्वीप पर ध्यान-योग सीखने आए थे और जब उन्होंने उस द्वीप का इतना बुरा हाल देखा, तो उन्होंने अन्य प्रजातियों के रक्षा हेतु माल्यवान और माली को चुनौती दी। माल्यवान अपने पशुबल और अहंकार के कारण महर्षि से तुरंत लड़ने चल दिया, पर वह महर्षि के तंत्र ज्ञान के आगे क्षण भर भी न टिक सका और युद्ध में मारा गया। जब माल्यवान की मृत्यु की खबर उसके भाई माली को मिली तो वह क्रोध में अंधा हो गया और राक्षसों की पूरी प्रजाति की एक सेना को गठितकर वह महर्षि से युद्ध में कूद पड़ा, किंतु वह भी तंत्र की शक्तियों से अनजान था कि तंत्र शक्तियाँ किसी भी वस्तु के अणुओं से जुड़ उससे मनचाहा कार्य करवा सकती थीं और ये वही लोग कर पाते थे, जो ध्यान योग द्वारा स्वयं को ब्रह्मांड से जोड़ खुद को अणुओं में बदलने में सफल हो पाते थे। महर्षि के आगे वह भी न टिक सका और लगभग पूरी राक्षस प्रजाति को अपने साथ खत्म करवा बैठा। इधर जब यह सूचना सुमाली तक पहुँची, तब वह बेहद दु:खी हो उठा। चूँकि वह अपने भाइयों से बेहद प्रेम करता था, अत: इस समाचार से उसके अंदर भी तीव्र क्रोध का संचार हुआ, परंतु बुद्धिमान होने

की वजह से उसने अपने क्रोध को काबू में किया। वह महर्षि की शक्ति को समझ चुका था, अत: उसने बचे-खुचे राक्षसों के साथ जाकर महर्षि का पैर पकड़ लिया और जीवन की भिक्षा माँगने लगा। महर्षि ने उसे माफ कर दिया। सुमाली बचे हुए राक्षसों के साथ वापस पाताल लोक चला गया और इंतजार करने लगा; सही वक्त का, यानी राक्षसों के श्रेष्ठ सेना नायक का, जो अब राक्षस प्रजाति को उनका खोया गौरव और आत्म स्वाभिमान फिर से प्रदान कर पाता।

उस द्वीप पर अब शांति थी, पर किसी का मन एक भयानक षड्यंत्र रचने में अशांत था और वह था—सुमाली, जो राज्य और गौरव दोनों खोने के बाद भी अपने इरादे को जिंदा किए हुए था। (सभी ऋषि-मुनि एवं दोनों महर्षि की उत्सुकता अब और बढ़ गई, क्योंकि अब वह पल आ चुका था, जब उन्हें पता चलनेवाला था, उस महान् राक्षस के जन्म के रहस्य का।) इस पूरी घटना को बीते हुए कई वर्ष हो गए। (महर्षि वसिष्ठ बोलते जा रहे थे और सभी ध्यान और कौतूहलपूर्वक उनको देखते व सुनते गए) महर्षि पुलस्त्य ने लंकापुरी में एक मुनि की कन्या से विवाह किया, जिसके उपरांत उन्हें एक पुत्र की प्राप्ति हुई, जिसका नाम उन्होंने 'विश्वश्रवा' रखा, जिसे कालांतार में महर्षि ने स्वयं दीक्षा देकर अपनी छत्रच्छाया प्रदान कर, एक श्रेष्ठ ऋषि बनाया तथा उसे सभी प्रकार का तंत्र ज्ञान प्रदान किया। महर्षि विश्वश्रवा ने ध्यान-योग स्वयं सीखा और इसी ध्यान-योग के द्वारा उन्होंने अपने आराध्य देव प्रभु शिव को स्थापित किया। वे एक नेक और दयालु ऋषि थे, जिन्हें अपने ज्ञान पर जरा भी अभिमान न था। महर्षि पुलस्त्य के देह त्यागने के समय तक ऋषि विश्वश्रवा ने अपने योग और तप के प्रताप से स्वयं को एक महर्षि के रूप में स्थापित कर लिया था।

इधर सुमाली को एक पुत्री की प्राप्ति हुई थी, जिसका नाम उसने 'कैकसी' रखा था। कैकसी सुमाली के राक्षस साम्राज्य की पुन:स्थापना हेतु सबसे बड़ी कड़ी थी।

कुछ समय पश्चात् महर्षि विश्वश्रवा ने वरवर्णिनी नामक एक ब्राह्मण कन्या से विवाह कर लिया और शादी के कुछ महीने उपरांत वरवर्णिनी गर्भवती हो उठी। बस यही वक्त था, जिसका इंतजार सुमाली इतने वर्षों से दिल पर पत्थर रखकर कर रहा था। उसने अपनी बेटी कैकसी को महर्षि विश्वश्रवा के आश्रम में एक सेविका के रूप में भेजा। पहले तो महर्षि उस राक्षस कन्या को अपनी सेविका नियुक्त करने को तैयार न हुए, किंतु कैकसी ने अनुनय-विनय एवं आँसुओं से उन्हें उसे अपनी सेविका नियुक्त करने हेतु मजबूर कर दिया। कैकसी पूरे समर्पण भाव से उस आश्रम में रह, दोनों की सेवा करने लगी, साथ-ही-साथ वह मन से महर्षि विश्वश्रवा से सच्चा प्रेम भी करने लगी, क्योंकि वह उनके प्रताप से प्रभावित हो चुकी थी। एक दिन जब महर्षि नदी में स्नान हेतु गए थे, ठीक उसी वक्त वरवर्णिनी को प्रसव पीड़ा प्रारंभ हुई। महर्षि की अनुपस्थिति में कैकसी ने सारा प्रसव कार्य स्वयं करने का निर्णय लिया, क्योंकि महर्षि वहाँ से काफी दूर थे

और वक्त भी काफी कम था। ठीक उसी वक्त वरवर्णिनी की चीख सुन, दो खूँखार शेरों ने आश्रम पर आक्रमण कर दिया। कैकसी ने पूरी जान लगा उनसे मुकाबला किया और राक्षस कन्या होने की वजह से वह शेरों को समाप्त करने में कामयाब रही। परंतु वह उनसे युद्ध करने के कारण लहूलुहान हो मरणासन्न हो उठी। इधर वरवर्णिनी ने एक सुंदर गोल-मटोल बालक को जन्म दिया। कैकसी अपना उत्तरदायित्व पूरा करने में कामयाब रही। जब थोड़ी बाद महर्षि लौटकर आए और पूरी वस्तु स्थिति देख कैकसी की सेवानिष्ठा पर प्रसन्न हो उठे। उन्होंने तुरंत कैकसी के घाव का उपचार किया और उसके होश में आने के बाद उसे कोई भी दो वरदान माँगने की अनुमति दे दी। *(वरदान—एक ऐसा दान होता था, जिसमें माँगनेवाले की कोई भी इच्छा पूर्ण करना दानकर्ता का परम कर्तव्य होता है और यदि वह इसे पूरा न कर सके तो उसे अपने प्राण देने होते थे।)* कैकसी को तो बस इसी वक्त का इंतजार था, क्योंकि उसके पिता ने उसको बताया था कि यदि तुम सच्ची निष्ठा से उनकी सेवा करोगी तो देर-सबेर वे तुम्हें ऐसा वरदान माँगने की अनुमति अवश्य देंगे। कैकसी ने तुरंत दोनों वरदानों में से एक में महर्षि से विवाह और दूसरे में विवाह से उत्पन्न बच्चों की पूर्ण शिक्षा (तंत्र एवं वेदों का ज्ञान) माँग लिया। महर्षि विश्वश्रवा ने कैकसी को समझाने का प्रयत्न किया कि मानवों और राक्षसों के संसर्ग से उसे बच्चों के रूप में विकृतियाँ ही प्राप्त होंगी, क्योंकि यहाँ दो अलग-अलग जातियों का नहीं, बल्कि पूरी दो अलग-अलग प्रजातियों का मिलन था, परंतु कैकसी ने एक नहीं सुनी, हारकर महर्षि विश्वश्रवा को उसे दोनों वरदान प्रदान करने पड़े। वरदान के फलस्वरूप महर्षि विश्वश्रवा ने कैकसी से विवाह एवं संसर्ग किया। इधर महर्षि ने वरवर्णिनी से उत्पन्न बच्चे का नाम कुबेर रखा। कुछ महीनों के उपरांत आखिरकार वह वक्त आ ही गया, जब कैकसी भी गर्भवती हो उठी। (महर्षि वसिष्ठ जैसे ही आगे की कहानी बताने चले, वैसे ही उनके मन में मानो एक पूरा चलचित्र ही चल उठा।)

काली घनी रात। तेज चलती आँधी, मानो आज सबकुछ खाक होने वाला था, ठीक उसी वक्त कैकसी को प्रसव पीड़ा प्रारंभ हुई। महर्षि विश्वश्रवा एवं वरवर्णिनी पूरे समर्पण से कैकसी के प्रसव में सहायता कर रहे थे। तभी कैकसी की बढ़ती पीड़ा समाप्ति की ओर उठी और तेज मूसलधार बारिश भी शुरू हो गई। इतनी भयानक रात में आखिरकार कैकसी ने एक बालक को जन्म दिया। कैकसी के इस असहनीय पीड़ा से अंदाजा लगाया जा सकता था कि बालक कितना हृष्ट-पुष्ट था। कैकसी यदि एक राक्षस कन्या न होती तो शायद प्रसव पीड़ा से अपने प्राण त्याग देती। महर्षि ने बच्चे को गोद में ले उसे देखना चाहा। तेज आँधी की वजह से आश्रम में दीपक नहीं टिक पा रहे थे, लिहाजा महर्षि बच्चे को लेकर एक छोटे खिड़कीनुमा रोशनदान तक आए और तभी जोर से बिजली कड़की और बिजली की रोशनी की चमक बच्चे के ऊपर पड़ी, उसका चेहरा स्पष्ट हो चुका। महर्षि उस बालक का चेहरा देख भय और पीड़ा से विस्मित हो

उठे। बिजली की कड़क से बालक ने रोना शुरू किया और उसकी आवाज इतनी भारी और मोटी थी कि किसी के भी कान में दु:ख पहुँचा दे। तब तक कैकसी अपने होश सँभाल चुकी थी और बोली—

"स्वामी बालक कैसा है और आपने इसका क्या नाम सोचा है?"

कुछ सोचते हुए महर्षि विश्वश्रवा अत्यंत पीड़ा और धीमे स्वर में बोले, "दसग्रीव।"

"दसग्रीव! अद्‌भुत नाम है स्वामी, किंतु यह नाम क्यों और इस नाम का क्या मतलब है?"

महर्षि मौन रहे। अब तक बालक माँ की गोदी में पहुँच चुका था और वह एक बार फिर रोना शुरू कर चुका था। कैकसी ने महर्षि से प्रश्न के उत्तर की अपेक्षा में बालक की ओर देखा, तभी एक और कड़कती बिजली की चमक ने बालक का चेहरा स्पष्ट किया। जैसे ही कैकसी ने उस बालक को देखा, उसकी आँखें भय और विस्मय से पथरा गईं तथा अब उसे महर्षि से अपने प्रश्नों के उत्तर नहीं चाहिए थे, क्योंकि उस नाम का मतलब स्वयं वह बालक स्पष्ट कर रहा था। बलिष्ठ शरीर के साथ उसके सिर में अलग-अलग जगहों से कुछ खाल जैसा निकला प्रतीत होता था, जिसका आकार एक शक्ल के रूप में था। ऐसा ही कुछ उसके सिर में दस जगह था, इसी कारण महर्षि ने उसका नाम दसग्रीव रखा था, अर्थात् दस सिर वाला। वह बालक मानव और राक्षसों के मिलन की पहली विकृति था।"

इतना कहकर महर्षि वसिष्ठ ने एक गहरी साँस ली और सबके चेहरे की तरफ देखकर सोचने लगे कि वे जो आगे बोलने जा रहे थे, उसको सुनकर यहाँ मौजूद सभी पुण्य आत्माओं का हृदय दर्द और पीड़ा से कराह उठेगा, फिर भी उन्होंने हिम्मत जुटाई और आँखों को मूँदते हुए (क्योंकि वे वहाँ मौजूद किसी भी शख्स की शक्ल उस हालत में नहीं देखना चाहते थे, जो वहाँ होने वाला था।) बोले, "वह बालक ही आगे चलकर 'रावण' कहलाया।"

इस वाक्य ने वहाँ मौजूद सभी ऋषि-मुनियों को जड़ कर दिया। वे कुछ सोचने-समझने की स्थिति से ऊपर थे। पल भर में सभी शून्य पड़ चुके थे। वहाँ मौजूद हर एक शख्स अपराध बोध की गिरफ्त में पड़ता जा रहा था। वहाँ मौजूद थी केवल शून्यता, एक गहरी खामोशी और आकाश में उड़ते कुछेक विशालकाय उकाव पक्षी के पंखों की आवाजें।

"क्या वह भारतवर्ष का अंश था?"

"मानव का अंश?"

सबसे बड़ी बात वहाँ मौजूद हर एक शख्स के लिए थी कि वह एक 'महर्षि पुत्र' था।

3

कौशल प्रांत और रघुवंश

महर्षियों की उस समागम स्थली से दूर उत्तर दिशा में कौशल प्रांत

कौशल प्रांत की राजधानी अयोध्या, जो सरयू नदी के तट पर स्थित थी, आज वहाँ बड़ी गहमा-गहमी चल रही थी। हाथी-घोड़े-रथ तैयार किए जा रहे थे। सैनिक अपने-अपने कवच-ढाल और तलवार कसते जा रहे थे। ऐसा प्रतीत होता था कि किसी युद्ध का माहौल था।

''उनकी हिम्मत तो देखो, वे गुफा से बाहर निकले कैसे?''

एक शानदार व्यक्तित्व का आदमी, जो लाखों सूर्य का तेज लिये हुए मजबूत बलिष्ठ भुजाओंवाला, सिर पर मुकुट और माथे पर चंद्र का तिलक यह साबित करने के लिए पर्याप्त था कि वह आदमी उस प्रांत का राजा था। उनका नाम दशरथ था, जो अपनी तीन रानियों के साथ भारतवर्ष के प्रतिष्ठित प्रांत कौशल का राज्याभोग करते थे। वे अपने सेनापति के साथ युद्ध पर जाने से पहले शत्रुओं पर अपना क्रोध प्रकट कर रहे थे।

''जब मैंने अपना विजयरथ दसों-दिशाओं में घुमाया था, तब वे कहाँ छुपे बैठे थे, मुझे चुनौती क्यों नहीं दी?'' कड़क आवाज में गुर्राते हुए राजा दशरथ ने अपने सेनापति मृगाधीश से कहा।

उनका नाम दशरथ इसलिए पड़ा था, क्योंकि एक बार उन्होंने कौशल प्रांत की दसों-दिशाओं में अपना विजय रथ भेजा था। लगभग सभी ने उनकी छत्रछाया स्वीकार की थी, जिसने नहीं स्वीकारा, उसे उन्होंने अपने तेज और युद्ध विजय से झुकने को विवश किया था।

कौशल के सेनापति मृगाधीश ने जवाब दिया—

''महाराज! वे मूर्ख एवं अज्ञानी है। केवल भूखे हैं, इसलिए ऐसा उपद्रव कर रहे

हैं, वरना वे तो गुफा में ही बंद रहते हैं।''

''आज हम ईश्वर की ओर से लड़ेंगे और उन्हें सदैव के लिए सुला देंगे।'' दशरथ गरजे।

मृगाधीश जानते थे कि महाराज दशरथ कभी भी विवेक खोकर कार्य नहीं करते थे, वे तो केवल अनावश्यक युद्ध की वजह से क्रोधित हैं और उन पर बढ़ती उम्र भी अब अपना प्रभाव डाल रही है। महाराज दशरथ की उम्र अब करीब पचपन वर्ष हो चुकी थी। दशरथ अभी कवच कस ही रहे थे कि एक परिचायिका अंदर कक्ष में आई और बोली, ''महाराज की जय हो। महारानी कौशल्या पधार रही हैं।''

उस समय यह प्रथा कि रानी युद्ध के लिए निकलनेवाले राजा का हौसला बढ़ाने हेतु उनकी आरती उतारकर उन्हें अपने हाथों से तलवार सौंपती थी।

महाराज अब तक अपना कवच बाँध चुके थे और रानी को देखकर हौले से मुसकराते हुए बोले, ''रानी क्या अब इस छोटे युद्ध के लिए भी आप मेरा अभयदान करेंगी?'' दशरथ युद्ध को हलके में लेते हुए बोले।

''महाराज को सादर प्रणाम।'' महारानी ने अभिनंदन किया। दशरथ ने प्रणाम स्वीकार करते हुए सिर हिलाया।

''महाराज मेरे लिए युद्ध की भीषणता मायने नहीं रखती, केवल आप मायने रखते हैं (कहकर चंदन का तिलक लगाते हुए फिर बोलीं) और वचन दीजिए कि युद्ध में आप अवश्य विजयी होकर लौटेंगे।'' रानी कौशल्या ने एक दृढ़ स्त्री की भाँति अडिग होकर अपने वचन कहे।

राजा दशरथ रानी कौशल्या की आँखों में देखते हुए बोले, ''रघुकुल रीति सदा चलि आई, प्राण जाइ पर वचन न जाई।''

(राजा दशरथ अपने महान् पूर्वज राजा रघु के बनाए नियम को शपथ रूप में कहते हैं कि प्राण भले चले जाएँ, पर दिया हुआ वचन कभी नहीं टूटेगा।)

''मैं वचन देता हूँ महारानी कि युद्ध से विजयी ही लौटूँगा।'' तभी उनकी नजर पीछे खड़ी सबसे छोटी रानी सुमित्रा पर पड़ी, जो कि आरती का थाल लिये अपनी प्रतीक्षा कर रही थीं। महारानी कौशल्या ने महाराजा दशरथ को तलवार सौंपी।

इसके पीछे खड़ी रानी सुमित्रा आगे आईं, राजा दशरथ को प्रणामकर उनकी आरती करते हुए बोलीं, ''ईश्वर आपको दीर्घायु रखे।''

दशरथ उन्हें स्नेह से देख आगे बढ़ गए और मन-ही-मन तीसरी रानी कैकेयी के बारे में सोचने लगे, जो कि एक वीर क्षत्रिय रानी थीं, कैकेय राजवंश से। उनका न दिखना, राजा दशरथ के लिए सदैव एक-न-एक नई मुसीबत खड़ी करता था।

राजा दशरथ युद्ध के लिए पच्चीस हजार सैनिक लेकर गए, क्योंकि सेनापति

मृगाधीश ने ऐसी सलाह दी थी कि शत्रु का इस तरह हमें ललकारना थोड़ा आश्चर्यजनक प्रतीत होता है।

राजा दशरथ अपनी सेना के साथ सप्तसिंधु प्रदेश (जिसका नाम सात नदियों की वजह से पड़ा था।) के ऊपरी हिस्से में खड़े थे और मृगाधीश दूर एक पहाड़ी की तरफ इशारा कर बोले—

''महाराज शत्रु का निवास स्थान वहाँ है, पर आश्चर्य यहाँ युद्ध की कोई हलचल नहीं दिख रही, कहीं उन्होंने युद्ध टाल तो नहीं दिया।''

''नहीं! उधर उस पहाड़ी के ऊपर देखो, वहाँ उकाव पक्षी उड़ रहे हैं और उकाव कभी खाली जगह उड़ान नहीं भरते। वे सदैव अपने शिकार के पास ही रहते हैं। हम थोड़ा और इंतजार करेंगे उनके संकेत का।'' राजा दशरथ थोड़ा सोचते हुए बोले।

(उकाव एक प्राचीन विशालकाय पक्षी था, जो हाथी जैसे जानवरों के युवा बच्चों को भी अपने पंजों में लेकर उड़ जाता था। उनकी इन्सानों से भी नहीं बनती थी और इन्सान उन्हें देख सदैव होशियार हो जाता था और उन्हें शिकार का मौका नहीं मिलता था।)

तभी राजा दशरथ ने अपनी बाईं तरफ से बहती हवा को महसूस किया, जो उन्हें थोड़ी गरम लग रही थी। वे कुछ सोच में पड़ गए तभी मृगाधीश बोले—

''महाराज यदि ये असुर सचमुच प्रभु शिव के भक्त हैं, तो ये हमसे समझौता क्यों नहीं कर लेते, हम भी तो शिव भक्त हैं।'' मृगाधीश युद्ध की शंका टालना चाहते थे। राजा दशरथ से अपनी मन की शंका व्यक्त की, क्योंकि वे असुरों को भोला और मूर्ख समझते थे।

यह सुन राजा दशरथ बोले, ''मृगाधीश इस ब्रह्मांड में प्रभु शिव ही एकमात्र ऐसे देवता हैं, जिन्हें देवता, असुर, दैत्य, दानव, राक्षस, पशु एवं इन्सान, सभी जातियाँ-प्रजातियाँ अपना आराध्य देव स्वीकारती हैं। वे सबके प्रिय हैं। असुर भी उन्हें पूजते थे और केवल उनकी ही सुनते थे। वे हमसे और देवों से नफरत करते हैं, कारण केवल सभ्यता का अंतर है।''

तभी हवा का एक और झोंका राजा दशरथ के गालों को छूता हुआ गुजरा।

''पर महाराज…'' अभी मृगाधीश की बात पूरी नहीं हुई।

''श…श…श…श…'' (चुप रहने का इशारा करते) राजा दशरथ बोले, ''सेना को तुरंत त्रिशूल व्यूह बनाने की आज्ञा दो, गुप्त ढंग से तुरंत!'' दशरथ के लफ्ज सुन मृगाधीश समझ चुके थे कि अब मामला गंभीर हो चुका है।

''हम तीन तरफ से घेरे जा चुके हैं। बीच की सेना मेरे साथ आगे की पंक्ति की रक्षा करे, शेष बाएँ-दाएँ की पंक्ति अपनी-अपनी दिशा की।''

अब तक मृगाधीश गुप्त संदेश भेज चुके थे। चुस्त-दुरुस्त सेना ने फौरन त्रिशूल व्यूह पूरा कर लिया, तभी बाईं तरफ कुछ हलचल हुई।

राजा दशरथ और मृगाधीश फौरन उस तरफ पलटे, वहाँ जो कुछ हो रहा था, उसको देख आश्चर्य से राजा दशरथ और मृगाधीश दोनों जड़ पड़ गए।

''महाराज राक्षस भी…''

अब दाईं तरफ से भी हमला हो चुका था। कौशल के सैनिक वीरता से सामना कर रहे थे। तभी सामने से असुरों की सेना की टुकड़ी आती दिखी। यह देख राजा दशरथ चिल्लाए, ''सेनापति तुम दोनों पंक्तियों की सुरक्षा सुनिश्चित करो, मैं सामने असुरों को रोकता हूँ। लगता है असुर और राक्षस मिलकर हराना चाहते हैं कौशल को।''

''कौशल की विजय हो।'' चिल्लाकर राजा दशरथ ने अपने सारथी को आगे बढ़ने का संकेत दिया, तभी पूरी कौशल सेना ने एक साथ 'कौशल की विजय हो' का उद्घोष किया। पूरी रणभूमि इस भयानक उद्घोष से गूँज उठी।

युद्ध में मृगाधीश ने अब तक दोनों तरफ सेनाओं का अच्छा संचालन किया तथा वे लगभग जीत चुके थे, क्योंकि अब कुछ गिने-चुने राक्षस व असुर ही सैनिकों से लोहा ले रहे थे। वैसे भी युद्ध में राक्षस सैनिक बेहद कम संख्या में थे। दोनों तरफ भीषण विनाश हुआ। कौशल के बीस हजार सैनिकों में, जो त्रिशूल व्यूह में दस-दस हजार की संख्या में बाएँ-दाएँ लगे थे, अब उनमें केवल कुछ ही हजार जीवित बचे थे। तभी मृगाधीश को राजा दशरथ का खयाल आया, जो केवल पाँच हजार सैनिक टुकड़ी के साथ आगे बढ़े थे। मृगाधीश चिल्लाए, ''महाराज की ओर'' और अपने घोड़े को ऐड़ दी।

इधर राजा दशरथ ने अपनी सेना का संचालन भलीभाँति किया था, परंतु रण में उस समय केवल वे अपने बीस सैनिकों के साथ बचे थे, उधर उनके सामने अभी भी दो सौ के करीब असुर थे। असुरों ने उनके रथ को चारों ओर से घेर लिया। राजा दशरथ के सैनिक उनके रथ को चारों ओर एक सुरक्षा घेरे में लिये थे, तभी असुर एक साथ चिल्लाते हुए दौड़ पड़े। राजा दशरथ उन पर बाण वर्षा करते रहे। संख्या में ज्यादा होने की वजह से वे मरते-कटते रथ तक पहुँच गए और राजा दशरथ अब तलवार से युद्ध करने लगे। उन्होंने बाईं तरफ से रथ पर चढ़ने का प्रयास कर रहे एक असुर को मौत के घाट उतार दिया। तब तक रथ की दाईं तरफ से एक अन्य असुर ने कटार से उनकी जँघा पर वार कर दिया। वार इतना गहरा था कि राजा दशरथ के हाथ से तलवार छूट गई और वे पीड़ा से भर उठे, तभी उन्हें एक नुकीला छोटा भाला अपनी तरफ आता दिखा। उन्होंने खुद को बचाने के लिए शरीर को थोड़ा मोड़ा, पर जाँघ की पीड़ा से अभी वे उबर नहीं पाए थे, लिहाजा वे खुद को पूरी तरह से उस भाले से अलग नहीं कर पाए

और भाला उनके कंधे की हड्डियों को तोड़ता गहरा अंदर घुस गया, वे दर्द से चीखते हुए रथ पर गिर पड़े। उन्हें असुरों के पीछे दूर मृगाधीश आते दिखे, उन्हें उनकी धुँधली परछाईं दिखाई पड़ रही थी। राजा दशरथ पीड़ा से कराह रहे थे। अब उनके बचने की कोई उम्मीद न थी। वे अपना अंतिम समय निकट जान प्रभु शिव और प्रभु विष्णु का ध्यान करने लगे, क्योंकि उनके ठीक सामने रथ पर वह असुर चढ़ आया था, जिसने उनकी जंघा पर वह घातक वार किया था। उस असुर ने अपनी कटार ऊपर उठाई और राजा दशरथ पर आखिरी वार करने को तैयार हुआ। राजा दशरथ अधखुली आँखों से अपनी मौत को नजदीक आता देख रहे थे। वे मन-ही-मन बुदबुदाने लगे रघुवंशियों का वही प्राचीन वाक्य, ''रघुकुल रीति सदा चलि आई, प्राण¨।'' अभी वे यह वाक्य पूरा बोल भी नहीं पाए थे कि एक तीर उस असुर को भेदता चला गया और वह निढाल हो रथ से नीचे गिर पड़ा। तीर ठीक सामने से चला था, यानी जहाँ रथ का सारथी बैठा था। सारथी ने घोड़े को ऐड़ लगाई और शत्रुओं पर बाण वर्षा प्रारंभ करते हुए रथ को आगे बढ़ाया। तभी राजा दशरथ को अपने कानों में एक जानी-पहचानी आवाज सुनाई दी—

''स्वामी! मैं अभी जिंदा हूँ और मेरे जीवित रहते आपका वचन कभी अधूरा नहीं जाएगा।''

ये शब्द सुनते ही राजा दशरथ की आँखें, जो मृत्यु की प्रतीक्षा में बंद होने को बेताब थीं, वे अब चौड़ी हो उठीं और राजा दशरथ पूरी ताकत बटोर केवल इतना बोल पाए—

''कै¨क¨यी¨'' और मूर्छित हो गए।

उनके शरीर से रक्त लगातार बहता जा रहा था, इधर कैकेयी, जो सारथी के वेष में राजा दशरथ के साथ थीं, घोड़ों पर तीव्र प्रहार कर बोली, ''तेज चलो! आज रघुवंश की इज्जत तुम्हारे हाथों में है।'' घोड़े मार से हिनहिनाकर कूदते हुए आगे भागे। इधर रानी ने रथ को असुरों के बीच से निकाल मृगाधीश की ओर मोड़ दिया। अब घोड़ों की रफ्तार से मृगाधीश और उनके बीच ज्यादा दूरी नहीं बची थी। असुर लगातार चिल्लाते हुए पीछा कर रहे थे। तभी मृगाधीश और रानी कैकेयी के बीच की दूरी खत्म हुई। मृगाधीश सारथी को आगे बढ़ने का इशाराकर स्वयं असुरों से भिड़ गए। मृगाधीश यह न देख सके कि सारथी के भेष में कौन है, पर उन्होंने यह जरूर देखा कि सारथी भी बुरी तरह घायल था।

जल्द ही मृगाधीश असुरों का सफाया कर बाकी बचे सैनिकों के साथ वापस रथ की दिशा में बढ़े। उन्होंने देखा कि रथ युद्ध स्थल से दूर एक वन के समीप खड़ा था। जब वे उसके पास पहुँचे तो उन्होंने देखा कि राजा दशरथ के घावों पर पीपल के पत्ते से बँधा हुआ लेप लगाकर, उनका उपचार किया जा चुका था। रक्त का बहना बंद हो

चुका था, पर वे अब भी मूर्छित थे। तभी उन्हें वन के अंदर से वह सारथी आता दिखा, जो दर्द से लड़खड़ा रहा था। उसके हाथ में एक पात्र में पानी था। दौड़कर मृगाधीश ने सारथी से पानी लिया और राजा दशरथ के होंठों से लगाकर उन्हें पिलाया और उनके चेहरे पर छिड़का। राजा दशरथ की आँखें एक झटके से खुलीं और वे तुरंत बोल पड़े—

''कैकेयी···!''

तब जाकर मृगाधीश फौरन पलटे और तब तक सारथी अर्थात् रानी मूर्छित होकर गिर पड़ीं और उनकी पगड़ी सिर से निकल गई और उनके बाल खुलकर फैल गए। मृगाधीश रानी कैकेयी को देख विस्मित रह गए। उन्होंने रानी कैकेयी को वहाँ से उठवाकर फौरन रथ में लिटवाया और उनके घावों पर बचे लेप की पट्टी करवाई। जब रानी कैकेयी की आँखें खुलीं तो उन्हें रथ के चलने का एहसास हुआ और उन्हें अपने ठीक सामने राजा दशरथ बैठे हुए दिखाई दिए, जो भाव-विह्वल होकर उनके बालों में उँगली डाल सहला रहे थे। उन्होंने सिर्फ इतना कहा, ''क्यों रानी, आखिर क्यों, यदि आपको कुछ हो जाता तो?'' रानी कैकेयी जो जानती थीं कि इस प्रश्न का कोई उत्तर नहीं, वे बस हौले से मुसकरा, फिर से आँख बंदकर सो गईं।

महर्षियों का समागम स्थली

''तो क्या रावण एक महर्षि पुत्र है?'' लड़खड़ाती आवाज में महर्षि विश्वामित्र बोले।

''हाँ! वह है और मौजूदा समय का सबसे बड़ा तंत्र ज्ञानी भी। वह आपसे भी बड़ा तंत्र ज्ञानी है महर्षि।'' वसिष्ठ महर्षि विश्वामित्र की तरफ इशारा कर बोले। यह सुनकर विश्वामित्र चौंक गए और कुछ सोचने लगे।

सभी मौन और अपराध-बोध से भरे ऋषियों-मुनियों की ओर देखकर महर्षि वसिष्ठ बोले—

''मुझे पता है कि जब किसी जाति के एक सदस्य से गलती हो जाए तो उस जाति के ऊपर एक कलंक का टीका लग जाता है और दोषी वह संपूर्ण जाति मानी जाती है और अनंत काल तक तिरस्कार और अपमान की भागी बन जाती है, परंतु हमारे मामले में ऐसा तभी होगा, जब हम गलती को विनाश का कारण बनने दें। यदि हम अपनी गलती सुधारते हुए एक रक्षक का निर्माण कर दें तो वह हमें हमारे कलंक से मुक्त करवा सकता है और अन्य प्रजातियों की रक्षा भी कर सकता है।''

महर्षि वसिष्ठ के इस कथन ने वहाँ मौजूद सभी में प्राण वायु फूँकी। वे सभी अब थोड़ी राहत महसूस कर रहे थे।

''यानी अब रक्षक का निर्माण हमारा अति महत्त्वपूर्ण कार्य तथा नैतिक जिम्मेदारी भी है, साथ ही अब रक्षक से हमें अन्य प्रजातियों के कल्याण के साथ-साथ ऋषि जाति के भी कल्याण की आशा होगी।'' आत्मसंयत हो महर्षि वाल्मीकि बोले।

''बिल्कुल ठीक महर्षि।'' महर्षि वसिष्ठ बोले।

''महर्षि मैं एक बात नहीं समझ पा रहा हूँ कि रावण सबसे बड़ा तंत्र ज्ञानी इसलिए बना कि उसे शिक्षा महर्षि विश्वश्रवा ने दी है और मैंने सुना है कि रावण के कुछ और भाई-बहन भी हैं, तो फिर वे सभी समान तंत्र ज्ञानी हुए न और फिर तो उन सभी को हरा सकना नामुमकिन है।'' महर्षि विश्वामित्र ने आश्चर्य और निराश भाव से कहा।

''नहीं महर्षि! यह पूर्ण सत्य नहीं। रावण के कुछ भाई-बहन अवश्य हैं, किंतु सबका एक समान होना मुमकिन नहीं, क्योंकि ज्ञान प्रदान करना गुरु के हाथ में होता है, परंतु ज्ञान ग्रहण करना शिष्य के हाथ में।'' महर्षि वसिष्ठ बोले, तभी महर्षि वाल्मीकि ने अपनी शंका व्यक्त की—

''महर्षि कृपाकर हमें पूरी कहानी बताएँ कि रावण यहाँ तक कैसे पहुँचा।''

''तो ठीक है, आगे सुनो, **रावण** के जन्म के कुछ ही समय उपरांत कैकसी के द्वारा तीन और बच्चों की उत्पत्ति हुई।

दूसरा बालक, कुंभकर्ण, जो भारी-भरकम शरीर के साथ पैदा हुआ। उसकी यही विकृति थी।

तीसरा बालक, विभीषण, जो बेहद दुबली काया एवं सामान्य से थोड़े बड़े सिर के साथ पैदा हुआ, पर यह उसे कुरूप नहीं बनाता था। उसकी विकृति उसका कमजोर शरीर था।

अंत में **एक कन्या,** जिसका नाम शूर्पणखा था, वह पैदा हुई। वह बेहद कुरूप थी।

इस प्रकार रावण दो भाई, एक बहन के साथ पैदा हुआ। उनके शिक्षा योग्य हो जाने पर महर्षि विश्वश्रवा ने उन पाँचों की शिक्षा एक साथ प्रारंभ की।

अभी महर्षि वसिष्ठ बोल ही रहे थे कि महर्षि वाल्मीकि और महर्षि विश्वामित्र एक साथ बोल पड़े—

''क्षमा करें महर्षि! पर यह **पाँचवाँ** कौन था?''

''वह रावण का सौतेला बड़ा भाई **कुबेर** था। इस प्रकार पहला कुबेर खोजी प्रकृति का था। वह सदैव नए प्रयोग कर कुछ नया ढूँढ़ता रहता था, लिहाजा वह विश्वश्रवा से केवल वही सीखता था, जो उसके प्रयोग में काम आए। अन्य ज्ञान पर वह ध्यान नहीं देता था। उसने तंत्र ज्ञान की भी शिक्षा अपने व्यक्तित्व के हिसाब से ही ली।

''दूसरा, रावण जो बलशाली और बुद्धिमान होने की वजह से शस्त्र एवं तंत्र ज्ञान

तथा वेद अध्ययन पर भी पूरा ध्यान लगाता था, वह सर्वगुण संपन्न होता चला गया।

"तीसरा, कुंभकर्ण अपने भारी शरीर की वजह से हमेशा सुस्त ही रहता था, वह केवल खाता और सोता था, लिहाजा न वह तंत्र ज्ञान सीख पाया, न ही वेद अध्ययन। हाँ, वह लगातार खाने और सोने की वजह से और मोटा और भीषण रूप धारण करता गया।

"चौथा, विभीषण, अपने दुबले-पतले शरीर की वजह से तंत्र और शस्त्र ज्ञान में कोई रुचि प्रदर्शित न कर सका। हाँ, उसने वेद अध्ययन पर पूरा ध्यान लगाया।

"पाँचवीं, शूर्पणखा, जो केवल खुद को सुंदर बनाने में ही लगी रही तथा अपने चंचल स्वभाव के कारण उसने तंत्र और वेद दोनों का अधूरा ज्ञान ही प्राप्त किया।

"इस प्रकार केवल रावण ही सही मायने में महर्षि विश्वश्रवा के ज्ञान कौशल को सीख सका। अब मैं एक और बेहद आश्चर्यजनक और चौंकानेवाली बात बताने जा रहा हूँ, जो रावण के एक और रहस्य से परदा उठाएगी।" महर्षि वसिष्ठ ने जैसे ही यह कहा, वहाँ मौजूद सभी की आँखें चौड़ी हो उठीं और वे उत्सुकतावश महर्षि की ओर देखने लगे।

"रावण स्वयं एक महर्षि है।"

सभी एकदम हैरान रह गए और एक-दूसरे का मुँह ताकने लगे।

"लंकाद्वीप का महर्षि।" महर्षि वसिष्ठ बोले।

उस द्वीप का नाम लंका कैसे पड़ा? यह बात महर्षि वाल्मीकि के मन गें कौंधी, किंतु अभी उनका पूरा ध्यान इस बात पर था कि रावण एक महर्षि है।

"उसने महर्षि विश्वश्रवा से अनुमति लेकर एक अज्ञातवास में कई वर्षों तक ध्यान और जपकर प्रभु शिव को अपना आराध्य देव भी स्थापित किया है। इस प्रकार आज वह भी एक महर्षि है।" सबकी खुसफुसाहट बढ़ गई। इसी बीच महर्षि वाल्मीकि ने, जो कि रावण के विषय में इतने रहस्य जान थोड़े संजीदा हो चुके थे, इस बात को केंद्रबिंदु बनने से बचाने हेतु अपने मन में चल रहे एक अन्य प्रश्न को महर्षि वसिष्ठ के सामने रखा—

"महर्षि, मैं यह जानने को उत्सुक हूँ कि उस द्वीप का नाम लंका कब और कैसे पड़ा और रावण इतना ज्ञानी होने के बावजूद अज्ञान का मार्ग चुनकर अत्याचारी कैसे बन बैठा?"

महर्षि वसिष्ठ ने एक गहरी साँस लेकर बोलना शुरू किया, साथ ही वे महर्षि वाल्मीकि की उत्सुकता एवं बुद्धिमानी देख मन-ही-मन प्रसन्न भी हुए।

"लंका और रावण के यहाँ तक पहुँचने की कहानी की शुरुआत होती है कुबेर से। कुबेर चूँकि एक खोजी प्रकृति का था, अतः उसने लंका द्वीप के नीचे एक स्वर्ण

भंडार (सोने की खान) ढूँढ़ निकाली तथा उस भंडार से प्राप्त सोने से उसने एक महल और नगर का निर्माण करवाया, जिसका नाम लंका नगरी रखा। उसने अण्नी प्रवृत्ति के चलते तंत्र ज्ञान और भौतिक वस्तुओं को सम्मिश्रित कर *एक विमान (जो हवा में उड़ता था)* का निर्माण किया, उसका नाम उसने 'पुष्पक' रखा। उसने उसमें तंत्र क्रिया की सिद्धि द्वारा कई विशेषताएँ डालीं। उनमें से एक विशेषता थी कि वह अपने मालिक की इच्छानुसार आकार ग्रहण कर लेता था।

"इधर रावण जब प्रभु शिव को अपना आराध्य देव स्थापित कर लौटा तो वह सीधा अपने नाना अर्थात् सुमाली के घर पातालपुरी गया। वहाँ उसने राक्षसों की दयनीय स्थिति देखी। सुमाली, जो अब बेहद वृद्ध हो चुका था एवं किसी भी वक्त अपने प्राण त्याग सकता था, उसने रावण को राक्षसों के पतन का पूरा इतिहास बताया तथा राक्षस प्रजाति के विनाश हेतु उसने सभी अन्य प्रजातियों को दोषी ठहराया, साथ ही इसका सबसे ज्यादा कसूरवार उसने इन्सानी प्रजाति को बताया। सुमाली कहता है कि वह पिछले कई वर्षों से रावण जैसे किसी उन्नायक की प्रतीक्षा कर रहा था, जो राक्षसों को उनका हक एवं गौरव वापस दिलवाता। उसने बताया कि पाताललोक में जगह की कमी की वजह से नए जनमे बालक के सात वर्ष की अवस्था प्राप्त करने के उपरांत उसकी जगह उसके माता-पिता खुदकुशी कर लेते हैं, ताकि उस बालक के लिए वहाँ रहने हेतु जगह प्राप्त हो सके। पहले महर्षि पुलस्त्य और अब महर्षि विश्वश्रवा के डर की वजह से राक्षस प्रजाति द्वीप के ऊपर जाकर निवास नहीं कर सकती। ऐसे एक अनाथ बालक को रावण के समक्ष प्रस्तुत करता है, जिसके माता-पिता जन्म के उपरांत उसके लिए जगह खाली कर प्राण त्याग चुके थे। उस सात वर्ष के बालक की दयनीय दुर्दशा को देखकर रावण अत्यंत दुखी होता है।

सुमाली पुनः राक्षसों की इस दुर्दशा का जिम्मेदार सभी अन्य प्रजातियों को ठहराता है तथा रावण के चरण पकड़ उससे दुहाई माँगता है कि वह राक्षस प्रजाति का नवउदय करे। रावण दुःख और चिंता से व्यथित होकर उस द्वीप से अन्य सभी प्रजातियों को मिटाने तथा राक्षसों को उनका हक दिलाने का प्रण करता है, तभी सुमाली दुःख और पीड़ा के बीच अपने प्राण त्याग देता है। अतः रावण उस सात वर्ष के बालक को अपने गोद में ले, उसे **अहिरावण** नाम देता है तथा अपना मुँहबोला भाई स्वीकार कर, वह उसे पाताललोक का राजा घोषितकर वापस आश्रम जाता है और अपनी माता और पिता के समक्ष उस द्वीप पर पुनः राक्षस राज्य की पुनर्स्थापना का अपना दिया हुआ वचन दोहराता है। महर्षि विश्वश्रवा उसे समझाते हैं, पर वह अपनी हठ पर अड़ा रहता है, लिहाजा महर्षि उसे युद्ध हेतु ललकारते हैं। रावण भी युद्ध को तत्पर हो उठता है, किंतु कैकसी बीच में आ जाती है और महर्षि से रावण के प्राणों की भीख माँगती है, विवश

होकर महर्षि पश्चात्ताप और अपराधबोध से ग्रस्त होकर अपना प्राण त्याग देते हैं, उनके गम में कैकसी एवं वरवर्णिनी सती प्रथा द्वारा अपना आत्मदाह कर लेती हैं। अब रावण को रोकनेवाला कोई न था। रावण ने अपना पहला शिकार कुबेर को ही बनाया, जो उसके गैर वर्ण और सौतेला भाई होने की वजह से पहले से नफरत करता था। उसने कुबेर को युद्ध में ललकार उसे परास्तकर उसकी लंका नगरी और पुष्पक विमान छीन लिया तथा उसे जीवनदान दे लंका से निर्वासित कर स्वयं बन बैठा लंकाधिपति। उसके बाद लंकाद्वीप पर वह जो तांडव मचाता है कि लंका में तब तक रोने-चीखने की आवाज आती रही, जब तक वह अन्य प्रजातियों से खाली नहीं हो गया। इसी कारण वहीं से दशग्रीव से रावण कहलाया। **रावण अर्थात् सबको रुलानेवाला।** फिर वह पाताललोक से राक्षसों को ऊपर द्वीप पर बुला उन्हें अपनी संख्या बढ़ाने को कहता है। यहीं से शुरुआत होती है रावण और राक्षसों के उदय की।''

कहकर महर्षि वसिष्ठ एक गहरी साँस लेते हैं। वहाँ पसरी शांति इस बात का परिचायक थी कि अब वहाँ कहने-सुनने को कुछ नहीं बचा था, सिवाय करने के। सभी धीरे-धीरे खुद को सामान्य कर रहे थे। तभी घोड़ों की आवाज सुनकर वे चौंक उठे।

घोड़ों पर सवार दो संतरी यज्ञस्थली से कुछ दूर उतरे और महर्षि वसिष्ठ को प्रणामकर राजा दशरथ का संदेश सुनाकर चले गए। महर्षि वसिष्ठ कौशल प्रांत के राजगुरु भी थे। कौशल के युद्ध का समाचार सुन वे तुरंत उठ खड़े हुए और यज्ञ समाप्ति की घोषणा कर दी। सभी महर्षियों, ऋषियों और मुनियों ने अपनी प्रतिज्ञा दोहराई कि एक श्रेष्ठ रक्षक का निर्माण। सभी एक-दूसरे से विदा ले अपने-अपने प्रांत की ओर गए और आखिर में महर्षि वसिष्ठ और महर्षि विश्वामित्र की विदाई थोड़ी लंबी चली। कारण था, उनके बीच का वार्त्तालाप—

''महर्षि सबसे पहले तो आप अपने उस झूठ बोलने का कारण बताइए, क्योंकि आप तब तक ऐसा अनुचित कदम नहीं उठाते, जब तक कि उसको कोई विशेष वजह न हो।'' महर्षि विश्वामित्र थोड़ा संदेह व्यक्त करते हुए बोले।

''महर्षि आपसे कुछ नहीं छिप सकता (महर्षि वसिष्ठ ने मुसकराकर कहा, क्योंकि वे जानते थे कि उनका संकेत किस झूठ की तरफ था)...हाँ यह सच है कि वहाँ उस धुएँ में ईश्वर नहीं आए थे। वह धुएँ का आकार केवल वायु के सघन घनत्व का परिणाम था, जो बेहद सामान्य है, पर जंगल की सघन वायु दशा ने उसे अद्‌भुत बना दिया। महर्षि उन्हें विश्वास की सख्त जरूरत थी और वे सब उसे एक सामान्य घटना ही समझते और उनमें निराशा भर जाती, इसलिए उन्हें मेरे जैसे महर्षि के कथन पर ही भरोसा होता, इसलिए मैंने कहा कि ईश्वर आकर चले गए, क्योंकि एक संशय से ग्रस्त गुरु, शिष्य को कभी उचित शिक्षा नहीं दे सकता। गुरु को शांत और आत्मविश्वासी

होना चाहिए, क्योंकि उसका आत्मविश्वास ही शिष्य की सबसे बड़ी प्रेरणा बनता है।''

''महर्षि! यह बात आप भी जानते हैं कि न तो आपने कभी ईश्वर को साक्षात् देखा है, न मैंने। हम केवल ध्यान करते वक्त जो प्रकाश दिखता है, उसे ही ईश्वर मानते हैं, तो फिर भी क्या आप ईश्वरीय सत्ता में विश्वास करते हैं?'' महर्षि विश्वामित्र ने संदेह व्यक्त किया।

''हम ईश्वर पर भरोसा केवल विश्वास को ही पाने के लिए करते हैं। ईश्वर पर विश्वास हमें डर और निडरता दोनों प्रदान करता है और इसी से ईश्वर की सृष्टि होती है, क्योंकि डर, पाप और बुरे कार्यों को रोकता है तथा निडरता हमें एक अच्छा भयमुक्त जीवन प्रदान करती है और इन दोनों का मिश्रण ही विश्वास है।'' महर्षि वसिष्ठ महर्षि विश्वामित्र की आँखों में देखते हुए बोले।

''हूँ! अच्छा महर्षि आपने एक वाक्य में मुझे संदर्भित करते हुए रावण को मुझसे बेहतर तंत्र ज्ञान का ज्ञाता कहा था। क्या मैं इस वाक्य पर अकारण ही ध्यान दे रहा हूँ या यह भी आपके किसी उद्देश्य का हिस्सा है?'' महर्षि विश्वामित्र ने अपने मन का एक और संदेह उनके सामने रखा।

''महर्षि आप निश्चय ही बेहद बुद्धिमान हैं। मैंने वह वाक्य इसलिए कहा था, ताकि मैं आपको बता सकूँ कि अब वक्त आ गया है कि आप अपने तंत्र और मंत्र ज्ञान में बढ़ोतरी करें एवं कुछ और नई तंत्र और मंत्र शक्तियाँ विकसित करें। भले मैं जीवन भर तंत्र शक्ति के ख़िलाफ रहा, परंतु हमारे रक्षक को उसकी आवश्यकता पड़ेगी। अत: आप केवल अपनी तंत्र और मंत्र शक्तियों को विकसित करें। रक्षक की खोज मेरे साथ अन्य ऋषि करेंगे।'' और दोनों महर्षि एक-दूसरे से विदा ले अपने-अपने लक्ष्य की ओर चल पड़े।

अयोध्या, कौशल प्रांत

महर्षि वसिष्ठ अयोध्या पहुँच चुके थे। उनको अयोध्या पहुँचने में कुछ दिन का समय लगा। अयोध्या का राजमहल एक खास अंदाज में बना था, जो अपनी एक अलग गौरव-गाथा कहता था। राजा दशरथ के महान् पूर्वज राजा रघु थे, जिनके विजय प्रताप से उनका वंश स्वयं को गर्व से **रघुवंशी** राजा कहने लगा। उनके बाद संभवत: राजा दशरथ ही सबसे प्रतापी राजा हुए।

महर्षि अब तक राज दरबार पहुँच चुके थे। पूरे दरबारियों ने महर्षि के आगमन पर खड़े होकर प्रणामकर महर्षि वसिष्ठ के प्रति अपना सम्मान व्यक्त किया। राजा दशरथ, जो अभी भी पूरी तरह स्वस्थ नहीं हुए थे, उन्होंने अपने कंधे के घाव को अंगरखे से

ढक रखा था और जंघा पर लगा घाव अब लगभग भर चुका था। महर्षि के आगमन पर वे अपने सेवकों की मदद से राजसिंहासन से उठे और महर्षि के पैरों को छूना चाहा, पर घाव और अत्यधिक पीड़ा से वे पूरा झुक न सके। महर्षि ने उनको थाम लिया।

''ईश्वर आपको दीर्घायु प्रदान करें राजन।'' और वे राजा दशरथ के ऊँचे मंच, जहाँ पर राजसिंहासन था, उसके ठीक बगल राजगुरु का भी सिंहासन लगा हुआ था, वहाँ विराजमान हुए। रघुवंशी अपने जीवन में सबसे ज्यादा सम्मान और इज्जत अपने गुरु को ही देते थे। उनके लिए गुरु से बढ़कर कोई नहीं, क्योंकि वे जानते थे कि गुरु के बिना एक योग्य व्यक्ति कभी भी ज्ञान प्राप्त नहीं कर सकता। अत: उन्हें मार्गदर्शन हेतु एक गुरु की आवश्यकता होती है। रघुवंशियों के लिए गुरु की कही बात ब्रह्मा की लकीर होती थी, जिसकी अवहेलना वे कल्पना में भी नहीं कर सकते थे।

''गुरुदेव आप कहाँ चले गए थे ?'' महर्षि के आसन ग्रहण कर लेने के बाद राजा दशरथ ने पूछा।

''इस बारे में मैं आपसे बात करूँगा, किंतु एकांत में, पहले तो मैं अपनी उस वीर बेटी से मिलने को उत्सुक हूँ। कहाँ है वह ?''

''गुरुदेव उन्हीं के सम्मान हेतु आज हम सभी यहाँ एकत्रित हुए हैं।'' अभी दशरथ महर्षि को बता ही रहे थे कि दरबानों (दरबार के प्रहरी) ने रानी कैकेयी के आने की घोषणा की।

सभी दरबारी उनके सम्मान में खड़े हो गए और पुष्पवर्षा करने लगे। उन्होंने आज दरबार में आने के लिए भी क्षत्रिय वेश धारण कर रखा था। आते ही उन्होंने महर्षि और राजा दशरश को प्रणाभ किया। जबसे उन्होंने राजा दशरथ के प्राणों की रक्षा युद्ध में की, तब से पूरे राज्य में उन्हीं के चर्चे सबकी जुबान पर थे।

''ऐसी वीर पत्नी के साथ होते भला काल की भी क्या हिम्मत, जो उराके पति के प्राणों का वरण कर सके। धन्य है भारत-भूमि, जहाँ ऐसी दिव्य स्त्रियाँ मौजूद हैं।'' महर्षि रानी कैकेयी की प्रशंसा में हर्षित होकर बोले। रानी कैकेयी ने गर्व से एक छोटी मुस्कान अपने चेहरे पर बिखेर दी। रघुवंशी अपने यहाँ स्त्रियों को, पुरुषों के समान अधिकार और इज्जत प्रदान करते थे, वहाँ स्त्री-पुरुष में भेदभाव नहीं किया जाता था।

''रानी मैं आपसे अत्यंत प्रसन्न हूँ और मैं भरी सभा में आपको सम्मान हेतु कुछ देना चाहता हूँ।'' राजा दशरथ यह जानते हुए भी कि रानी कैकेयी कुछ लेना स्वीकार नहीं करेंगी, उन्होंने अपने मन की बात सामने रखी।

''नहीं स्वामी! मेरे स्वामी मेरे साथ हैं और मुझे कुछ नहीं चाहिए।'' रानी कैकेयी दृढ़ निश्चय के साथ बोलीं और उन्होंने राजा दशरथ की आशंका को सही साबित किया।

"फिर भी रानी हम आपको आपके साहसिक कार्य के लिए रघुवंश की शपथ ले 'दो वचन' माँगने को कहते हैं। आप मुझसे कुछ भी माँग सकती हैं।" इतना कह राजा दशरथ ने वही पुरानी वचन प्रतिज्ञा दोहरा दी, *'रघुकुल रीति ''प्राण जाइ पर वचन न जाई।'* सभी दरबारी स्तब्ध रह गए, क्योंकि दो वचन में अब कैकेयी कुछ भी माँग सकती थीं, कौशल प्रांत भी, जिसे राजा दशरथ किसी भी कीमत पर ठुकरा नहीं सकेंगे। इतना बड़ा पुरस्कार पाकर रानी कैकेयी भाव-विह्वल हो उठीं और उसी भाव में कँपकँपाती आवाज में वह बोली—

"हे राजन! दसो दिशाओं के विजेता, आपके सान्निध्य के सिवा और मुझे कुछ नहीं चाहिए, जो मुझे भलीभाँति प्राप्त है। मेरे लिए इस पुरस्कार की कोई उपयोगिता नहीं है।"

"रानी! रघुवंशी कभी अपने वचनपालन से पीछे नहीं हटते। मैं आपको वचन पुरस्कार स्वरूप प्रदान कर चुका हूँ, जो आपको आपके न माँगने तक आजीवन प्राप्त रहेंगे।" राजा दशरथ ने अपनी दृढ़ता व्यक्त की।

"महाराज इसकी क्या आवश्यकता है?" रानी कैकेयी बोलीं।

"आवश्यकता है रानी! मैं चाहता हूँ कि पूरी दुनिया जाने कि भारत-भूमि की स्त्रियाँ भी पराक्रमी और शक्ति-संपन्न हैं और आनेवाली स्त्री पीढ़ी तुम्हें यादकर सदैव स्वयं पर गर्व करे और समाज में अपना उचित स्थान बरकरार रखे।" इस वाक्य को सुन वहाँ मौजूद सभी दरबारियों ने राजा दशरथ और रानी कैकेयी के जयकारे लगाए। रानी कैकेयी ने अब आँसू से भरे नेत्रों को लिये गर्व से साथ झुककर राजा दशरथ और महर्षि वसिष्ठ को प्रणाम किया।

अयोध्या का शाही बगीचा

"वत्स क्या यह सच और पूर्ण विश्वास पर आधारित है कि तुमने असुरों के साथ राक्षसों को देखा?" महर्षि वसिष्ठ ने आश्चर्य व्यक्त करते हुए, संदेह के साथ राजा दशरथ से पूछा। वे इस वक्त राजमहल के पीछे छोटी सरयू अर्थात् सरयू नदी का वह छोटा हिस्सा, जो एक नहर के रूप में मुख्य नदी से खींचकर राजमहल के किनारे से ले जाया गया था, उसके पास बने बगीचे में एकांत में टहल रहे थे।

"हाँ गुरुदेव! यह पूर्णत: सत्य है। मैंने स्वयं उन्हें अपनी आँखों से देखा था।" राजा दशरथ ने पूर्ण विश्वास से कहा।

"राक्षस अब तक केवल भारतवर्ष के दक्षिण में ही अपना अत्याचार प्रदर्शित कर रहे थे। मुझे लग रहा था कि भारत का वह हिस्सा चूँकि लंकापुरी के अत्यधिक निकट

है, इसलिए कुछ राक्षस समुद्र का वह छोटा हिस्सा पारकर नावों के द्वारा वहाँ आ जाते रहे होंगे, पर उनका भारतवर्ष के उत्तर में ठिकाना, वह भी सप्तसिंधु प्रदेश में असुरों के साथ, यह कोई संयोग नहीं हो सकता। कुछ तो चल रहा है रावण के मन में। (कुछ सोचते हुए और कुछ जानकर उनकी आँखें भय से चौड़ी हो गईं) कहीं रावण पूरे भारतवर्ष पर अधिकारकर यहाँ भी राक्षसराज तो नहीं कायम करना चाहता?''

यह सुनकर राजा दशरथ भय से काँप उठे।

''परंतु महर्षि अगर यह सच है तो ऐसे में हम क्या करें?

''केवल प्रतीक्षा और उससे युद्ध की तैयारी।''

''पर गुरुदेव यह कैसे संभव है? अब मैं उस उम्र में नहीं रहा कि रावण के विरुद्ध सेना का संचालन कर सकूँ। मैंने सुन रखा है कि वह अत्यंत बलशाली और पराक्रमी है तथा किसी खूँखार तांत्रिक राक्षस का पुत्र भी है।'' राजा दशरथ ने अपना भय और अपनी शंका जाहिर की। खूँखार तांत्रिक राक्षस का पुत्र सुन महर्षि चौंक गए, क्योंकि उन्होंने सुन रखा था कि रावण के जन्म के विषय में कई अफवाहें चल रही हैं, पर उसके जन्म का असली रहस्य केवल ऋषि समूह ही जानता था और महर्षि ने राजा दशरथ की उस गलतफहमी (सुनी हुई अफवाह) को दूर करने की बजाय, बात आगे बढ़ाई, क्योंकि वे उस अफवाह के दूर होने के बाद का असर जानते थे कि कोई भी फिर महर्षि या ऋषि-मुनि का जरा भी आदर-सम्मान नहीं करेगा।

''राजन आप चिंतित न हों। मेरे अनुमान के मुताबिक रावण अभी केवल भारतवर्ष के राजाओं के विषय में जानकारी इकट्ठी कर रहा है, क्योंकि उसने यदि उस युद्ध में असुरों का साथ विजय के लिए दिया होता तो आप आज यहाँ विजयी और जीवित न खड़े होते। वह निश्चय ही पूरा आश्वस्त होकर ही आक्रमण करेगा, पर मैं हैरान इस बात पर हूँ कि इतना बलशाली, तंत्रज्ञान से संपन्न, अहंकारी रावण क्यों और किस वजह से भारतवर्ष के राजाओं की जानकारियाँ जुटा रहा है? क्योंकि जितना मैं उसके बारे में जानता हूँ, उसे इंतजार करना पसंद नहीं है।'' कहकर महर्षि ने अपनी हैरानी व्यक्त की।

''पर गुरुदेव कृपया मेरी शंका का समाधान करें। यदि वह कुछ वर्ष उपरांत भी भारतवर्ष पर आक्रमण करे तो भी, तब तक मैं और वृद्ध और निर्बल हो जाऊँगा। कौशल प्रांत की रक्षा कौन करेगा?'' दशरथ पीड़ा से कराहते हुए बोले।

''आपका पुत्र करेगा।'' महर्षि ने राजा दशरथ को एक विश्वास और बल प्रदान करने हेतु यह वचन कहा।

''गुरुदेव मुझे अभी तक पुत्र की प्राप्ति नहीं हुई है और उस यज्ञ को भी बीते एक वर्ष से ज्यादा हो चुका है। पता नहीं...।'' राजा दशरथ की बात बीच में काटते हुए महर्षि बोले—

''नहीं राजन, यज्ञ कभी अधूरा नहीं जाता। (फिर कुछ ध्यानकर पिछले यज्ञ की असफलता, धीमी आवाज में बोले) लगभग हमेशा तो नहीं। वह **पुत्रकामेष्टि यज्ञ** और पेय, अधूरा नहीं जाएगा। आपको पुत्र की प्राप्ति अवश्य होगी।'' महर्षि दृढ़ निश्चय के साथ बोले।

पहले के समय में पुत्रविहीन राजा एक पुत्रकामेष्टि यज्ञ करवाते थे, जिनमें ऋषि-मुनि मिलकर जंगल के कुछ विशेष औषधियाँ पौधों को चुनकर उनसे एक पेय तैयार करते थे, उसे पुत्रविहीन राजा को यज्ञ उपरांत सिद्ध कर पिलाया जाता था, जिससे राजा की पौरुष शक्ति कई गुना बढ़ जाती थी और वह पुत्र प्राप्ति योग्य हो जाया करता था। वह यज्ञ महर्षि वसिष्ठ रक्षक प्राप्ति के महायज्ञ से पूर्व करने गए थे।

''काश ऐसा संभव हो जाए।'' राजा दशरथ थोड़े हताश स्वर में बोले।

''अवश्य संभव होगा राजन, क्योंकि मानवजाति को एक रक्षक की अत्यंत आवश्यकता है, साथ ही इस सृष्टि को भी। हो सकता है राजन वह आपका ही पुत्र बने।'' इस अवश्यंभावी कल्पना के बारे में सोच राजा दशरथ पुलकित हो उठे।

आखिर गुरु वसिष्ठ का किया यज्ञ राजा दशरथ के लिए फलदायी रहा। उनकी बड़ी रानी कौशल्या से लेकर सुमित्रा तक क्रमशः तीनों रानियाँ कुछ महीनों के अंतराल पर गर्भवती हुईं। धीरे-धीरे राजा दशरथ और समस्त कौशल प्रांत के लिए वह शुभ दिन आ ही गया, जब रानी कौशल्या एक बच्चे को जन्म देने वाली थीं।

4

रक्षक का जन्म

सुबह का समय, अयोध्या

सूर्योदय होने को था और चिड़ियों के कलरव से संपूर्ण वातावरण ध्वनित था। आज मानो चिड़ियाँ भी उस नन्हे मेहमान के आने के इंतजार में कुछ ज्यादा ही व्याकुल थीं। उनसे भी ज्यादा व्याकुल एक और इन्सान था और वह थे राजा दशरथ, जो बेचैनी से लगातार महारानी कौशल्या के प्रसव कक्ष के सामने टहल रहे थे। सभी राजदरबारी एवं अधिकतर नागरिक, जिनके पास बच्चे के जन्म होने की सूचना फैल गई थी, वे सब महल के द्वार पर बेचैनी से उसके जन्म का इंतजार कर रहे थे। ढोल-मंजीरे, नगाड़े सब तैयार थे। आखिरकार अयोध्या के सूने बंजर वंश की संभावनाओं को खत्म करते हुए एक हरियाली (आशा की किरण) उस प्रांत को प्राप्त होने जा रही थी। महारानी की हर चीख महाराजा दशरथ की बेचैनी और उत्सुकता को बढ़ा रही थी। राजा दशरथ के साथ वहाँ कक्ष के बाहर दो और शख्स मौजूद थे—एक थे महर्षि वसिष्ठ, दूसरे सेनापति मृगाधीश। महर्षि लगातार उस बालक के जन्म की बेला (समय) की प्रतीक्षा में व्याकुल थे, क्योंकि बच्चे के जन्म का वक्त उन्हें उसके बारे में कुछ भविष्यवाणी करने और शगुन विचारने व पढ़ने की अनुमति देते। वे लगातार दो तारे, जिनमें एक तारा धुव्र तारे के नाम से विख्यात था, उनके बीच के कोण पर नजर बनाए हुए थे।

एकाएक महारानी की चीख एकदम बंद हो गई। राजा दशरथ टहलना छोड़ अंदर आहट लेने लगे। महर्षि और मृगाधीश भी सावधान हो चुके थे। तभी एक बालक के चीखने की आवाज आई। राजा दशरथ और मृगाधीश ने भाव-विह्वल हो बेहद प्रेमपूर्ण नेत्रों से एक-दूसरे की तरफ देखा, जिनमें ढेरों बधाइयाँ और खुशियाँ छिपी थीं। महर्षि ने फौरन तारों की गणना की और उनके चेहरे पर संतोष के भाव आए। उन्होंने मन-ही-मन कहा, यदि बालक दस मिनट की देरी से आता तो ठीक भगवान् विष्णु के

छठे अवतार एवं महान् क्षत्रिय मुनि प्रभु परशुराम के जन्म के वक्त पैदा होता, जो एक अद्भुत संकेत होता, पर ये नक्षत्र और बेला भी अत्यंत उपयुक्त हैं। तभी महारानी के प्रसव कक्ष का द्वार खुला और सेविका ने अपनी खुशी व्यक्त करते हुए कहा, ''बधाई हो महाराज! बालक हुआ है।'' वैसे राजा दशरथ पहले ही बालक के रोने की आवाज को सुन यह समझ चुके थे कि बालक ही हुआ है। इधर सूर्य ने भी अपनी पहली किरण धरती पर भेजी, मानो वह भी इस खुशनुमा माहौल की बधाइयाँ बाँट रहा हो। राजा दशरथ अपनी मोतियों की माला को निकाल दौड़ते हुए अंदर पहुँचे और बालक को माता के पास से उठा, उसे मोतियों से वार, सेविका को प्रदान कर दिया। उसके बाद राजा ने रानी कौशल्या के माथे को चूमते हुए कहा, ''महारानी आज आपने न केवल मुझे, बल्कि संपूर्ण कौशल प्रांत को खुशियाँ मनाने का मौका दिया है। यह हम दोनों के जीवन का सबसे महत्त्वपूर्ण दिन है। न मैं, न ही कौशल इस दिन को भूल पाएगा।'' राजा दशरथ भाव-विह्वल बोलते जा रहे थे कि बीच में महर्षि ने बोलते हुए कक्ष में प्रवेश किया।

''नहीं राजन! इस बात की पूरी संभावना है कि इस दिन को पूरा भारतवर्ष नहीं भूल पाएगा।'' महर्षि को देख महारानी और अन्य दोनों रानियों ने प्रणाम किया और महारानी ने खुद को संयत किया। महर्षि वसिष्ठ चूँकि एक महर्षि थे। अत: वह केवल एक निशान की तलाश में थे, जो उन्हें इस बालक के प्रति समर्पित कर सके कि यह रक्षक बनने के काबिल है। महर्षि आगे बढ़े। राजा दशरथ ने बालक को महर्षि की गोद में दिया, महर्षि ने उस निशान की उम्मीद में बालक की ओर उत्सुकता से देखा और उसे देखते ही मानो उनके मन को असीम शांति मिली। उनकी आँखें खुशी से चौड़ी हो गईं। उन्हें पहली निशानी मिल चुकी थी। वह बालक श्याम वर्ण (साँवले रंग का) था। श्याम वर्ण भगवान् विष्णु से जुड़ा था, क्योंकि उनके सभी प्रमुख अवतारों का वर्ण श्याम ही था अर्थात् उनका रंग साँवला ही था। हालाँकि यह निशानी कोई विशेष मायने नहीं रखती थी, परंतु जैसा कि महर्षि ने पूर्व ही बताया था कि विश्वास के लिए किसी-न-किसी वस्तु का होना आवश्यक है, अत: उन्होंने अपने विश्वास का जरिया उस बालक का श्याम वर्ण की रखा। इधर राजा दशरथ मृगाधीश को नगरवासियों को सूचित करने का आदेश दे चुके थे।

''गुरुदेव कृपया इस बालक का नामकरण भी कर दें।'' राजा दशरथ, जो बेहद उत्सुक थे, बोल पड़े।

''यदि यह बालक दस मिनट और देरी से प्रभु परशुराम के जन्म के वक्त पैदा होता तो इसे संभवत: मैं परशुराम नाम ही देता, किंतु यह दस मिनट पहले हुआ है, इसलिए मैं परशुराम से पहले के तीन शब्द हटा इसका नाम '**राम**' रखता हूँ।''

तभी ढोल-नगाड़ों की उन्मादी आवाज महल तक पहुँची और सभी हर्षित हो उठे। पूरा नगर जश्न मनाने लगा और इधर राम नाम से सभी बेहद संतुष्ट और खुश थे। महर्षि बालक को देखते हुए सोचने लगे, अब आगे इस बालक के कर्म ही निर्धारित करेंगे कि यह बालक रक्षक है या नहीं।

आगे चलकर कौशल प्रांत को एक के बाद एक; दो और उत्सव मनाने के अवसर मिले, क्योंकि राम के जन्म के तीन महीने बाद कैकेयी ने एक बालक को जन्म दिया। उसका नाम महर्षि ने '**भरत**' रखा एवं उसके दो महीने बाद तो अयोध्या को दोहरी खुशियाँ प्राप्त हुईं क्योंकि सबसे छोटी रानी सुमित्रा ने आखिर में जुड़वाँ बच्चों को जन्म दिया, जिनका नाम क्रमशः '**लक्ष्मण**' और '**शत्रुघ्न**' रखा गया।

समय बीतता रहा।

अब राजा दशरथ रावण की चिंता छोड़ अपने चारों बेटों के साथ आनंदित रहने लगे। धीरे-धीरे चारों के मुंडन का वक्त भी आ गया। बच्चों के मुंडन के वक्त उनके नाम को पूजा द्वारा स्थापितकर उनकी कुंडली का निर्माण किया जाता था। जन्मकुंडली का निर्माण तीन भाइयों का तो कुशलतापूर्वक संपन्न हो गया, किंतु बड़े भाई राम का नाम ऋषियों के मुताबिक वेदों के हिसाब से और जन्म-नक्षत्र के कारण छोटा था और उन्हें अपने ग्रहों में चंद्रमा को भी स्थान देना था, ताकि उनका जीवन सुखमय हो सके। अतः महर्षि वसिष्ठ ने उनके नाम के साथ चंद्र भी जोड़ दिया। अब राम के नाम की स्थापना हो चुकी थी **रामचंद्र** के नाम से। अब उनका नाम भी उनके भाइयों के नाम के समान बड़ा हो गया, परंतु न तो कोई रानी, न ही राजा दशरथ इस नाम का उस बालक के लिए उच्चारण करते थे, क्योंकि सबको राम नाम की आदत पड़ चुकी थी। यह नाम बुलाने हेतु भी छोटा और आसान था, अतः वे अपनों के लिए अब भी राम ही थे।

माता-पिता की छत्रच्छाया में सभी बालक अपना जीवन भलीभाँति सभी सुख-सुविधाओं में व्यतीत कर रहे थे। वे राजा दशरथ के पास युद्ध विजय की गाथाएँ सुनते और माताओं के पास पौराणिक शिक्षाप्रद कहानियाँ। महारानी कौशल्या-कैकेयी-सुमित्रा में इतना गहरा प्रेम भरा रिश्ता जुड़ा था कि उन्हें देखकर किसी को भी सगी बहन होने का भ्रम होता था, न कि सौतन। उनके आपसी प्रगाढ़ प्रेम का असर बालकों के ऊपर भी पड़ा, क्योंकि *बालकों का बचपन में दिमाग एक सफेद वस्त्र की भाँति होता है, उस पर माता-पिता या संरक्षक द्वारा जो रंग चढ़ा दिया जाए, वही रंग चढ़ जाता है। वे जो देखते हैं, वे अपने भोले दिमाग में बसाते जाते हैं।* लिहाजा वे चारों बालक अपनी उस उम्रावस्था में कभी न सीख सके कि सगी माँ और सौतेली माँ में क्या अंतर

होता है। वे तीनों माँओं को एक समान प्रेम व इज्जत करते थे। वे एक साथ खाते-सोते थे। वे सदैव अपनी तीनों माँओं के साथ एक साथ सोते थे, क्योंकि महारानी कौशल्या से शुरू हुई कहानी, जब तक माता सुमित्रा के पास क्रमशः न पहुँचे, वे चारों सोने को तैयार नहीं होते थे। हाँ वे महारानी कौशल्या, रानी कैकेयी और रानी सुमित्रा को क्रमशः उन्हीं तीनों के द्वारा बताए गए नामों से बुलाते थे—बड़ी माँ, मँझली माँ और छोटी माँ।

यह सब देख राजा दशरथ अत्यंत प्रसन्न रहते थे। उनकी उम्र और बीमारियाँ मानो थम सी गईं। इधर तीनों रानियों के इस आपसी प्रेम की सबसे बड़ी वजह स्वयं राजा दशरथ ही थे। वे अपनी तीनों पत्नियों से रत्ती भर भी भेदभाव न करते हुए उन्हें सदैव एक सा प्रेम करते थे। किसी को एक से अलग कोई विशेष सुविधा न प्राप्त थी, सभी एक समान थीं। इसका असर रानियों के आपसी प्रेम और फिर उनके पुत्रों के आपसी प्रगाढ़ प्रेम के रूप में सामने आया। उसी महान् प्रेम और मातृत्व की छाँव में चारों बालक बड़े होने लगे। वे कब छह वर्ष की अवस्था में पहुँचे, यह किसी को अंदाजा न रहा। हाँ, अब इनकी उम्र की अवस्था की सबसे बड़ी चोट और दर्द राजा दशरथ और रानियों को होने वाला था, क्योंकि उन्हें पता था कि अगले बसंत महर्षि वसिष्ठ इन्हें अपने गुरुकुल ले जाएँगे, आगामी शिक्षा हेतु। अतः वक्त के साथ उनकी उदासी बढ़ती जा रही थी। इधर बालक अपनी दुनिया में खुश रहते थे, वे प्रायः उनकी उदासी नहीं देख पाते थे, क्योंकि उनसे यह छिपा ली जाती थी। हालाँकि अब बालकों का चरित्र उभरकर सामने आ रहा था। बड़े राम, जो बेहद सीधे-सरल हृदय के थे, वे प्रायः बड़ों का साथ पसंद करते थे। इसका असर उनके व्यक्तित्व पर पड़ता था। वे व्यवहार में उम्र से बड़े लगते थे। वे प्रायः चिंतन करते पाए जाते, मानो दुनिया की हर एक वस्तु को जानने-समझने की उनमें तीव्र इच्छा हो और वे हर चीज का मतलब ढूँढ़ा करते थे।

उसके बाद भरत, जो कि बेहद बुद्धिमान थे, वे चंचल स्वभाव के थे। उन चारों भाइयों में सबसे ज्यादा बोलना उनकी आदत थी।

उनके बाद लक्ष्मण, जो कि दुनिया में शत्रुघ्न से कुछ मिनट ही पहले आए थे। इनका व्यक्तित्व तीनों भाइयों में सबसे अलग था, ये गुस्सैल स्वभाव के थे। हर छोटी-से-छोटी बात, जो इनको पसंद न आए, उस पर गुस्सा आ जाता था। इनके गुस्सैल रवैए के कारण इनकी प्रायः किसी से नहीं बनती थी, क्योंकि इन्हें कब और किस बात पर गुस्सा आ जाए, यह कोई नहीं जानता था। इनके इस व्यवहार से राजा दशरथ काफी दुःखी हो जाया करते थे। हाँ, इनकी केवल इस दुनिया के एक इन्सान से बनती थी और वे थे इनके बड़े भाई राम, क्योंकि वे लक्ष्मण की ऊल-जलूल बातों को भी बड़े ध्यानपूर्वक सुनते और उनका निवारण कर देते थे। उनका यही शांत-संयत व्यवहार लक्ष्मण को उनके सबसे करीब ले आया। अकेलेपन में एकमात्र साथी राम के होने की

वजह से वे उनके और करीब आते और उनसे जुड़ते गए। धीरे-धीरे पूरे अयोध्या में विख्यात हो गया कि शत्रुघ्न नहीं, राम उनके जुड़वाँ भाई हैं। वे उनके पास के सिवा और कहीं नहीं मिल सकते। जो भी हो, राजा दशरथ यह जानते थे कि लक्ष्मण का गुस्सा एक-न-एक दिन उसे और राम, दोनों को मुसीबत में डालेगा।

चौथे शत्रुघ्न, बेहद शांत और चुप रहनेवाले। वे अपने भाइयों के सिवा अन्य किसी के पास नहीं रहते थे और उनके साथ रहकर भी बिल्कुल चुपचाप केवल उनकी आपसी बातचीत सुनते रहते थे।

धीरे-धीरे वक्त बीतता गया और आखिरकार वह दिन आ ही गया, जब चारों बालकों को लेने महर्षि वसिष्ठ आनेवाले थे। अब बालकों की उम्र सात वर्ष हो चुकी थी।

"गुरुदेव क्या यह जरूरी है? मेरा मतलब इनकी शिक्षा का प्रबंध तो हम यहाँ राजमहल में भी कर सकते हैं।" राजा दशरथ बच्चों की तरह जिद करते हुए बोले। जवाब में महर्षि ने केवल उन्हें घूरकर देखा। राजा दशरथ गुरुकुल की शिक्षा पद्धति के बारे में जानते थे कि बच्चों को समानता का पाठ पढ़ाने हेतु सभी धर्म-जाति, वर्ण के बच्चों को एक साथ, एक समान गुरुकुल में रहकर शिक्षा ग्रहण करनी होती है। अत: वे मौन हो गए, परंतु बच्चों का बिछुड़ना उन्हें असहनीय पीड़ा पहुँचा रहा था। वे दर्द से तड़प रहे थे, परंतु शीघ्र ही उन्होंने अपने पितृमोह पर काबू पाया और स्वयं को दृढ़ किया, परंतु तीनों माताएँ, वे न तो खुद के दर्द को सँभाल पा रही थीं और न ही अपने आँसुओं को। उनका दु:ख-दर्द और पीड़ा देख वहाँ मौजूद हर कोई महर्षि वसिष्ठ की तरफ इस आशा से देखता कि शायद महर्षि बच्चों को गुरुकुल ले जाने की बजाय उनकी शिक्षा का प्रबंध यहाँ राजमहल में कर दें। महर्षि भी उनकी पीड़ा को देख-समझ रहे थे कि तब जबकि पुत्र प्राप्त होने की कोई आशा न हो, ऐसे में यदि पुत्र प्राप्त हो जाए तो फिर उसे खुद से दूर करना कितना कष्टकारी होता है। यदि बात दुनिया के रक्षक की खोज की न होती तो शायद आज वे अपना मन बदल लेते।

"हमें जल्दी करनी होगी।" महर्षि ने सारथी (रथ हाँकनेवाला) को निर्देश देते हुआ कहा।

इधर बच्चों में केवल राम और शत्रुघ्न दु:खी थे। शत्रुघ्न जोर-जोर से रो रहे थे। राम का दु:ख उनके चेहरे पर दिखाई पड़ रहा था और भरत, शत्रुघ्न का यूँ लोट-पोटकर रोना देख हैरान और हँस रहे थे—

"इतना कम बोलनेवाले शांत बालक के अंदर इतनी करुणा बसी थी? यह शायद

आज के लिए अपना बोलना बचाकर रखा था, जो जोरों से इसे रो-रोकर व्यक्त कर रहा है।'' भरत ने हँसते हुए लक्ष्मण से कहते हुए उन्हें कोहनी मारी। लक्ष्मण इन चीजों से दूर गंभीर और गुस्से में बैठे थे। भरत के कुहनी मारने की वजह से उनको गुस्से से घूरने लगे, भरत ने जब खुद को लक्ष्मण के द्वारा घूरते पाया तो बोला—

''मुझे ध्यान देना था कि मेरे बगल में कौन बैठा है।'' जो स्पष्टतः लक्ष्मण को एक ताना था। इधर लक्ष्मण को सारथी और शत्रुघ्न पर गुस्सा आ रहा था, वे मन-ही-मन बोले, 'एक न तो रथ में बैठ रहा है और दूसरा न चल रहा है।'

किसी तरह पकड़कर शत्रुघ्न को रथ में बैठाया गया। आँसुओं और दुःखों को वहीं छोड़ रथ ने गति पकड़ ली। इस बीच महर्षि की रक्षक की खोज भी शुरू हो चुकी थी। उन्होंने चारों भाइयों के क्रियाकलापों, हाव-भावों पर अपनी तीक्ष्ण नजर जमा रखा थी, क्योंकि एक महान् व्यक्तित्व का निर्माण इन्हीं छोटे दिखनेवाले हावों-भावों में छिपा रहता है, क्योंकि हाव-भाव ही बताते हैं कि कोई व्यक्ति किसी बुरी या अच्छी परिस्थिति में कैसा महसूस करता है और वह क्या समझता है और(सबसे महत्त्वपूर्ण) कि वह किस प्रकार व्यवहार करता है। महर्षि को शत्रुघ्न को छोड़ बाकी अन्य तीनों का व्यवहार संयत लगा। उन्हें सबसे खास भरत लगे, जो लगातार प्रसन्नचित्त रहे। *एक नायक को सदैव प्रसन्नचित्त रहना चाहिए, क्योंकि एक प्रसन्नचित्त मन ज्यादा शांत और ज्यादा अच्छे निर्णय करता है, मुकाबले एक दुःखी चित्तवाले या क्रोधी व्यक्ति के।*

5

गुरुकुल

अब वे गुरुकुल पहुँच चुके थे। यह वही वन था, जिसमें महर्षि वसिष्ठ ने महायज्ञ किया था। गुरुकुल में प्रवेश करने से पहले बालकों को गंगा जल से स्नान करवाया गया तथा उनके राजसी कपड़ों को बदलकर उन्हें पहनने हेतु एक गेरुआ (लाली लिये नारंगी रंग) वस्त्र दिया गया, तत्पश्चात् उन्हें गुरुकुल में प्रवेश दिया गया। महर्षि वसिष्ठ एक सेवक को इन बालकों को इनका स्थान दिखाने का निर्देश दे, स्वयं एक आगंतुक से मिलने चले गए, जो महर्षि की लंबे समय से प्रतीक्षा कर रहा था। बालकों को गुरुकुल में बनी कई कुटियाओं में से एक कुटिया प्रदान की गई, जहाँ सोने और विश्राम के लिए जमीन पर पुआल (धान के फसल का निचला साबुत बचा हिस्सा) पर चादर पड़ी थी। पानी पीने के लिए एक बड़ा मिट्टी का घड़ा था। इसके सिवा उस कुटिया में कुछ भी अन्य सामान न था। राज-ठाठ में पले-बढ़े बालकों के लिए यह एक असहनीय दर्द था, किंतु जल्द उन्हें इसकी आदत पड़नेवाली थी। वैसे शत्रुघ्न यह सब देख सुबकना शुरू कर चुके थे। भरत ने उनकी यह हालत देख उन्हें कुहनी मार उनके दर्द में इजाफा किया और खुद पुआल पर छलाँग लगाते हुए बोले—

"इसका आनंद लो।" और हँसने लगे। उनके कूदने से पुआल अपनी जगह से हटकर फैल गया। सेवक ने आश्चर्य भरी आँखों से भरत को देखा और उन्हें उठाकर उसे सही करता बोला—

"यदि तुमने यह हरकत दोबारा की तो इसे तुम्हें ही सही करना होगा बालक।" उसके बोलने का ढंग देख लक्ष्मण को क्रोध आ गया।

"तुम्हारी इतनी हिम्मत, तुम अयोध्या के राजकुमार का अपमान करो। उन्हें 'तुम' कह संबोधित करो?" मैं महर्षि से कहकर तुम्हें आश्रम से निकलवा दूँगा। अपनी आँखें लाल करते लक्ष्मण बोले।

''उसकी जरूरत नहीं पड़ेगी बालक, क्योंकि यह गुरुकुल का नियम है और दूसरी बात, यहाँ कोई राजकुमार नहीं है।'' लक्ष्मण की क्रोध से लाल आँखों में झाँकते सेवक ने प्रेम से कहा। लक्ष्मण कुछ और बोलने जा रहे थे कि राम बोल पड़े—

''हमें क्षमा करें। हम आगे से ध्यान रखेंगे।'' बात कहने का इतना सधा और नम्र व्यवहार देख, सेवक हर्षित हो राम को देखकर अपना सिर सहमति में हिलाता हुआ बाहर चला गया। राम ने लक्ष्मण को इशारे में समझाया, ''सब ठीक है, गुस्सा मत करो'' और शत्रुघ्न के पास जाकर दुलार से उनके सिर पर हाथ फेरते हुए कहा—

''हम सब हैं न यहाँ, चिंता मत करो। कुछ दिन में अच्छा लगने लगेगा।'' इतना स्नेह पाकर शत्रुघ्न उनसे लिपट गए। राम ने उन्हें दुलारा, फिर कुटिया से बाहर निकलकर गुरुकुल का जायजा लेने लगे। गुरुकुल दो प्रखंड में बना था। सबसे किनारे लकड़ी के मजबूत बाड़े बनाए गए थे। संभवतः बाड़े जानवर के हमले को रोकने के लिए और बाड़े से बाहर एक गहरी खाई गुरुकुल के चारों ओर गुरुकुल के द्वार तक खुदी थी। यह भी जानवरों से बचने का एक यत्न था। बाड़े के अंदर पहले प्रखंड में गुरुकुल के चारों ओर सेवकों और प्रहरियों के कमरे थे। गुरुकुल के पहले प्रखंड के बीच में राम को दो बड़ी कुटिया दिखाई दीं, जो संभवतः महर्षि और आगंतुकों के लिए थीं। दूसरे प्रखंड में सभी कुटिया गुरुकुल के शिष्यों के लिए थीं। गुरुकुल के बीचोंबीच एक बड़ा मैदान था, जो शिक्षा के हिसाब से अलग-अलग खंडों में बँटा था। राम मैदान के एक खंड में गए, जो कुश्ती का खंड था। उन्होंने वहाँ की भुर-भुरी मिट्टी को उठाया और उसे महसूस करने लगे।

''क्या यह सबसे बड़ा बालक है महर्षि वसिष्ठ?'' आगंतुक, जो कि स्वयं महर्षि वाल्मीकि थे, एक कुटिया की खिड़की से (जो कि राम को दूर कुश्ती के मैदान में मिट्टी हाथ में ले उसे मसलते हुए देख रहे थे) राम को संबोधित करते हुए कहा।

''हाँ महर्षि! यह राम है।'' महर्षि वसिष्ठ आँखों में चमक लिये बोले।

''किंतु आप किसी और बालक के बारे में बता रहे थे अभी, जो सदैव प्रसन्नचित्त रहता है और उसमें भी नायक बनने के श्रेष्ठ गुण हैं।''

''हाँ वह इनका छोटा भाई है। भरत नाम है उसका।''

''आपको लगता है कि रक्षक, इन्हीं दोनों में से कोई होगा?''

''हाँ हो सकता है, परंतु यहाँ गुरुकुल में दो-तीन और प्रतिभाशाली बालक हैं। और अगस्त्य ऋषि ने भी अपने गुरुकुल में कुछ प्रतिभाशाली बालकों के होने की सूचना दी है। संभवतः इन्हीं में से कोई होगा।''

''हम्म...।'' महर्षि वाल्मीकि एक गहरी सोच में डूब गए।

''तो महर्षि! आपके आने का कोई विशेष कारण था, वह क्या है?'' महर्षि

वसिष्ठ ने थोड़े शंकित नेत्रों से देखते हुए पूछा।

महर्षि वाल्मीकि जैसे ध्यान से जगे हों, चौंककर बोले—

"हाँ, यह बात बेहद दिलचस्प है। खबर मिली थी कि रावण ने भारत के दक्षिणी हिस्से के किसी भाग पर आक्रमण किया था।"

"क्या रावण ने आक्रमण किया था?" डर से चौंकते हुए महर्षि वसिष्ठ ने कहा।

"हाँ, किंतु वह विफल रहा और वापस लौट गया।"

"यह कहाँ और कैसे हुआ?" महर्षि वसिष्ठ ऐसे चौंके, मानो उन्होंने किसी अजूबे के विषय में सुन लिया हो।

"यह अभी तक रहस्य बना हुआ है कि उसने भारतवर्ष के किस राजा से युद्ध किया और वह हार गया। (यह सुन महर्षि वसिष्ठ की आँखें आश्चर्य से चौड़ी हो उठीं) यह एक ऐसा रहस्य और अजूबा है कि किसी को भी विश्वास नहीं हो पा रहा।"

"महर्षि आपको यह जानकारी कहाँ से मिली?" महर्षि वसिष्ठ ने आश्चर्य से पूछा।

"ऋषि ऋष्यमूक से। वे भारतवर्ष के दक्षिणी हिस्से में स्थित दंडक वन में ध्यान हेतु गए थे, किंतु वहाँ एक दिन एक हलचल सुनाई दी। रावण अपने कुछ राक्षस सैनिकों के साथ भारत विजय का उद्घोष करता जा रहा था। वह भारतवर्ष में पहले मिलनेवाले किसी भी राजा से युद्ध करने और उसे परास्त कर संपूर्ण भारतवर्ष में राक्षस राज्य कायम करने को लेकर तत्पर था। ऋषि उन्हें देखकर झाड़ियों में छिप गए और दूसरे दिन भोर में वहाँ से जाने का निश्चय किया। तभी सायंकाल के बाद उन्होंने रावण को बेहद हताश और निराश मन से वापस लौटते देखा और रावण के साथ केवल दो राक्षस जीवित बचे थे। इससे ऋषि ने अंदाजा लगाया कि निश्चय ही रावण भारतवर्ष के किसी राजा से पराजित हुआ है। ऋषि ऋष्यमूक ने सच्चाई जानने हेतु दंडक वन के उस पूरे इलाके में खोजबीन की, किंतु उन्हें वहाँ न तो कोई राज्य मिला, न राजा। अत: सच्चाई अब भी रहस्य है।"

"हूँ···! ऋषि ऋष्यमूक कभी झूठ नहीं बोलेंगे। अवश्य ही ऐसा कुछ हुआ है, किंतु इतना बलशाली राजा भारतवर्ष में है और उसका किसी ने नाम भी नहीं सुना, यह अजीब और अद्‍भुत लगता है। यह तो रहस्य-पर-रहस्य है। खैर जो भी कारण हो, यदि रावण निराश और हारा हुआ वापस लौटा है, तो वह आएगा जरूर, किंतु अब हमें कुछ वर्ष और मिल गए हैं और तब तक हम अपने रक्षक की खोज में सफल भी हो जाएँगे। मैं चाहता हूँ कि आप वापस जाएँ और यदि संभव हो सके तो इस बात का पता लगाएँ कि सच्चाई क्या है। रावण क्यों इस तरह वापस लौटा, यदि वह भारत विजय का स्वप्न लेकर आया था तो··· ? महर्षि हर्षित भी थे, साथ ही आश्चर्यचकित भी।

यदि भारतवर्ष में इतना वीर राजा है तो वह अब तक रहस्य क्यों बना हुआ है, जो रावण की यह हालत कर दे और यदि ऐसा नहीं है तो रावण के इस तरह लौटने की क्या वजह हो सकती है? इस रहस्य से परदा उठना बेहद जरूरी था। महर्षि वाल्मीकि ने महर्षि वसिष्ठ से विदाई ली और चल पड़े। एक महत्त्वपूर्ण रहस्य की सच्चाई जानने।

6

रावण की पराजय

एक भव्य सिंहासन पूरा सोने का बना हुआ। उसके हत्थे पर बने दो क्रूर शेर और सिंहासन के शीर्ष पर एक बड़े बैल का सिर पूरा धड़ सहित चित्र सोने से उकेरा गया था, जो इस बात का संकेत था कि यह सिंहासन राक्षस प्रजाति का था। पूरे भरे दरबार में दो नवयुवक (दिखने में क्रूर-बलिष्ठ) किसी अपराधबोध पर सिर झुकाए खड़े थे। तभी एक आवाज भयानक गुर्राहट लिये पूरे दरबार में गूँज उठी। दरबारियों ने डर से खुद को सावधान और संयत किया।

''यदि तुम मेरे पुत्र न होते तो तुम दोनों को इस गलती की सजा मैं स्वयं तुम्हारे सिर को अपने हाथों से मसलकर देता।''

''क्षमा पिताश्री! इस बार हम स्वयं भारत-भूमि जाएँगे और वहाँ के चप्पे-चप्पे की पूरी जानकारी लाएँगे।'' दोनों ने एक साथ काँपती आवाज में कहा।

''अपने उस बेकार गुप्तचर का सिर धड़ से अलग कर दो।'' वह राक्षस राजा गुर्राया।

''जैसी आज्ञा पिताश्री!'' और दोनों नवयुवक खर और दूषण अपने घुटनों के बल बैठ गए। तभी सिंहासन पर बैठा वह राक्षस राजा उठा और उसके उठने से पड़नेवाले दबाव से वह मजबूत-विशाल सिंहासन भी चरमरा उठा। जो इस बात का सबूत दे रहा था कि वह उस व्यक्ति के वजन को बेहद मुश्किल से सँभाले हुए था। वह सिंहासन की सीढ़ियाँ उतरने लगा, उसके मोटे पशु जैसे भारी-भरकम पैर सीढ़ियों को भी दर्द पहुँचा रहे थे। अब तक सारे दरबारी भी अपने-अपने घुटनों के बल बैठ चुके थे। उस व्यक्ति की कसी मजबूत कमर, जिसमें दो अत्यंत दैत्याकार खड्ग लटक रहे थे। उसकी छाती इतनी चौड़ी कि मानो एक साथ कई आदमियों को समाहित किए हो। मोटे-भरे चौड़े बलिष्ठ कंधे इस बात का सबूत थे कि वह एक साथ बीस आदमियों की हड्डियाँ

पलक झपकते ही चटका सकता था। उसके हाथों के पंजे एक साथ तीन मनुष्यों के पंजे पकड़ने जितना बड़े। उसका सिर अद्‌भुत मोटाई लिये हुए और कई जगह शल्य चिकित्सा के गहरे घाव लिये और अंत में उसकी आँखें अजीब लालिमा लिये हुए, जो अपने अंदर ज्वालामुखी के अंगारों को प्रदर्शित करती थीं। वह अद्‌भुत विलक्षण बलशाली व्यक्ति कोई और नहीं, रावण था। वह धीरे-धीरे टहलता दरबार से बाहर गया। तब जाकर खर-दूषण और अन्य दरबारी खड़े हुए। खर और दूषण की आँखें उस गुप्तचर, जो भारत-भूमि के राजाओं की खबर जानने गया था, उस पर घूरती हुई टिक गई थीं, जो इस बात का संकेत था कि अब उसके साथ जो होने वाला है, वह बेहद वीभत्स है। वह गुप्तचर डर से थर-थर काँप रहा था। खर आगे बढ़ उसे घसीटता हुआ दरबार के बीच ले लाया। सभी दरबारी मृत्यु शोर करने लगे।

''हो! हो! हो! हो!''

वह गुप्तचर चिल्लाने लगा—

''राजकुमार मुझे नहीं पता; वह मानव राजा वहाँ कैसे आया। मेरी पड़ताल के दौरान वहाँ कोई मानव राजा नहीं था।'' वह डर से काँप रहा था। जवाब में दोनों ने केवल दाँत पीसे। इधर मृत्यु शोर तेज हो उठा। वे दोनों उसका एक-एक हाथ पकड़ विपरीत दिशा में खींचने लगे और थोड़ा और दम लगा, उसके दोनों हाथों को जड़ से उखाड़ शरीर से अलग कर दिया। वह दर्द से बिलबिलाता लोटने लगा। तत्पश्चात् उन्होंने उसके पैर और अंततः उसका धड़ उसके शरीर से नोच कर अलग कर दिया। धड़ उखाड़े जाने तक वह मूर्छित हो चुका था। यह दृश्य एक साधारण इन्सान देखता तो भय से पथरा जाता, किंतु वे तो राक्षस थे। पूरा दरबार ''हो! हो! हो! हो!'' के नारे से गूँजता रहा।

7

रहस्यमयी वानर प्रजाति और उसके महाबलशाली राजा का रहस्य

रावण अपने शयनकक्ष में चिंतित लेटा हुआ था। वह लगातार अपनी हार के बारे में सोचे जा रहा था, क्योंकि यह हार उसके लिए अप्रत्याशित थी। वह इस हार का दुःख पचा नहीं पा रहा था। उसके विशाल कंधों पर एक हाथ आकर रुका।

''स्वामी आपको इतना परेशान पहले कभी नहीं देखा। वहाँ क्या हुआ था?'' यह रावण की पत्नी मंदोदरी थी। ''महारानी वह बेहद वीर और बलशाली था। उससे ज्यादा बलिष्ठ प्राणी मैंने अपने स्वप्न में भी कल्पना नहीं की थी।'' रावण ने बेहद धीमे स्वर में कहा। उसकी आवाज में उसके हार की पीड़ा व्यक्त हो रही थी।

मंदोदरी दैत्यराज मयासुर की बेटी थी, जो पली-बढ़ी भारत-भूमि के सप्तसिंधु क्षेत्र के मंडोर नामक स्थान पर। उसकी माता हेमा भारत-भूमि की थी, पिता दैत्यराज मयासुर भारत-भूमि के बिल्कुल दक्षिणी हिस्से दंडक वन (आखिरी दक्षिणी छोर) के रहनेवाले थे। दैत्यों और राक्षसों की प्रजाति में काफी समानताएँ होती हैं। बस दैत्य राक्षसों से आकार में बड़े होते थे और राक्षस उनसे ताकत में। रावण जब पहली बार भारत-भूमि विचरण पर आया था, तब उसकी मुलाकात दैत्य राज मयासुर से हुई थी। वह उन्हीं के घर ठहरा था, जहाँ उसकी मुलाकात मंदोदरी से हुई। मंदोदरी के रूप-रंग ने रावण का दिल जीत लिया और उसने मयासुर की सहमति से मंदोदरी से विवाहकर उसे लंकापुरी लाया था। मंदोदरी बेहद तीव्र बुद्धि की समझदार दैत्यकुमारी थी।

''पर स्वामी मैं भी भारत-भूमि पर पली-बढ़ी हूँ। मैंने तो कभी पिताश्री से इतने बलशाली इन्सानी राजा के बारे में नहीं सुना।'' मंदोदरी ने आश्चर्य व्यक्त करते हुए कहा।

''वह इन्सानी प्रजाति का नहीं था।'' रावण बोला।

''क्या! इन्सानी प्रजाति का नहीं था तो···?'' मंदोदरी की आँखें आश्चर्य से चौड़ी हो गईं कि वह इन्सान नहीं था।''

''वह स्वयं को **वानर प्रजाति** का कहता था। उसे इन्सानों से नफरत है।''

''क्या इन्सानों से नफरत! वानर प्रजाति का! स्वामी यह कौन सी प्रजाति है? मैंने पहले कभी ऐसी किसी प्रजाति के बारे में नहीं सुना।'' मंदोदरी ने आश्चर्य जताते हुए अपनी उत्सुकता जाहिर की।

''यह इन्सानों की ही एक प्रजाति होती है, किंतु वे उनसे पिछड़ी अवस्था में रहते हैं और इनके शरीर पर ढेर सारे बाल होते हैं और पशुओं की तरह एक पूँछ भी होती है, परंतु ये स्वयं को इन्सानी प्रजाति का नहीं मानते।'' रावण बताता जा रहा था।

''यानी कि इन्सानों की आधुनिक और प्राचीन प्रजातियों के बीच की प्रजाति?'' बात पर विचारकर महारानी मंदोदरी ने कहा।

''हाँ महारानी! तुमने भारत-भूमि पर एक पशु-बंदर अवश्य देखा होगा?''

''हाँ स्वामी! वे तो विशेषतः भारत-भूमि के दक्षिणी हिस्से में पाए जाते हैं।''

''ये ठीक उनके जैसे होते हैं, परंतु ये अपने दोनों पैरों पर चलते हैं और इनका मुख थोड़ा चपटा-लंबा इन्सानों की भाँति होता है।''

''तो स्वामी यदि वह वानर प्रजाति का था तो वह वहाँ राज्य कैसे चलाता है और उसका क्या नाम था?''

''वह दंडक वन के भीतर एक पहाड़ी, जिसका नाम किष्किंधा था, वह उसकी पहाड़ी पर अपनी प्रजाति के वानरों के साथ निवास करता है और उसने उन बंदर पशुओं को भी अपना पालतू बना रखा है। वे उसकी भाषा भी जानते हैं।''

''स्वामी उस वानर राज का नाम···?'' अभी मंदोदरी का कथन पूरा नहीं हुआ था।

''**बालि**।'' इस नाम का उच्चारण करते हुए रावण का कलेजा उस भयानक वानरराज का चेहरा याद आते ही काँप उठा और उसकी हार की पूरी घटना एक बार रावण के सामने किसी चलचित्र की भाँति चल उठी—

रावण अपने छह हजार सैनिक ले भारत-भूमि में शुरुआती आक्रमण करने जा रहा था, उसे अपने बाहुबल पर पूरा भरोसा था। उसके सैनिक भी उत्साहित थे, वे नाव से समुद्र पारकर भारत-भूमि आए और भारत के दक्षिण पूर्वी छोर से दंडक वन में घुसे। इसके बाद वे लगातार किसी मानव राज्य की खोज में दंडक वन में उत्तरी दिशा में चलते रहे। उन्हें रास्ते में चलते-चलते एक नदी के किनारे स्थित एक पर्वत की चोटी पर कुछ हलचल प्रतीत हुई, वे उसे एक इन्सानी राज्य समझ वहाँ आक्रमण

हेतु गए, किंतु उन्हें वहाँ कोई इन्सान नहीं नजर आया, हाँ, वहाँ एक बड़ी गुफा अवश्य दिखाई दी। रावण को अपनी सेना सहित चलने में दिन के दो पहर बीत चुके थे, अतः अब तीसरा प्रहर और फिर रात्रि थी। वह उसी गुफा में रात्रि विश्राम की योजना बना उसके पास गया, किंतु गुफा के पास ठिठका। वह गुफा पत्थरों को सजा-सजाकर एक महलनुमा बनाई गई थी। उनका संदेह अब उन्हें सच प्रतीत हुआ कि निश्चय ही यहाँ कोई इन्सानी राजा रहता है। रावण सावधानीपूर्वक आगे बढ़ा, तभी उसे एक आवाज सुनाई दी—

"ठहरो! कौन हो तुम और यहाँ चोरी-छिपे घुसने की कोशिश क्यों कर रहे हो?" आवाज गंभीर और कड़कपन लिये थी। रावण ने उस आवाज देनेवाले को ऊपर से नीचे तक घूरा और उस प्राणी की शक्ल देख तिरस्कार भरी हँसी हँसकर बोला—

"तुम कौन हो, जो मुझे रोकने का साहस करते हो?" रावण की आवाज में अहंकार और गुस्सा दोनों था।

"मैं इस नगर का सेनापति हूँ और मेरा कर्तव्य है कि मैं नगर में घुसपैठिया न प्रवेश करने दूँ।" आवाज ने अपना भी दंभ प्रदर्शित किया।

"हुँह! अच्छा हुआ तुमने मुझे बता दिया कि तुम राजा नहीं सेनापति हो, वरना बेकार में मारे जाते। वैसे यह कौन सा नगर है, जो नगर नहीं लगता और तुम मानव नहीं लगते, कौन हो तुम?" रावण ने नगर और उस प्राणी की तरफ इशारा कर कहा।

"मेरा नाम सुग्रीव है। हम इन्सानी प्रजाति के नहीं हैं। हम वानर प्रजाति के हैं, हम ऐसे ही बने नगरों में रहते हैं। यह किष्किंधा पुरी है और रही बात मेरी मृत्यु की, तो आजमा लो, देखते हैं! मृत्यु किसकी होती है।" सुग्रीव ने रावण को चुनौती देते हुए कहा। हँसते हुए रावण ने कहा—

"अब यहाँ आया हूँ, तो अजमाऊँगा जरूर कि कितना दम है तुममें और तुम्हारी प्रजाति में, लेकिन तुम लोग दिलचस्प लगे। क्या इसके जैसे और भी नगर हैं यहाँ, जहाँ तुम्हारी प्रजाति रहती है?" रावण बेहद हलके मिजाज में था। वह जानता था कि इनको तो वह चुटकियों में मसल देगा।

"हाँ! (दूर एक अन्य पहाड़ी की तरफ इशारा करते हुए) वह भी है। उसका नाम सुमेरुपुरी है।" सुग्रीव अभी बता रहे थे कि तभी वहाँ कुछ अन्य वानर प्रजाति के सैनिक और कुछ बंदर आ गए। रावण उन्हें देख उत्साहित हो बोला—

"अरे इन पशुओं और तुममें बड़ी समानता है। खैर तुमने अभी तक मेरा परिचय नहीं पूछा।" रावण ने आश्चर्य जताया।

"मैंने सबसे पहले वही किया था, किंतु तुम अपने दंभ में चूर सुन न सके। अपना परिचय दो, कौन हो तुम?" सुग्रीव ने कटाक्ष किया।

"हाँ! हाँ! हाँ! अच्छा! मैं रावण हूँ, लंकापुरी का राजा। हम यहाँ अपनी राक्षस प्रजाति के विस्तार हेतु आए हैं और आज रात यहीं (गुफा की तरफ इशारा कर) विश्राम करने का मन बना चुके हैं, लिहाजा तुम लोगों को यहाँ से जाना होगा और मैं तुम्हारे प्राण संभवतः बख्श दूँ, क्योंकि मुझे इस बेकार नगरी में कोई दिलचस्पी नहीं हैं।" रावण ने सुग्रीव को घूरते हुए कहा।

"तुम लगातार हमारा अपमान करते जा रहे हो, यदि तुम हमसे आग्रह करते कि हमें यहाँ विश्राम करना है तो निश्चय ही हम तुम्हें आश्रय प्रदान करते, किंतु तुम्हारे ऊपर अहंकार सवार है।"

"अच्छा! तुम्हें ऐसा लगता है तो तुम मुझे रोककर दिखाओ।" कहकर रावण आगे गुफा की तरफ बढ़ा, तभी सुग्रीव कूदकर गुफा के द्वार पर पहुँचा और रावण को घूरने लगा। रावण जैसे ही एक कदम आगे बढ़ा, सुग्रीव ने उस पर आक्रमण कर दिया। रावण ने एक कदम पीछे हो सुग्रीव के दोनों हाथों को थाम लिया। सुग्रीव ने अपनी कलाइयों पर जकड़ी उस पकड़ से अंदाजा लगा लिया कि दुश्मन कितना शक्तिशाली है। केवल पकड़ के ही दबाव से सुग्रीव को अपनी कलाइयाँ सुन्न पड़ती दिखीं। उसने झटका देकर खुद को रावण से दूर किया और बोला—

"रावण तुम बेहद बलशाली हो और मैं तुमसे युद्ध अवश्य करता, किंतु मेरे भइया, जो यहाँ के राजा हैं, उन्होंने मुझे आदेश दे रखा है कि ऐसे किसी भी बलिष्ठ अहंकारी को उनके पास लेकर आऊँ, जो उनसे युद्ध कर सकने योग्य हो। अतः मैं चाहता हूँ कि तुम एक बार उनसे अवश्य मिलो, क्योंकि मैं तुम्हें परास्त तो कर दूँगा, किंतु इसमें काफी वक्त लगेगा और तुम जल्दी में हो, है न? तो चलें?" सुग्रीव ने बच्चों की तरह समझाते हुए रावण से कहा, क्योंकि वह समझ चुका था कि रावण बेहद बलिष्ठ है और उसे वह हरा नहीं पाएगा। इधर रावण इतना लंबा वाक्य सुन किसी नासमझ की भाँति बोला—

"क्या! कहाँ चलें?" तभी कुछ वानर सिपाही सुग्रीव की चतुराई देख, ही...ही... ही...कर हँसने लगे।

"मेरे भइया के पास, जो यहाँ के राजा हैं।" कहकर सुग्रीव ने एक वानर सिपाही को आँख मारी (रावण से नजरें छुपाकर) और अपनी कलाई मसलने लगा, ताकि उसमें फिर से रक्त प्रवाह सामान्य हो सके। वानर और बंदर फिर हँसने लगे।

"अच्छा! तो तुम्हें लगता है कि वह मुझे चुनौती दे सकता है।" बात को समझते हुए रावण बोला और एक भयभीत कर देनेवाली नजरों से वानर और बंदरों को घूरा। वे सब सुग्रीव के माध्यम से उसकी ताकत का अंदाजा लगा चुके थे, अतः वे डर से शांत हो गए।

"हाँ! ऐसा ही कुछ।" कहकर सुग्रीव हलके मिजाज में गुफा के दूसरी तरफ

पहाड़ी की ढलान की ओर मुड़ गया, जो एक नदी के पास जाती थी। रावण भी पीछे-पीछे चल पड़ा। रावण ने चलते-चलते गुफा का एक हिस्सा देखा और ठिठकते हुए पूछा—

''यह क्या है ?''

एक छोटी गुफा में ढेरों हड्डियों का भंडार लगा देख पूछ पड़ा।

''ये तुम्हारे जैसे अहंकारी लोग हैं, जो भाइयों को अपनी ताकत प्रदर्शित कर रहे थे।'' सुग्रीव ने बिल्कुल आराम से उत्तर दिया, किंतु रावण सोचने पर मजबूर हो गया कि यह किस तरह का प्राणी कर सकता है।

''वह कहाँ है ?'' कुछ दूर चलने के बाद रावण ने पूछा।

''वहाँ···'' सुग्रीव ने एक दूर पहाड़ी के निचले हिस्से में वन के समीप एक बहती नदी की तरफ इशारा कर कहा।

''वह वहाँ क्या कर रहा है ?'' रावण ने झल्लाते हुए पूछा।

''ध्यान।'' सुग्रीव ने आराम से उत्तर दिया।

इतना सुनते ही वह नींद से जागा, क्योंकि उसके पिता ने हमेशा उसे एक ध्यान योगी से दूर रहने की सलाह दी थी। रावण उसे देखने को बेचैन था।

''क्या नाम है तुम्हारे भाई का ?'' रावण की दिलचस्पी उसमें बढ़ चुकी थी।

''बालि।'' सुग्रीव ने रावण की ओर देखते हुए कहा।

अब तक वे वहाँ पहुँच चुके थे। रावण ने दूर से एक बड़ी शिला (पत्थर का टुकड़ा) पर एक बेहद मजबूत मांसलवाला वानर देखा। पीछे से उसका पूरा भरा शरीर हर जगह घने-भूरे बालों से ढका था और उसकी पूँछ भी अन्य सामान्य वानरों से अधिक बड़ी और मोटी थी। यह देख रावण हैरान रह गया और मन-ही-मन सोचा कि यह वानर कुछ शक्तिशाली प्रतीत होता है। तभी उसने पाया कि वह अकेले आगे बढ़ रहा है। ठिठककर उसने पीछे मुड़कर देखा, सुग्रीव वन की समाप्ति और नदी के तट की शुरुआत पर ही रुक गया था, साथ ही सभी वानर और बंदर भी। रावण की सेना, जो अभी पीछे-पीछे पहाड़ी उतर रही थी, रावण ने उनको भी वहीं रुकने का संकेत किया। इधर रावण को रुका और पीछे पलटते देख सुग्रीव ने उसे कलाइयों से आगे बढ़ने का इशारा किया, जिसे देख सारे वानर और बंदर मुँह छिपाकर हँसने लगे। रावण को बेहद अजीब लगा, किंतु वह उन वानरों और बंदरों के बारे में सोच आगे बढ़ा कि इस वानर को मारते ही मैं उन वानरों और बंदरों की भी पसलियाँ तोड़ दूँगा। कम्बख्त हर बात पर हँसते हैं। अब तक वह बालि के नजदीक पहुँच चुका था। उसने बालि को ललकारते हुए कहा—

''ओ मूर्ख वानर! मैं तुझे चुनौती देने आया हूँ। पीठ दिखाना छोड़, सामना कर।''

रावण गुर्राते हुए बोला, किंतु उसे प्रतीत हो रहा था कि वह ललकारने की अपनी शक्ति खोता जा रहा था, क्योंकि उस वानर के शरीर में जरा भी हरकत न होते देख वह हैरान था, क्योंकि जिस तरह उसने गरजकर बोला था, कोई अन्य होता तो निश्चय ही चौंक जाता और उसकी तंद्रा टूट जाती, किंतु वह तो ऐसे जड़ था, मानो वहाँ कुछ हुआ ही न हो। रावण अपने बोलने से ही खुद को बेइज्जत महसूस कर रहा था। रावण फिर गरजा, अबकी बार दोगुनी ताकत से—

"सुन रहा है न तू मूर्ख वानर या मृत्यु को प्राप्त···" रावण बोलते-बोलते बालि को पीछे से उसका कंधा पकड़कर उसे हिलाने के लिए आगे बढ़ा। उसका हाथ बालि के कंधे को छूने ही वाला था, यह देख सभी वानरों और बंदरों का मुख दिलचस्पी से चौड़ा हो गया, क्योंकि उन्हें पता था कि अब रावण के साथ क्या हो सकता था। रावण अभी पूरा शब्द नहीं बोल पाया था कि उसके हाथों ने बालि के कंधे को स्पर्श किया और उस निर्जीव सा दिखनेवाले वानर ने एकदम बिजली की फुरती से अपना हाथ उठाया और रावण को खींच अपने एक हाथ और कमर के बीच, उसका ऊपरी धड़, फेफड़े सहित ऐसा दबोचा कि रावण मरणासन्न हो गया। वह केवल उस एक हाथ की अत्यंत बलिष्ठ पकड़ के सिवा, कुछ नहीं महसूस कर पा रहा था। उसकी कई हड्डियाँ चटखने की आवाजें आईं। उसका फेफड़ा उस मजबूत हाथों के बीच ऐसे दबा था कि यदि रावण जरा भी हिलता या वह बलिष्ठ वानर जरा भी जोर लगाता तो निश्चय ही रावण का फेफड़ा फट जाता और उसकी साँस बंद हो जाती।

यह सब देख सुग्रीव के मुँह से निकला—

"उफ्फ···बेचारा बलवान राक्षस राजा। मुझे उस पर तरस आ रहा है।"

तभी बालि रावण को उसी तरह जकड़े उठा और नदी की तरफ बढ़ा। उसको आगे बढ़ते देख ऐसा प्रतीत ही नहीं हो रहा था कि उसने इस धरती के सबसे बलिष्ठ राक्षस राजा को पकड़ रखा है, बल्कि ऐसा लगता था मानो उसने कोई सूखी लकड़ी पकड़ रखी हो। वह नदी में कुछ दूर उतरा और एक ही हाथ में जल ले, सूर्य देवता, जो कि संध्याकाल की अपनी अंतिम अवस्था में जा रहे थे, उनको जल अर्पित कर, कोई प्राचीन मंत्र पढ़ा और वापस नदी से बाहर आने लगा। उसकी तो चाल भी डरावनी थी।

इधर राक्षस सैनिक अपने राजा का यह हाल देख बालि की तरफ रावण को बचाने दौड़े। बालि, जो कि अभी तक अपना सिर नीचे किए हुए था, उसने आवाज सुनकर (राक्षसों की हुंकार) सिर ऊपर उठाया। बालि का चेहरा भी उसकी ताकत बयाँ करता था। उसकी खुलती लाल सुर्ख आँखें, मानो अपने आप में प्रलय समेटे हों। जब सुग्रीव ने इतने सारे राक्षस सैनिकों को खड्ग ले बालि की तरफ दौड़ते देखा तो वह वानर सैनिकों को इशारा करता आगे बढ़ने को हुआ। तभी बालि, जो कि सुग्रीव को

आगे बढ़ता देख चुका था, उसने उसे वहीं रुकने का इशारा करते हुए एक हाथ ऊपर उठाया। इधर रावण मृतप्राय हो चुका था। उसकी चेतना उसे जाती हुई महसूस हुई। तभी राक्षस सैनिक पास आ चुके थे, बालि ने रावण के अधमरे शरीर को आगे दौड़े आ रहे राक्षस सैनिकों पर दे मारा। बेचारे दस-बारह सैनिक तो रावण के भारी-भरकम शरीर की मार की वजह से ही तुरंत मर गए। रावण बेदम और निढाल उसी अवस्था में पड़ा रहा। इधर वहाँ रणक्षेत्र में मानो तूफान आ गया हो। बालि अपने हाथ-पैर-पूँछ तीनों का इस्तेमाल कर रहा था। सुग्रीव ने दूर से ध्यान दिया, उसे केवल राक्षस सैनिक हवा में तैरते और भूमि पर बेजान मुर्दे की भाँति गिरते ही दिखे और थोड़ी देर में पूरी राक्षस सेना के पाँच हजार सिपाही जमीन पर बेदम-बेजान पड़े हुए थे। इधर बालि आगे बढ़ने को हुआ, तभी उसे रावण के शरीर में कुछ हरकत दिखी। वह चलता रावण के शरीर के पास पहुँचा और रावण की ओर हैरानी और क्रोध से देखते हुए भारी-भरकम आवाज में बोला—

"कौन है तू? बालि की पकड़ से जीवित रहनेवाला पहला प्राणी।" रावण ने शक्ति बटोर अपनी आँखें खोलीं। उसने सामने लाल अंगारों जैसी आँखें लिये बलिष्ठ, पहाड़ जैसे बालि को सामने खड़ा देखा। पहली बार अपने जीवन में रावण किसी से भयभीत हुआ और उसने अपने शरीर की पूरी शक्ति का संचयकर हाथ जोड़ते हुए बोला—

"प्र···णा···म। महान् बा···लि।" और मूर्छित हो गया।

जब रावण की आँख खुलीं तो उसने स्वयं को एक गुफा में पाया। अब वह खुद को स्वस्थ महसूस कर रहा था। उसको होश में आते देख वानर सैनिक उसे सावधानीपूर्वक गुफा के उस कक्ष से निकाल, गुफा के मध्य में एक बड़ी जगह, जहाँ पत्थरों का ही बना एक सिंहासन, जिस पर बालि बैठा था और सुग्रीव बाएँ खड़ा था, वहाँ लेकर गए। रावण ने एक बार फिर बालि को प्रणाम किया। सुग्रीव यह देख मुसकरा उठा।

"कौन हो तुम?" बालि ने अपना प्रश्न दोहराया।

"मैं लंकापुरी का राजा रा···" अभी रावण पूरी तरह बोल नहीं पाया था कि बालि ने बात काटते हुए कहा—

"मैंने यह नहीं पूछा, मैंने पूछा कि कौन हो तुम। इतने शक्तिशाली कैसे हो?" बालि ने अपना प्रश्न स्पष्ट करते हुए कहा। "तुम्हारे बारे में मेरा भाई यह सब बता चुका है।"

इसके बाद रावण ने अपने जन्म से अब तक की पूरी कहानी बालि को बताई यह सुन बालि बोला—

''हम्म, तो तुम महर्षि पुत्र एवं ध्यान तथा तंत्र योगी भी हो। अब मुझे आश्चर्य नहीं रहा कि मेरी पकड़ से तुम्हारे प्राण और शरीर की हड्डियाँ सही-सलामत कैसे बचीं। हम्म, तो यहाँ कैसे आना हुआ?''

फिर रावण ने बालि को राक्षस साम्राज्य के विनाश-उदय की कहानी बताकर उसके साम्राज्य विस्तार की बात कही। यह सुनकर बालि बोला—

''जो करना चाहते हो, अपनी प्रजाति के लिए करो, किंतु किष्किंधा को भूल जाओ और फिर कभी वानर और बंदर को छूने का दुस्साहस मत करना।'' बालि ने रावण को धमकाते हुए कहा।

''हे महान् बालि! आज रावण सौगंध लेता है कि इस पर्वत के आसपास भी उसकी सेना नहीं आएगी। न रावण किसी वानर या बंदर को कभी अपने हाथों से चोट पहुँचाएगा।'' रावण ने बालि को संतुष्ट करते हुए कहा। बालि ने रावण को प्रशंसा भरे नेत्रों से देखा।

''हे महान् बालि! रावण ने आज तक कभी मित्र नहीं बनाया। क्या आप मेरे मित्र बनना स्वीकार करेंगे?'' रावण ने शंकित नेत्रों से देखते अपने हाथ जोड़े।

बालि थोड़ी देर कुछ सोचा और फिर बोला—

''अवश्य, अब से तुम मेरे मित्र हो। आज किष्किंधा में विश्राम करो। कल यहाँ से कहीं भी जाने के लिए स्वतंत्र हो।'' रावण ने अपना सिर सहमति में झुकाया।

''स्वामी, स्वामी···।'' लगातार रावण के कंधे हिलाती महारानी मंदोदरी आवाज लगाती रही, तभी रावण जैसे नींद से जागा।

''स्वामी आप कहाँ खो गए थे?'' मंदोदरी ने चिंतित स्वर में कहा।

''हूँ! हम्म, कहीं नहीं, बस बालि याद आ गया था।'' रावण ने चेतना में लौटते शांत स्वर में जवाब दिया।

''कोई बात नहीं स्वामी! यह दुनिया बहुत अजीब है। यहाँ बहुत से आश्चर्य देखने को मिलते हैं, परंतु सबसे खास बात यह है कि जिन्हें हम काबू में नहीं कर सकते, उन्हें हमें मित्रवत् अपना लेना चाहिए।'' मंदोदरी ने शांत स्वर में कहा।

''हाँ! अब बालि हमारा मित्र है।'' रावण ने बात को समझते हुए कहा।

''तो स्वामी भारत-भूमि के बारे में?'' यह सुन रावण की आँखें सुर्ख हो उठीं।

''वे भारत-भूमि से ही आए ऋषि-मुनि थे, जिनकी वजह से राक्षस प्रजाति का विनाश हुआ था।'' रावण ने क्रोधित स्वर में कहा।

''स्वामी वे तो आपके ही पूर्वज थे। महर्षि पुलस्त्य, जिन्होंने यह किया।''

"मैं केवल अपने पिताश्री को जानता हूँ, किसी पुलस्त्य को नहीं।" रावण क्रोध में बोला।

"पर स्वामी यदि आपकी दुश्मनी केवल भारत-भूमि से है तो आपने मुझे…" रावण बात को काटते हुए बीच में बोला—

"नहीं प्रिये मेरी दुश्मनी भारत-भूमि और इन्सानी प्रजाति से है। मैं इन्सानों को, इस दुनिया में वे जहाँ कहीं भी होंगे, चुन-चुनकर मारूँगा, किंतु भारतवर्ष हमारे सबसे करीब है, इसलिए शुरुआत यहीं से करूँगा।"

"किंतु स्वामी यह…" रावण ने मंदोदरी के अधरों पर हाथ रख दिए।

"हर प्राणी का एक उद्‌देश्य होता है स्वामिनी और मेरा यही है, फिर यह चाहे सही हो या गलत, पर मेरा अपनी प्रजाति के लिए कुछ करने का कर्तव्य बनता है और यदि मैं समर्थ हूँ तो यह कर्तव्य एक प्रतिज्ञा बन जाता है।"

मंदोदरी जानती थी, उसके समझाने पर भी रावण नहीं मानेंगे। अत: मन मसोसकर वह शांत रही तथा रावण की बाँहों में चिंतित सिमट गई। उसकी चिंता उसके चेहरे पर सुव्यक्त थी। इधर रावण का चेहरा सुर्ख। बस सही वक्त के इंतजार में।

सुबह का समय, गुरु वसिष्ठ का गुरुकुल

चारों भाई नदी में स्नान कर रहे थे। गुरुकुल के नियमानुसार सभी शिष्यों को सूर्योदय पर स्नान करना होता था तथा वे सूर्य की आती पहली किरण को अर्घ्य देते थे। तत्पश्चात् ध्यान करते थे। ध्यानकर चारों भाई एवं सभी अन्य शिष्य गुरुकुल की ओर प्रस्थान कर गुरुकुल पहुँच अपने गुरुदेव को अर्थात् महर्षि वसिष्ठ को प्रणाम कर उनका आशीर्वाद प्राप्त करते थे। तत्पश्चात् वे विद्या अध्ययन प्रारंभ करते थे। विद्या अध्ययन में उन्हें वेदों (प्राचीन ग्रंथों) का अध्ययन करवाया जाता था, तत्पश्चात् भोजन और विश्राम कर, फिर दूसरे पहर में शस्त्र अध्ययन। इसके बाद फिर थोड़ा विश्राम कर पुन: वेद अध्ययन और फिर रात्रि में सभी को एक साथ गुरु वसिष्ठ के पास पूरे दिन की कार्यविधि का मूल्यांकन करने हेतु जाना पड़ता था, फिर गुरु वसिष्ठ उन्हें एक शिक्षाप्रद कहानी सुनाते और फिर वे सोने जाते।

8

ईश्वर का रहस्य

शाम का समय,

गुरु वसिष्ठ का गुरुकुल

आश्रम के बाहरी हिस्से में एक पीपल के पेड़ के नीचे राम को बैठे देख गुरु वसिष्ठ ठिठके—

"राम तुम यहाँ क्या कर रहे हो?" गुरु वसिष्ठ ने पूछा।

गुरु को प्रणाम कर राम ने जवाब दिया।

"चिंतन कर रहा था गुरुदेव।"

"विषय क्या है?" आश्चर्यचकित महर्षि वसिष्ठ ने पूछा।

"ईश्वर" यह सुन महर्षि वसिष्ठ हर्षित हो उठे।

"उत्तम! अति उत्तम! तो चिंतन किस दिशा में बढ़ रहा है?"

"गुरुदेव, मैं नहीं समझ पाता कि यह सृष्टि क्या है, कैसे चलती है, इसका निर्माण ईश्वर ने किया है, कौन है ईश्वर, क्या वह हमारे जैसा है?" राम ने एक साथ कई प्रश्न खड़े कर दिए महर्षि के समक्ष।

महर्षि स्वयं पेड़ की एक जड़ पर आराम से बैठते हुए बोले—

"वत्स, आज मैं तुमसे कोई सत्य नहीं छिपाऊँगा, पर तुम्हें वचन देना होगा, यह तुम तक ही रहेगा।" महर्षि ने राम को अपने पास सामनेवाली नीची जड़ पर बैठाते हुए कहा।

"मैं वचन देता हूँ गुरुदेव। मैं हमारे बीच के वार्त्तालाप की चर्चा किसी से नहीं करूँगा।" राम ऐसे असहज हो गए, जैसे उन्हें आज खजाना मिलनेवाला हो।

"वत्स सच यह है कि ईश्वर आज तक अज्ञात हैं, उनकी कोई वास्तविक छवि कभी किसी ने नहीं देखी। लोग केवल उनकी कल्पना करते हैं और उस कल्पना में वे

उनकी श्रेष्ठ छवि का निर्माण कर ईश्वर का नाम ले लेते हैं। कुछ ईश्वर जो ज्ञात हैं, वे हमारे ही कुछ पूर्वज राजा हैं, जिनके कर्मों ने उन्हें आज के युग का ईश्वर निर्धारित कर दिया है। हम इन्सान केवल शगुन और अपशगुन विचारते हैं, जैसे कि यदि किसी राजा का चरित्र खूँखार हो, तो कालांतर में लोग भी उसके नाम से खौफ खाते हैं और यह डर नकारात्मक ऊर्जा को उत्पन्न करता है और यदि राजा सद्गुणी और सबको प्रेम करनेवाला हुआ, तो आगे चलकर लोग उस राजा के नाम से खुशियाँ और अच्छाई की शक्ति का एहसास करते हैं। यह सकारात्मक ऊर्जा का संचार करता है और बस यही ईश्वर के निर्माण की भौतिक प्रक्रिया है। लोगों को जिस ईश्वर के नाम से और उसके चरित्र वर्णन से खुशी और सकारात्मक ऊर्जा का एहसास होता है एवं उन्हें अपने अंदर शक्ति महसूस होती है तो वही ईश्वर उनका आराध्य देव बन जाता है।'' महर्षि वसिष्ठ ने राम को विधिवत् समझाते हुए जवाब दिया।

''तो गुरुदेव इतने अधिक ईश्वर क्यों हैं और इनका नामकरण और परिचय किसने दिया?'' राम बिल्कुल खो चुके थे। आज वे ईश्वर का पूरा निचोड़ प्राप्त करना चाहते थे।

''वत्स लोग अलग-अलग विचारधारा के होते हैं। उनकी पसंद में, सोच में और व्यक्तित्व निर्माण में काफी भिन्नताएँ होती हैं और यही वजह है कि इतने ढेर सारे अलग-अलग ईश्वर हैं और रही बात ईश्वर का परिचय देनेवाले की, तो प्राचीन काल में लोगों ने प्रकृति की चीजों को अपना ईश्वर माना, क्योंकि इसी से उन्हें जीवन की राहूलियत प्राप्त होती थी। उदाहरण के लिए प्राचीनकाल में लोगों ने सूर्य को एक लाल गोले के रूप में आसमान में तैरते और रोशनी का संचार करते देखा, जो उन्हें अद्भुत लगा। अत: वे सूर्य को अपना ईश्वर मान बैठे। इसी प्रकार अन्य कई चीजें, जो जीवन के लिए मूलभूत थीं, लोगों ने उन्हें अपना जीवनदाता मान उनकी पूजा की, उन्हें ईश्वर माना।''

''परंतु गुरुदेव ऐसी चीजें तो वस्तुएँ हुईं जैसे सूर्य देवता, सूर्य है, अग्नि देवता, अग्नि और पवन देवता, वायु, तो ब्रह्मा-विष्णु-महेश (शिव) कौन हैं, इनका निर्माण कैसे हुआ?'' राम के माथे पर आई सिकुड़न प्रश्न के प्रति उनकी गंभीरता को स्पष्ट कर रही थी और साथ ही अब महर्षि भी असहज हो गए थे, क्योंकि यह प्रश्न बेहद गंभीर था। थोड़ा रुककर महर्षि बोले—

''वत्स इनके विषय में मैंने अपने पूर्व महर्षियों से सुना है और मैं इस पर यकीन करता हूँ, पर यदि मैं सत्य कहूँ तो मुझे लगता है कि *ये सभी अत्यंत प्राचीनकालीन बुद्धिमान योग्य व्यक्ति रहे होंगे या किसी कबीले के योग्य मुखिया और ये इन्सानी प्रजाति की शुरुआत के व्यक्ति रहे होंगे। ऐसी कई योग्य स्त्रियाँ भी रही होंगी, जिन्हें*

उनके कबीलेवाले लोगों ने सम्मान देना शुरू किया होगा और वे धीरे-धीरे विख्यात होती गई होंगी। ऐसे ही लोगों को हम देवता और देवी के रूप में पूजते हैं।''

''तो आप उन्हें केवल एक इन्सान मानते हैं?'' राम ने महर्षि को फिर परेशानी में डाला।

''ऐसी मेरी उन पर अपनी वास्तविक सोच है। वैसे मुझे अपने प्रभु विष्णु के चरित्र से प्रेरणा मिलती है, उनके बारे में सोचकर मैं अपने अंदर एक सकारात्मक ऊर्जा को महसूस करता हूँ, इसलिए वे मेरे आराध्य देव एवं मेरे ईश्वर हैं।'' महर्षि ने अपनी सोच को स्पष्ट किया।

''ऐसा इसलिए, क्योंकि भगवान् विष्णु की छवि है एक श्रेष्ठ-बुद्धिमान, बुराई से कभी परास्त न होने वाला, हर मुश्किल में एक हल ढूँढ़नेवाले की, इसलिए आपको उनका चरित्र पसंद है?'' राम ने भोलेपन से कहा। राम की बातों की समझ और बुद्धिमानी देख महर्षि अत्यंत हर्षित हो उठे।

''बिल्कुल वत्स!''

''तो इसी प्रकार शिव भगवान् और ब्रह्मा भगवान् के चरित्र की भी कल्पना है?'' राम ने कहा।

''हाँ! बिल्कुल वत्स। तो प्रभु विष्णु की छवि में चार हाथ कैसे? प्रभु शिव त्रिनेत्रधारी और ब्रह्माजी के चार मुख कैसे हैं?'' शांत होते महर्षि वसिष्ठ को एक बार राम ने एक कठिन प्रश्न द्वारा उलझाया। कुछ सोचने के बाद महर्षि ने उत्तर दिया—

''वत्स *यह इसलिए है, क्योंकि कभी-कभी हम जब कोई बात कहते हैं तो वह यात्रा करती है। ईश्वर की छवि के मामले में इसने कई हजार वर्ष की लंबी यात्रा की है।* मैं तुम्हें एक आसान उपाय बताता हूँ, इस बात को समझने के लिए कल तुम्हें अपने गुरुकुल के किसी भी बालक से कहना है कि तुम्हें आज एक भगवान् की परछाईं दिखी, वह भयंकर थी, किंत उसका एक हाथ था। फिर शाम को इस बात को किसी अन्य बालक के मुख से सुनना, तो तुम्हें मिलेगा एक नया वाक्य, जो तुम्हारे वास्तविक कथन से कहीं दूर एक नया आकार लिये होगा। तुम्हें ऐसा भी सुनने को मिल सकता है कि उसके दस हाथ थे या वह भयंकर था। तो *लोग चीजों को अलग बनाने हेतु उसमें अपनी तरफ से कुछ-न-कुछ नया जोड़ ही देते हैं, यह इन्सानी स्वभाव है। इसी प्रकार हमारे ईश्वर की छवि भी अपनी वास्तविक छवि से दूर हो, नया आकार ग्रहण कर चुकी है, इसीलिए तुम उनके बारे में अतिशयोक्तिपूर्ण बातें सुनते हो, और वैसे भी एक साधारण इन्सान अद्‌भुत चीजों को ज्यादा सम्मान देता है, इसलिए हमारे महान् राजाओं को ईश्वर का खिताब देते लोगों ने धीरे-धीरे उनके वर्णन में अतिशयोक्तियाँ जोड़ दीं।''*

''तो क्या पशु भी अपने बुद्धि-विवेक के हिसाब से अपने लिए किसी अन्य ईश्वर

का निर्माण किए होंगे?''

''अवश्य! मुमकिन है।''

''तो गुरुदेव एक ही ईश्वर के इतने नाम क्यों है?'' एक और मुश्किल प्रश्न महर्षि के सामने था। यदि जवाब देनेवाला महर्षि के सिवा कोई अन्य साधारण इन्सान होता तो अब तक वह अपना धैर्य छोड़ चुका होता, किंतु वे महर्षि थे, इसलिए उनका धैर्य एक आम इन्सान के धैर्य से कहीं ज्यादा था।

''वत्स! ऐसा इसलिए, क्योंकि *कालांतर में जितने भी अन्य प्रसिद्ध राजा हुए, जिन्होंने समाज में एक नए युग की स्थापना की, यानी कुछ पुरानी बुराइयों को मिटाया, उनके गुणों की तुलना लोगों ने पूर्ववर्ती ईश्वर के गुणों से की और यदि उनके गुण आपस में मिले तो उन्हें उनका अवतार कहा गया और कभी-कभी यह मात्र गुणों से नहीं, बल्कि व्यक्ति के कार्य और उसके आराध्य देव से भी होता है। मैं तुम्हारा परिचय एक जीवित ईश्वर तो नहीं, पर ईश्वर तुल्य शख्स से करवाना चाहता हूँ, जिन्हें अन्य ऋषि-मुनि भगवान् विष्णु का अवतार स्वीकारते हैं।*''

''एक जीवित व्यक्ति! ईश्वर का अवतार!'' (राम के आश्चर्य की सीमा न रही)

''गुरुदेव वे कौन हैं?'' राम उत्सुक हो उठे।

''उनका नाम परशुराम है। वे एक मुनि थे, किंतु उन्होंने भारत-भूमि पर एक इन्सानी जाति-क्षत्रियों के बढ़ते अहंकार की वजह से जैसा कि आज राक्षस कर रहे हैं (महर्षि, राक्षस के बारे में पूरी कथा गुरुकुल के सभी बालकों को सुना चुके थे) के पतन हेतु दो आराध्य देव स्थापित किए। उनके सबसे पूजनीय प्रथम आराध्य देव भगवान् विष्णु और दूसरे भगवान् शिव हैं। इन दोनों देवताओं की छवि और चरित्र का ध्यानकर, उन्होंने इनको अपने अंदर एक विश्वास द्वारा स्थापित किया और फिर इन्होंने इक्कीस बार युद्ध में क्षत्रिय जाति का विनाश किया, क्योंकि क्षत्रिय जाति अन्य जातियों से स्वयं को श्रेष्ठतर समझ खुद को उनका राजा स्थापित कर रही थी। इन्होंने सभी इक्कीस क्षत्रिय राजाओं को परास्त किया और यह कार्य इन्होंने एक कुल्हाड़ीनुमा बड़ा अस्त्र बनाकर, जिसे इन्होंने भगवान् शिव के पूजन द्वारा बनाया था, फरशा नाम दिया तथा एक और अस्त्र भगवान् विष्णु के पूजन और महर्षि ऋचीक के सहयोग से बने एक बेहद मजबूत और सधे हुए धनुष से, जिसका नाम इन्होंने सारंग रखा, से किया था। सारंग धनुष की मजबूती पूर्ववती महान् सम्राट् एवं भगवान् शिव के अत्यंत मजबूत और सधे धनुष पिनाक के बाद स्थापित हो गई थी।''

''तो क्या पिनाक एक असली धनुष है? और वह अब भी है और क्या मुनि परशुराम सचमुच जीवित हैं गुरुदेव?'' राम की उत्सुकता की अब कोई सीमा नहीं रही।

''हाँ वत्स! वह एक असली धनुष है। जब प्रभु शिव एक असली सम्राट् थे, तो

वह धनुष नकली कैसे हो सकता है? पर उस धनुष का पता केवल महर्षि ऋचीक को ही था, क्योंकि उसको साक्षात् देखनेवाले वही थे और उसका अध्ययन कर ही, उन्होंने मुनि परशुराम की मदद सारंगधनुष बनाने में की थी। कहा जाता है कि मुनि परशुराम को भी पिनाक धनुष का पता उन्होंने बताया था, किंतु उसको प्रयोग न करने और उसकी रक्षा करने का वचन उन्होंने मुनि परशुराम से लिया था और रही बात मुनि परशुराम की तो वे जीवित तो हैं, पर कहाँ और किस अवस्था में हैं, यह किसी को पता नहीं। उन्होंने भगवान् शिव को अपना आराध्य देव बनाकर, उनके चरित्र का एक अंश धारण कर लिया। वैसे तो वे शांत स्वभाव के हैं, परंतु यदि क्रोध आ जाए तो फिर प्रलय ही मचा देते हैं और वे किस बात कर क्रोधित हो जाएँ यह कोई नहीं जानता, जैसे तुम्हारा भाई लक्ष्मण।'' महर्षि ने राम की आँखों में आँखें डालकर कहा। राम मुसकरा दिए।

''गुरुदेव! आप उन्हें (परशुराम) भगवान् विष्णु का अवतार नहीं मानते हैं न?'' थोड़े शांत और गंभीर होते महर्षि बोले—

''नहीं, क्योंकि *केवल विनाश करना ही किसी को ईश्वर का दरजा नहीं दिलाता, क्योंकि एक बड़ा विनाश तबाही लाता है और उससे अन्य बहुत से मासूम-निर्दोष भी हानि उठाते हैं और ईश्वर का दरजा केवल उसे प्राप्त होता है, जो रक्षा अर्थात् विनाश के साथ-साथ कुछ नए नियम भी समाज के लिए कोई नई व्यवस्था, जो अन्य जातियों-प्रजातियों का जीवन स्तर बेहतर बनाए, लेकर आता है। वह ईश्वर कहलाता है।*'' बात के मर्म को समझ राम गंभीर हो उठे। राम को गंभीर होते देख महर्षि ने कहा—

''वत्स जानते हो भगवान् शिव का असली चरित्र कैसा वर्णित है?'' राम ने स्वीकृति में सिर को हिलाकर बोला—

''वे शांत हैं। सबसे अधिक बलशाली हैं। उन्हें कभी हराया नहीं जा सकता। पर उनका क्रोध भी विशाल है। वे बेहद भोले हैं। वे इस ब्रह्मांड के इकलौते ऐसे देवता हैं, जिनकी पूजा सभी प्रजातियाँ करती हैं। वे कहीं भी किसी भी अवस्था में रहना पसंद करते हैं। उन्हें श्मशान की राख भी उतनी ही प्रिय है, जितनी की फूलों की सेज। वे अनुपम और अद्वितीय हैं।'' भगवान् शिव का यह वर्णन सुन महर्षि पुलकित हो उठे और आनंद में भरकर बोले—

''बिल्कुल वत्स! यही उनका सबसे अच्छा चरित्र वर्णन है। क्या उनके चरित्र से उत्पन्न अन्य दो पूज्य ईश्वर के नाम बता सकते हो।''

''हाँ गुरुदेव! प्रभु रुद्र और प्रभु नीलकंठ।''

''अद्भुत! यह सब तुमने कहाँ से सीखा राम?'' महर्षि हर्षित और आश्चर्यचकित हो बोले।

''अपनी परमपूज्य माताओं से गुरुदेव।'' यह सुन महर्षि खुश होते हुए बोले—

"अच्छा जानते हो कि वे क्यों पूजनीय और ईश्वर का दरजा प्राप्त करने में सफल रहे?"

"नहीं गुरुदेव।" राम ने सहज जवाब दिया।

"क्योंकि प्रभु रुद्र बुराइयों के महान् विनाशक थे, उन्होंने तत्कालीन कई सामाजिक बुराइयों का अंत किया था और प्रभु नीलकंठ अपने सामाजिक सुधार के लिए जाने गए। उन्होंने एक पूरी सभ्यता का सृजन सप्तसिंधु प्रदेश में किया था, जो आज विलुप्तप्राय है, परंतु कुछ ऋषियों को वहाँ उस सभ्यता के कुछ अवशेष प्राप्त हुए हैं, हो सकता है कि आगे चलकर (हड़प्पा सभ्यता) पूरी सभ्यता के बारे में जानकारी प्राप्त हो।" यह सुन राम ने शांत भाव से सिर हिलाया।

"अच्छा! तो राम बताओ कि तुम्हें सर्वाधिक सकारात्मक ऊर्जा किस ईश्वर के चरित्र अंकन से प्राप्त होता है?"

"भगवान् विष्णु, गुरुदेव।"

"अच्छा! तो बताओ यदि कोई रावण के अहंकार को रोका और अन्य प्रजातियों को विनाश से बचाए और समाज में पुरानी बुराइयों-रूढ़ियों को मिटाकर, नए संसाधन और अच्छे विचारों से निर्मित नियमों द्वारा एक नए समाज का सृजन करे, तो क्या वह आगे चलकर ईश्वर कहलाएगा?" महर्षि ने राम की आँखों में गहराई से झाँकते हुए पूछा, मानो वे उनमें कुछ तलाश रहे हों।

"अवश्य गुरुदेव! निस्संदेह वह ईश्वर ही कहलाएगा।"

"और यदि वह भगवान् विष्णु को अपना आराध्य देव स्वीकार कर चुका हो तथा उनके चरित्र की विशेषताओं को ग्रहण करे तो?" अब भी महर्षि राम की आँखों में कुछ तलाशते हुए देखे जा रहे थे।

कुछ सोचकर राम ने जवाब दिया—

"भगवान् विष्णु का अवतार।" जवाब सुनकर महर्षि की आँखों की पुतलियाँ चौड़ी हो गईं और उन्होंने एक गहरी निगाह राम पर डालते हुए कहा।

"और यदि वह तुम हुए तो?" यह सुन राम के अंदर जैसे एक तूफान उठ खड़ा हुआ हो और यही देखने के लिए महर्षि ने राम पर गहरी निगाह डाल रखी थी। यह कहकर महर्षि उठे और प्रस्थान कर गए, पर राम बुदबुदाते हुए उस तूफान में खोए रहे।

"मैं...विष्णु...अव...।"

9

रक्षक की कमजोरी

कुछ वर्षों के उपरांत, गुरुकुल

"लक्ष्मण छोड़ो उसे।" भरत लक्ष्मण को खींचते हुए चिल्ला रहे थे।

लक्ष्मण एक हमउम्र लड़के के साथ जमीन पर गुत्थम-गुत्था हुए पड़े थे। कई बालक आस-पास उनको घेरकर लक्ष्मण को छुड़ाने का यत्न कर रहे थे। लक्ष्मण जो कि उस लड़के का सिर पकड़ने में सफल हो गए थे, अब उसकी गरदन लक्ष्मण के मजबूत हाथों में कैद थी। वह खों-खों की आवाज करने लगा। ऐसा लग रहा था कि उसकी साँस बंद होनेवाली है। वह ढीला पड़ता जा रहा था, इधर भरत-शत्रुघ्न पूरा जोर लगाकर लक्ष्मण का हाथ खींच रहे थे, तभी वहाँ एक शांत किंतु आदेशात्मक आवाज गूँज उठी—

"लक्ष्मण छोड़ दो उसे।" यह आवाज उसी शख्स की थी, जिसकी किसी भी आज्ञा को लक्ष्मण चाहकर भी नहीं ठुकरा सकते थे और वे राम थे।

तब जाकर लक्ष्मण की पकड़ धीरे-धीरे ढीली पड़ती गई और लक्ष्मण ने उसे छोड़ दिया। तभी बच्चे पीछे खड़े राम को देखने के लिए एक तरफ हटे। अब राम लक्ष्मण के ठीक पीछे थे। लक्ष्मण पलटे, किंतु उनकी आँखों में क्रोध की ज्वाला देखी जा सकती थी। राम एकटक लक्ष्मण को देखते रहे, बिना कुछ बोले और लक्ष्मण धीर-धीरे शांत होते गए, तभी वहाँ महर्षि वसिष्ठ दो सेवकों के साथ पधारे।

"यह सब क्या है वत्स?" उन्होंने एक बालक, जो कि काँपते पैर से उठने की कोशिश कर रहा था, जबकि उसके ठीक सामने लक्ष्मण को धूल से सना देखकर पूछा। लक्ष्मण को बोलता न देख, भरत ने कहा—"गुरुदेव यदि आज्ञा हो तो मैं बताऊँ।" महर्षि वसिष्ठ लक्ष्मण के क्रोध से परिचित थे और वे जानते थे ऐसी अवस्था में लक्ष्मण उनके आदेश की अवहेलना भी कर सकता है, अत: वे अपनी बेइज्जती इतने बालकों

के सामने नहीं करवाना चाहते थे। इसलिए बोले—

"आज्ञा है।"

"गुरुदेव हम तीनों (शत्रुघ्न और लक्ष्मण की ओर इशाराकर) यहाँ बैठकर धनुर्विद्या पर चर्चा कर रहे थे। इतने में ऋतुगुप्त अपने दो साथियों के साथ आया और मुझे और शत्रुघ्न को, खुद से बेहद निचले स्तर का धनुर्धर कहने लगा, साथ ही इसने लक्ष्मण को भी निचले से भी निचले स्तर का धनुर्धर कहा। लक्ष्मण उसी वक्त उठा था इसको पीटने, किंतु मेरे और शत्रुघ्न के कहने पर बैठ गया, किंतु तभी ऋतुगुप्त ने राम भइया को कह दिया कि वे तो धनुर्विद्या के लायक नहीं हैं, अतः वे इस गुरुकुल के श्रेष्ठ शिष्य के रूप में मुकाबले में हिस्सा लेने के योग्य नहीं हैं। राम भइया को कुछ कहना उसकी गलती थी, क्योंकि फिर लक्ष्मण को हम चाहकर भी न रोक सके।" भरत ने एक साँस में कहा और फिर गहरी साँस ली। यह सुन लक्ष्मण और राम की तरफ देख महर्षि बोले—

"हम्म, किंतु वत्स लक्ष्मण, उसने तो सत्य ही कहा है कि तुम और तुम्हारे भाई राम इस गुरुकुल के सबसे कमजोर धनुर्धर हो। सच तो यह है कि तुम तब भी सुधार कर सकते हो मुकाबले तक, किंतु राम उसका लक्ष्य, उसके बाण से बहुत दूर है और इस बात पर मैं भी हैरान हूँ कि ऐसा क्यों। वत्स हमें सच्चाई स्वीकार करनी पड़ती है।" ऋतुगुप्त यह सुनकर साहस बटोर तनकर खड़ा हो गया। लक्ष्मण ने उसे घूरते हुए चेतावनी दी कि अभी दोबारा फिर वह शुरू हो जाएगा। लक्ष्मण का इशारा भाँप ऋतुगुप्त ने डर से, उससे कुछ दूरी बना ली। यह सब देख ऋषि वसिष्ठ समझ गए कि लक्ष्मण को इन बातों में कोई दिलचस्पी नहीं है। अतः वे आदेशात्मक लहजे में बोल पड़े—

"लक्ष्मण और ऋतुगुप्त तुम दोनों दोबारा कभी ऐसी हरकत न करो, इसलिए तुम दोनों को दंड स्वरूप गौशाला (गाय रखने का स्थान) की सफाई तीस दिनों तक करनी पड़ेगी। लक्ष्मण सुबह और ऋतुगुप्त शाम को।" ऋतुगुप्त जो साहस बटोर किसी तरह खड़ा था, यह दंड सुनकर मूर्छित होकर गिर पड़ा, फिर सारे बच्चे उसकी तरफ दौड़े, जबकि गुरु वसिष्ठ और लक्ष्मण, राम की तरफ देखने लगे, जो अपने बारे में सुन भावशून्य हो खड़े थे और उनका चेहरा उनकी पीड़ा को व्यक्त कर रहा था। लक्ष्मण अपने भइया को खुश देखना चाहते थे, जबकि महर्षि वसिष्ठ सुधार।

शाम का समय, गुरुकुल

"भइया ऐसा क्यों है, जबकि आप अन्य सभी विषयों में अच्छे हैं, तो धनुर्विद्या में कैसे पीछे रह गए?" लक्ष्मण ने प्रश्न किया। राम और लक्ष्मण, राम के उसी पसंदीदा

स्थान अर्थात् गुरुकुल के बाहरी हिस्से में पीपल के पेड़ के नीचे बैठे थे।

"मुझे नहीं पता ऐसा क्यों है लक्ष्मण। मैं पूरे समर्पित मन से कोशिश करता हूँ, फिर भी न जाने कैसे···।" राम ने दुःखी होते हुए जवाब दिया।

"आप जानते हैं कि गुरुदेव आपको पसंद करते हैं और हम लोगों की तरह, वे भी चाहते हैं कि आप उस भविष्य के मुकाबले को जीतें और गुरुकुल के श्रेष्ठ शिष्य बनें।" लक्ष्मण ने आह भरते हुए कहा, क्योंकि जिस स्तर पर राम की धनुर्विद्या थी, यह देखते हुए राम के लिए वह मुकाबला जीतना असंभव प्रतीत होता था।

"न जाने क्यों धनुर्विद्या को उस प्रतियोगिता का सबसे अहम हिस्सा बनाया गया है, जो अकेले दस विषयों जितना अंक समेटे है?" लक्ष्मण क्रोधित होते हुए बोले।

*"क्योंकि हमारी बुद्धि तभी उपयोगी है, जब हम अपने शरीर की रक्षा कर पाएँ। यदि शरीर ही न रहे तो बुद्धि किस काम की रहेगी।"*राम ने दुःखी मन से जवाब दिया।

"किंतु उसके लिए कुश्ती, मलखंभ और तलवारबाजी भी तो हैं।"

"हाँ ये तो हैं, किंतु धनुर्विद्या युद्ध में आपको शत्रु से उचित दूरी बनाए रखने में मदद करती है। यह एक साथ कई शत्रुओं को निशाने पर ले सकती है और यह जरूरत पड़ने पर तलवार का भी कार्य कर जाती है।" राम ने सहज होते हुए उत्तर दिया। लक्ष्मण ने क्रोध में अपने पैर पटके और फिर कुछ सोचते हुए लक्ष्मण की आँखों में आँसू आ गए और वे रुद्ध गले से बोले—

"भइया आपके अंदर इस संसार का सबसे महान् राजा बनने का गुण है, और देखिएगा लोग चाहे कुछ भी कहें, परंतु एक दिन आप इस संसार के सबसे महान् सम्राट् और धनुर्धर बनेंगे। ऐसा आपके भाई का दृढ़ विश्वास है।"

इतना सुनते ही राम ने लक्ष्मण को गले लगा लिया और लक्ष्मण के कंधे के पार देखते हुए राम की आँखें भी गीली हो उठीं।

उस रोज की लक्ष्मण की लड़ाई के बाद से अब लक्ष्मण से कोई अन्य गुरुकुल का बालक बिल्कुल बात नहीं करता था। लक्ष्मण का अब केवल एक ही मित्र गुरुकुल में रहा, वे थे उनके पुराने मित्र—'राम'। लक्ष्मण को सभी गुरुकुलवासी घमंडी और क्रोधी समझ, उनसे दूरी बनाए रखते थे। भरत और शत्रुघ्न हालाँकि लक्ष्मण को प्रेम तो करते थे, किंतु उनके मुँह लगने से बचते थे। अब लक्ष्मण राम का एक अभिन्न अंग बन चुके थे।

समय बीतता रहा

राम की धनुर्विद्या में जरा भी सुधार नहीं हुआ। एक शाम फिर राम और लक्ष्मण गुरुकुल के बाहर उसी पेड़ के नीचे बैठे थे और तभी भरत उन्हें ढूँढ़ते हुए वहाँ से गुजरे

और दूर से भरत ने राम-लक्ष्मण को वहाँ बैठे देखा तो वे भी उधर ही मुड़ गए और पास पहुँचकर पेड़ की एक जड़ पर बैठते हुए कहा—

"भइया हम सभी चिंतित हैं कि आप धनुर्विद्या में इतने पीछे कैसे हैं ?"

"मुझे लगता है कि मेरा यूँ चुपचाप रहना, अकेले विचरित करना मुझे धनुर्विद्या में आगे बढ़ने से रोक रहा है।" राम ने कुछ सोचते हुए जवाब दिया।

"पर आपको ऐसा क्यों लगता है ?" भरत ने पूछा।

"क्योंकि तुम खुद को देखो भरत, तुम कितने खुले रहते हो। प्रसन्नचित्त रहते हो और शायद तुम्हारा यही व्यक्तित्व तुम्हारे ध्यान को और बेजोड़ बनाता है, क्योंकि कमान खींचते वक्त तुम बिल्कुल शांत और स्थिर रहते हो, जो एक श्रेष्ठ धनुर्धर का सबसे बड़ा गुण है।"

"नहीं भइया, यह पूर्ण सत्य नहीं। प्रसन्नचित्त तो मैं रहता हूँ, किंतु शांत नहीं। मुझे सदैव ऋतुगुप्त से आगे रहने की चिंता सताती रहती है और मुझे लगता है कि यह सबसे महत्त्वपूर्ण है कि आप कोई कार्य किस वजह से करते हैं, वह वजह ही आपके कार्य की सफलता को सुनिश्चित करती है, क्योंकि एक अच्छी वजह कार्य को दिलचस्प और मजेदार बनाए रखती है।" यह कहकर भरत ने अपनी विलक्षण बुद्धि का परिचय दिया। राम शांत हो सोचने लगे, क्योंकि उन्हें भरत का यह वाक्य अक्षरशः सत्य लगा और उन्होंने अपने हृदय की वह बात भरत को बताने की सोची, जो इतने दिनों से वे सबसे छुपाए हुए थे।

"प्रिय भाई भरत! सत्य यह है कि मुझे अस्त्र-शस्त्र में कोई दिलचस्पी नहीं है। मैं केवल समाज में नजर आ रही कुछ बुराइयों को मिटाना चाहता हूँ, क्योंकि उनसे आम जन बहुत पीड़ित है।" राम ने अपने दिल की बात सामने रखी।

"किंतु भइया ऐसी कौन सी बुराई समाज में व्याप्त है, हमें तो सब ठीक लगता है ?" लक्ष्मण ने सहज कहा और इस प्रश्न पर भरत ने भी लक्ष्मण की हाँ-में-हाँ मिलाई।

"व्यापारी राजपत्र का गलत इस्तेमाल कर कृषक से अधिक कर वसूल रहे हैं। राहगीर रास्ते में लूट लिये जाते हैं। ग्रामों में दिन-दहाड़े चोर-डकैत हमला कर देते हैं। कृषक बेहाल हैं और व्यापारी और महाजन राजदरबार तक अपनी पहुँच बना रहे हैं। समाज में जाति-पाँति भीषण आकार में है और किसी भी स्तर पर लोगों के बीच समानता व्याप्त नहीं है। धनवान और धनी होता जा रहा है, गरीब और गरीब। (राम आवेश में बोलते गए) मैं यह सब मिटाना चाहता हूँ और इसके लिए शक्ति की नहीं, बुद्धि की जरूरत है। युद्ध में नए राज्यों पर विजय प्राप्तकर हम क्या करेंगे, यदि प्राप्त राज्य को ही हम खुशहाल और सदृढ़ नहीं बना सके तो।"

यह भारी-भरकम वाक्य सुन भरत और लक्ष्मण एक-दूसरे की ओर देखने लगे। अधिकतर तो उनकी समझ में भी नहीं आए और जो आए, वे उन्हें सुनने में अजीब लगे। इस पर भरत बोले—

''भइया, किंतु समानता की आवश्यकता क्या है ? यदि एक राजा और लोहार में, या एक ब्राह्मण और शूद्र में समानता आ जाए तो लोहार कभी तलवार नहीं बनाएगा या शूद्र कभी खेतों में काम पर नहीं जाएगा। फिर वह भी आरामपरस्त जीवन की कल्पना करेगा। ऐसे में तो राज्य का विकास ही रुक जाएगा।''

''नहीं भरत! आमतौर पर *एक साधारण इन्सान समानता की केवल यही कल्पना करता है, किंतु समानता कार्यों में कभी नहीं हो सकती, किंतु यह संसाधनों में संभव है। हमें प्रत्येक इन्सान को एक समान भोजन और जीवित रहने के अन्य संसाधन उपलब्ध करवाने चाहिए और शूद्र को भी यह मौका प्राप्त होना चाहिए। यदि लोहार में एक राजा के उत्कृष्ट गुण हों तो उसे राजा बनने का अधिकार मिलना चाहिए।*'' यह सुन लक्ष्मण ने अपने चारों ओर सतर्क नजरों से देखा कि कहीं गुरुकुल का कोई ब्राह्मण आस-पास तो नहीं, क्योंकि राम के ऐसे विचार सुनकर शायद वह क्रोधित हो उठता।

''भइया यह संभव नहीं है। न तो कभी ब्राह्मण, क्षत्रिय और धनी महाजन और न ही व्यापारी यह स्वीकारेंगे कि आप उन्हें अन्य के समान बना दें। यदि आपने ऐसा किया भी तो वे आपके विरुद्ध हो जाएँगे और आपके खिलाफ षड्यंत्र कर आपकी हत्या भी करवा सकते हैं।'' भरत ने राम को सच्चाई बताते हुए कहा।

''किंतु यह संभव है।'' राम ने भरत पर दवाब डालते हुए कहा।

''भइया क्षमा करें! मैं आपके विरुद्ध नहीं हूँ, किंतु आप जो कह रहे हैं, वह एक आदर्श है और आदर्श इसलिए आदर्श कहलाता है, क्योंकि उसको व्यावहारिक रूप में प्राप्त करना संभव नहीं होता और व्यावहारिक सत्य यह है कि यदि आप इस प्रतियोगिता में सफल नहीं होते तो आप पिताश्री को बेहद निराश करेंगे और संभवतः अन्य महाजन और धनी व्यापारी आपको कमजोर समझ मुझे या किसी अन्य को राजा घोषित करवाना चाहें।'' भरत ने बात को स्पष्ट किया, ताकि राम आदर्श से बाहर आकर कुछ व्यावहारिक सोचें और करें।

''भइया! भरत भइया बिल्कुल सही कह रहे हैं। ऐसे में यदि आपका आदर्श संभव भी है, तो भी आप कुछ नहीं कर पाएँगे।'' लक्ष्मण ने भरत की बात का समर्थन किया।

''मेरा भाई राजा बने, इससे ज्यादा प्रसन्नता मुझे किसी भी अन्य विषय को सुनकर नहीं होगी।'' राम ने भरत के सिर पर प्रेम से हाथ फेरते हुए कहा।

''भइया यदि ऐसा सत्य भी हुआ तो आपका भाई खुद कभी वह पद स्वीकार

नहीं करेगा। यह मेरा वचन है आपको।'' भरत ने आवेश में आकर राम का हाथ स्नेह से पकड़ते हुआ कहा। राम ने यह सुनकर दु:ख से आह भरी, क्योंकि वे जानते थे कि रघुवंशी भूलवश भी दिए गए वचन को नहीं तोड़ते और वे और अधिक दु:ख और पीड़ा से भरकर अपना सिर हथेलियों में डाल बैठ गए।

''किंतु यदि कोई और राजा घोषित हो गया तो?'' लक्ष्मण ने भरत से पूछा।

''तो में उसके टुकड़े-टुकड़े कर दूँगा और जब तक मेरे प्राण रहेंगे, यह संभव नहीं होगा कि मेरे भइया की जगह कोई और ले सके।'' भरत ने लक्ष्मण की आँखों में आँख डाल आवेशपूर्ण ढंग से कहा।

तभी लक्ष्मण सूर्य को डूबता हुआ देख बोले—

''भइया अब वेद अध्ययन का वक्त होने वाला है, हमें चलना चाहिए।'' राम ने अपना सिर हथेलियों से बाहर निकाला और बोले—

''तुम लोग चलो में बस थोड़ी देर में आता हूँ।'' राम की आँसुओं से भरी हथेली और भीगी पलकें देखकर भरत और लक्ष्मण दु:ख से चीख बैठे—

''भइया आप ठीक तो हैं?'' दोनों ने राम की हथेलियों को थाम लिया।

''मैं बिल्कुल ठीक हूँ! बस थोड़ी देर में आता हूँ।'' अपने आँसुओं को पोंछते हुए राम ने स्नेह से कहा। दोनों भाई आज्ञा पालन में उठ खड़े हुए और दु:खी मन से गुरुकुल की ओर चल पड़े। लक्ष्मण कुछ दूर जाकर रुक गए तथा राम की प्रतिक्षा करने लगे और भरत को जाने को कहा। इधर उनके जाते ही राम ने आत्मचिंतन में स्वयं से कहा।

''यह सब कितना कष्टकारी है। एक तरफ भाइयों का प्रेम और उनकी अपेक्षाएँ, गुरु और पिताश्री की अपेक्षाएँ और दूसरी तरफ मेरा स्वयं का द्वंद्व। मुझे क्यों हमेशा, जो दूसरों को असंभव लगता है, आदर्श लगता है, वही मुझे संभव और अत्यंत व्यावहारिक लगता है। अब तो मुझे ऐसा लगता है जैसे मेरा जन्म ही इन्हीं बुराइयों के विनाश के लिए हुआ हो। क्यों मेरा मन मुझे हिंसा और शस्त्र से दूर खींचता है? क्यों मैं समानता के बारे में सोचता हूँ, जो अन्य को असंभव लगता है? काश···काश कि मेरे जीवन में कोई ऐसा होता, जो इन्हें वास्तविक कहता और कहता कि मैं अपने लक्ष्य में अवश्य कामयाब होऊँगा। मुझ पर भरोसा करता, मुझे समझता···आह! हे ईश्वर! मेरा मार्ग प्रशस्त करें। मैं क्या करूँ कि मेरा मन धनुर्विद्या में लग जाए, ताकि मैं सबकी उम्मीदों पर खरा उतर सकूँ।'' राम गहन पीड़ा से भर उठे और उनकी आँखें दूर क्षितिज में डूबते सूरज पर टिक गईं।

10

गुरुकुल पर आक्रमण

महर्षि वसिष्ठ का गुरुकुल

रात्रि का तीसरा पहर

अत्यधिक शोर-शराबे को सुन राम सहित चारों भाई हड़बड़ाकर उठे और अपनी कुटिया से बाहर आए। उन्हें दूर आश्रम के गुरुकुल प्रवेश द्वार पर दो कुटिया धू-धूकर जलती हुई दिखाई दीं। वे उधर दौड़े, किंतु तभी उन्हें महर्षि वसिष्ठ और दो सेवक उन्हें कुछ अन्य बालकों के साथ उनकी तरफ दौड़ते हुए आते दिखे। महर्षि ने चारों भाइयों को उन बालकों के साथ मिलाया और सेवकों को आदेश दिया कि वे बालकों को लेकर आश्रम के पीछे स्थित गुप्त खाई में जाएँ और वहाँ छिप जाएँ। महर्षि स्वयं किसी अन्य संभावित बालक की खोज में दूसरी दिशा में सतर्कता से बढ़े। भीड़ में दौड़ते हुए चलते भरत ने एक अन्य बालक से पूछा—

''क्या बात है?''

''किसी खतरनाक पशु के झुंड ने आक्रमण किया है।'' उस बालक ने जवाब देते हुए कहा।

''तो वह आग… ?'' लक्ष्मण ने पूछा।

''पता नहीं।'' बालक ने हाँफते हुआ जवाब दिया। लक्ष्मण ने राम की ओर शंकित नेत्रों से देखा।

''हो सकता है कि आक्रमण के वक्त जलता मशाल गिर गया हो।'' राम ने संभावना व्यक्त की। और आस-पास अन्य बालकों की ओर नजर दौड़ाई, तभी उन्हें एहसास हुआ कि शत्रुघ्न वहाँ झुंड में नहीं है। वे सावधानीपूर्वक धीरे-धीरे खुद को झुंड में पीछे करते गए, ताकि इस बात का लक्ष्मण को पता न चले। वे उसे मुसीबत में

नहीं डालना चाहते थे। राम धीरे-धीरे सबसे पीछे होकर एक झाड़ी की ओट में छिप गए और वापस आश्रम की ओर दौड़े। इधर लक्ष्मण को लगा कि राम वहाँ नहीं हैं, जैसे ही उसने पीछे देखने की कोशिश की, तब तक खाई आ गई और सेवक ने सबको फौरन खाई में उतरने को कहा। लक्ष्मण बालकों के धक्के से खाई में उतर गए और पीछे मुड़कर न देख पाए। सभी बालक एक क्रम में खाई में सटकर लेट गए, अब लक्ष्मण चाहकर भी राम को न ढूँढ़ न पाते, हालाँकि वे हर संभव कोशिश कर रहे थे कि राम को एक झलक देख संतुष्ट हो सकें।

इधर राम झाड़ियों से सीधा गुरुकुल की ओर भागे। कुछ दूर जाने पर उन्हें दूर पत्थर के पास एक बालक गिरा दिखा, वे समझ गए कि यह शत्रुघ्न है। राम नजदीक गए, शत्रुघ्न औंधे मुँह गिरे, तेज-तेज साँस ले रहे थे। ऐसा लग रहा था मानो अभी-अभी होश में आए हों। राम ने पास जाकर शत्रुघ्न को पलटा और उनका सिर अपनी गोद में रखा। उनके सिर पर एक गहरा घाव था और उसमें से लगातर रक्त का प्रवाह हो रहा था। राम ने अपना ऊपरी अंगवस्त्र निकाल उसे शत्रुघ्न के माथे पर बाँध दिया, ताकि रक्त के प्रवाह को रोका जा सके। राम के सामने स्पष्ट था कि शत्रुघ्न दौड़ते वक्त पीछे रह गया होगा और इस पत्थर से टकरा गया होगा, जिससे उसके सिर में गहरा घाव बना और वह मूर्छित हो गया। राम सहारा देकर, शत्रुघ्न को शांत करते हुए एक बड़े पत्थर के पीछे ले गए और शत्रुघ्न को वहाँ लिटाया, तभी उन्हें एक शोर सुनाई दिया। वे पत्थर के पीछे से छिपकर गुरुकुल की ओर देखने लगे। राम थोड़ी दूर गुरुकुल के समीप एक व्यक्ति को, जिसके बाल खुले थे, उसे एक जानवर से लड़ते देखा, किंतु यह जानवर अजीब लग रहा था, वह अपने आगे के दोनों पैरों और पीछे के दोनों पैरों को किसी हाथ ही तरह इस्तेमाल कर रहा शा, और स्पष्ट था कि वह उस व्यक्ति से ज्यादा शक्तिशाली था, तभी उस अजीब जानवर ने उस व्यक्ति को उठाकर पटक दिया, जिससे उस व्यकित की तलवार दूर जा छिटकी और राम के करीब आ गई। राम मानसिक द्वंद्व में पड़ गए कि क्या करें। तभी वह जानवर गुर्राता उस चित्त पड़े व्यक्ति की ओर अपने विजय घमंड में चूर धीरे-धीरे बढ़ा। राम समझ गए कि यदि उन्होंने कुछ न किया, तो उस व्यक्ति की मृत्यु निश्चित है। राम उठे और सावधानी से तलवार उठा उस जानवर के पीछे धीरे-धीरे बढ़ते गए और जब राम उसके ठीक पीछे आक्रमण की मुद्रा में पहुँच गए, तभी उस खूँखार जानवर ने अपने पीछे इन्सानी गंध सूँघ ली और क्रोध में पलटा, उसने अपने सामने एक बालक को तलवार लिये हवा में आक्रमण हेतु उछले हुए देखा। उसने तलवार की धार की नुकीली चमक को भी महसूस किया। जब तक वह बचने का नया उपाय तलाशता, तब तक तलवार उसके सिर को फोड़ती, सीधा अंदर छाती तक घुसती हुई चली गई। वह निढाल होकर वहीं गिर गया। उस वक्त राम

किसी महान् योद्धा की भाँति लग रहे थे और उनकी आँखें उस महान् अद्‌भुतता की चमक का परिचय दे रही थीं। राम उस वक्त तक मानो किसी और दुनिया में थे। उस लहूलुहान अवस्था में गिरे व्यक्ति ने साफ तौर पर यह सब देखा। राम की वह तंद्रा तब जाकर टूटी, जब उन्हें उस लहूलुहान गिरे व्यक्ति की कराहती आवाज सुनाई दी।

"वत्स…" किंतु पीड़ा से वे आगे न बोल सके। वे महर्षि वसिष्ठ, जिनकी सदैव बँधी रहनेवाली शिखा आज उस जानवर से युद्ध में खुल गई थी, उनके घुटने तक लंबे सफेद बाल और रक्त-रंजित शरीर उन्हें एक अद्‌भुत छवि प्रदान कर रहे थे। राम दौड़कर पास गए और महर्षि को सँभालते हुए रुआँसे स्वर में बोले—

"गुरुदेव…!" राम ने महर्षि को किसी तरह बैठने में मदद की और शत्रुघ्न की ओर पत्थर के पीछे झाँका, वहाँ उन्हें सब सामान्य लगा। महर्षि वसिष्ठ ने काँपते हाथों से अपने रक्त-रंजित अंगवस्त्र के निचले सिरे में बँधी, एक गाँठ को राम के सामने किया। राम समझ गए कि उसे खोलना है। राम ने तुरंत वह गाँठ खोली और उसमें कुछ जड़ी-बूटी (औषधि) दिखी। महर्षि ने उसमें से एक छोटा टुकड़ा उठाया और काँपते होंठों से उसका सेवन किया। इधर राम एक बार शत्रुघ्न की ओर देखने लगे।

"वत्स…व…वहाँ कौन है?" कुछ सामान्य होते महर्षि ने पूछा।

"शत्रुघ्न गुरुदेव!"

"वह घायल है?"

"जी गुरुदेव!"

"उसे यह दे दो।" महर्षि उस औषधि का एक छोटा टुकड़ा राम को देते हुए बोले—

"परंतु आप?" राम ने चिंतित बोला।

"जाओ उसे औषधि खिलाकर यहाँ लेकर आओ।" महर्षि ने आज्ञा देते कहा।

"किंतु यहाँ…।" राम ने शंकित होकर कहा।

"वह एक ही था…।" महर्षि जवाब दे, उस जानवर की ओर देखने लगे। राम उठे और तुरंत शत्रुघ्न की ओर दौड़े। थोड़ी देर में राम शत्रुघ्न को साथ ले वापस लौटे। वे शत्रुघ्न को अपने कंधे का सहारा देकर ले आ रहे थे। अब तक महर्षि उठकर खड़े हो चुके थे। वे पहले से सामान्य और स्वस्थ लग रहे थे। वे अपने केशों को वापस बाँध रहे थे। उन्होंने राम को, शत्रुघ्न को पास की कुटिया में लिटा आने को कहा। राम ने आज्ञा का पालन किया और जब वे शत्रुघ्न को कुटिया में लिटा, कुटिया से बाहर आ रहे थे, तभी गुरु वसिष्ठ दौड़ते आते दिखे और तुरंत उन्होंने सावधानीपूर्वक राम को पकड़ कुटिया के पीछे एक खोह में लेकर छिप गए। तभी उन्हें घोड़े पर सवार दो लोग, जो उम्र में कम, किंतु देखने में वीभत्स लग रहे थे, उस जानवर की लाश के पास पहुँचे।

उन्हें देखकर राम ने महर्षि की ओर देखा और महर्षि ने राम को शांत रहने को कहा। तभी एक घुड़सवार बोला—

''मैं कह रहा था तुम्हें कि यह इन्सानों की एक जाति ऋषि-मुनियों का घर है। वे तो वैसे ही शांत होते हैं, किंतु कोई बात तुम्हारी समझ में नहीं आती।'' पहलेवाले ने कहा। यह सुन दूसरा गुर्राते हुए बोला—

''क्या कहा शक्तिहीन! तुम्हारे सामने, तुम्हारे एक शक्तिशाली जानवर की लाश पड़ी है और तुम कहते हो शक्तिहीन, हाँ?''

''अरे उन्होंने इसे मिलकर मारा होगा। देखो यहाँ वैसे भी ढेर सारे पैरों के निशान हैं और यह एक काबिल जानवर नहीं, बल्कि एक काबिल सिपाही था।'' पहलेवाले ने घूरते हुए कहा।

''अच्छा तो अब तुम उस नीच असुर जानवर को सिपाही कहोगे? उन तुच्छ-नीच असुरों से हमने विवाह, उन्हें अपने समान सम्मान देने के लिए नहीं स्थापित किया, बल्कि उनका उपयोग करने के लिए किया है। हमें भारत-भूमि के विजय में उनकी आवश्यकता है, समझे?''

''समझ गया! समझ गया! पर अब हम ऐसा नहीं करेंगे, जो अभी हमने किया। हम अपनी जाँच-पड़ताल गुप्त रूप से करेंगे। वरना पिताश्री नाराज होंगे।'' पहलेवाला बोला।

''ठीक कहते हो, बस कुछ वर्ष और जहाँ हमारी जाँच-पड़ताल पूरी हुई, वहाँ भारत-भूमि हमारी···हा···हा···हा···।'' दूसरे ने खुश होते हुए कहा। पहले वाले ने भी हँसी में उसका साथ दिया और गुरुकुल के पिछले भाग के जंगल की ओर इशारा करते हुए बोला—

''उन्हें छोड़ देते हैं, वे हमारा कुछ नहीं बिगाड़ सकते, वैसे भी सुबह होने वाली है, क्या कहते हो?''

''सही कह रहे हो, इसे बाँधों और चलो वापस चलते हैं।'' उन दोनों ने उस असुर को, जो राक्षस और असुर प्रजातियों के मिलन की विकृति थी, को उठाकर घोड़े पर लिटाया, अब तक उसके शरीर का रक्त निचुड़कर बहना बंद हो गया। उसके स्थान पर उन्होंने एक मरे हुए बाघ को फेंका और वहाँ से रवाना हो गए, पर जाते-जाते दूसरा ठिठका और बोला—

''मुझे यहाँ किसी इन्सान की महक आ रही है।''

''मुझे भी! किंतु हो सकता है कि कोई मृत शरीर हो, क्योंकि इस असुर ने तो यहाँ काफी विनाश मचाया है।'' और गौरवान्वित हो उस मृत असुर जानवर की पीठ को ठोका।

''हम्म'' दूसरा बोला।

''तो फिर चलते हैं।'' और वे दूर निकल गए।

वे दोनों खर और दूषण थे, रावण के पुत्र, जो भारत-भूमि के राजाओं की गुप्त जासूसी पर निकले थे, किंतु बैल बुद्धि होने के कारण वे अपने इस कृत्य को ही असली जासूसी समझते थे। इधर राम और गुरु वसिष्ठ साँस थामे बैठे रहे। उनके जाते ही दोनों ने गहरी साँस ली। राम ने एक गहरी निगाह महर्षि पर डाली और महर्षि ने मौन आश्वासन दिया कि वे राम की सभी शंकाओं और प्रश्नों का समाधान करेंगे, पर पहले गुरुकुल के निरीक्षण हेतु चलने का इशारा किया। उसी वक्त सूरज ने अपना प्रकाश प्रदीप्त करने का उपक्रम किया। सूर्य के उदय में बस कुछ ही वक्त था। महर्षि और राम ने उस मृत निर्दोष बाघ की ओर दया भरी नजरों से देखा, जो थोड़ी देर में सबके लिए घृणा का पात्र बननेवाला था, क्योंकि महर्षि ने राम को किसी अन्य को कुछ भी बताने के लिए मना किया। उन्होंने कहा कि सुनी और देखी हर बातचीत उनके ही बीच रहनी चाहिए। महर्षि ने मन में सोचा यदि वक्त होता तो इस निर्दोष प्राणी को मैं कहीं गुप्त रूप से दफना लोगों की घृणा का शिकार होने से जरूर बचाता, किंतु गुरुकुल में अभी बहुत से सेवक व बालक अत्यंत घायल अवस्था में हैं, उनके प्राणों की रक्षा ज्‍यादा जरूरी है और एक क्षमा दृष्टि उस बाघ पर डाल आगे बढ़ गए। ऐसे ही कुछ विचार राम के मन में भी थे। वहाँ की तबाही का दृश्य देख राम का दिल दहल उठा। कई घायल सेवक दर्द से तड़प रहे थे, तो कहीं किसी की आँतड़ियाँ फैली पड़ी थीं। तभी राम की नजर दो बालकों पर पड़ी, जो कि उस हैवान असुर का शिकार हो चुके थे। उनके मुख पर, उनके आखिरी समय का डर स्पष्ट था। राम की आँखों में आँसू आ गए। इधर महर्षि घायलों को औषधि दे रहे थे, तभी वे राम को एक कोने में बैठा देख उनके पास उठकर गए और उन दोनों बालकों की तरफ बैठे उन्होंने राम को सांत्वना देते हुए कहा—

''वत्स जाओ शत्रुघ्न को होश आ चुका होगा, उसे जल की आवश्यकता होगी, उसे जल देकर वापस यहाँ आओ और सभी घायलों को जल की आपूर्ति करो, साथ में अन्य बालकों को खाई से बुलाते आना। जल्दी करो वत्स।''

वे नहीं चाहते थे कि राम उन दोनों बालकों को उस अवस्था में ज्यादा देर तक देखें। राम उठे और दु:खी, किंतु तेज कदमों से शत्रुघ्न की ओर बढ़े। उन्होंने जाकर देखा तो शत्रुघ्न को होश आ चुका था। उसने राम को देखकर कुछ बोलना चाहा, किंतु राम ने उसे चुप रहने का इशाराकर एक कोने में रखी मटकी से जल निकाल शत्रुघ्न को पिलाया और स्नेहपूर्वक उसके सिर पर हलके से हाथ फेरकर वापस खाई की ओर दौड़े। जैसे ही राम खाई के पास पहुँचे, वहाँ बालकों में हरकत हुई। लक्ष्मण ने राम को दूसरे ओर से

आते हुए देखकर दौड़कर उनको गले लगा लिया। राम ने सबको गुरुकुल वापस चलने को कहा और कहा कि सब ठीक है। तब तक भरत भी आकर उनके गले लग गए।

"भइया आप कहाँ रह गए थे?" लक्ष्मण ने शिकायत करते हुए कहा।

"सब ठीक है लक्ष्मण।" राम ने स्नेह से गले लगाते दोनों भाइयों को कहा।

"भइया शत्रुघ्न भी नहीं दिखाई दे रहा है।" भरत ने इधर-उधर निगाह दौड़ाते हुए कहा।

"वह सुरक्षित गुरुकुल में है।" राम ने बात को स्पष्ट किया।

"यानी कि आप…" लक्ष्मण ने संशय में कहा, तभी राम बोल पड़े।

"हाँ! मैं शत्रुघ्न के ही पास था। वह भीड़ में पीछे रह गया और गिरकर एक पत्थर से चोटिल हो गया था।"

"किंतु भइया आप हमें भी बता सकते थे।" लक्ष्मण ने शिकायत की।

"अब सबकुछ ठीक है लक्ष्मण।" राम ने स्नेह से बोला।

"हमें गुरुकुल की ओर बढ़ना चाहिए। वहाँ अन्य बहुत से घायल हैं, जिन्हें हमारी जरूरत है।" कहते-कहते राम को दोनों मृत बालकों का चेहरा याद आ गया और वे गहन पीड़ा से भर उठे। चिंतित भरत-लक्ष्मण तेजी से गुरुकुल की ओर बढ़े। गुरुकुल पहुँच सभी तेजी से घायलों के उपचार आदि में लग गए। पूरे गुरुकुल से ग्यारह सेवक और सात बालकों की मृत्यु हुई थी। महर्षि ने गुरुकुल के मरम्मत कार्य के लिए, गुरुकुल को कुछ दिनों के लिए बंद रखने का फैसला लिया। आस-पास के सभी प्रांतों को सूचना भेज दी गई, किंतु महर्षि ने सूचना में बाघ के हमले की ही जानकारी भेजी, उन्होंने राक्षसों और असुरों की बात छुपा ली। चारों भाई राजा दशरथ के आने की प्रतीक्षा कर रहे थे, जो यह सूचना पा उन्हें लेने आ रहे थे। राम लगातार कुटिया में इधर-से-उधर घूमे जा रहे थे। अन्य भाइयों ने राम को इतना बेचैन और परेशान पहले कभी नहीं देखा था। लक्ष्मण के बार-बार पूछने पर भी, राम सब ठीक है, कहकर चुप हो जाते थे। राम का अंतर्द्वंद्व बढ़ता ही जा रहा था, तभी कुटिया में एक सेवक ने दस्तक दी और बोला—

"राम आपको महर्षि ने बुलाया है।" राम तो बस इसी पल का बेसब्री से इंतजार कर रहे थे। वे बिजली की तेजी से कुटिया से निकले। लक्ष्मण और भरत ने हैरानी से एक-दूसरे का मुँह देखा। राम ने महर्षि की कुटिया में घुसने से पहले आज्ञा माँगी और आज्ञा पाकर वे अंदर गए। उस वक्त महर्षि हाथ में एक प्राचीन पांडुलिपि लेकर बैठे थे।

"गुरुदेव!…" राम ने पहुँचते ही महर्षि के समक्ष प्रश्नों का अंबार लगाना चाहा। महर्षि यह समझ चुके थे, अतः उन्होंने राम को शांत होने और बैठने को कहा।

"वत्स शांत हो जाओ, मुझे पता है तुम्हारे मन में बहुत से प्रश्न हैं और मैं उन

सभी का समाधान करूँगा।'' यह सुन राम कुछ शांत और स्थिर हुए और फिर उन्होंने पूछा—

''गुरुदेव कृपया मुझे समझाने की कृपा करें कि यह सब क्या है, वे दोनों कौन थे और वह अद्भुत भयानक असुर कौन था और क्या सचमुच कुछ वर्षों उपरांत भारत-भूमि इनकी गुलाम हो जाएगी, भारत-भूमि पर उनका कब्जा हो जाएगा? वे अपने किस पिता के बारे में बात कर रहे थे?'' राम ने एक साँस में और बेहद उत्सुकता के साथ ये प्रश्न पूछ डाले। प्रश्न सुन महर्षि ने एक गहरी साँस ली और बोले—

''वत्स चूँकि आज तुमने हमारे साथ एक ऐसा रहस्य देख लिया है, जो हम आज तक अन्य लोगों से छुपाते आ रहे हैं। इस रहस्यमयी घटना को देखकर तुम भी अब हममें से एक हो, जो इस रहस्य के कुछ भाग जानते हो।''

''कैसा रहस्य गुरुदेव और कौन से रहस्य को आप छुपाने की बात कर रहे हैं?'' राम ने आश्चर्यचकित हो पूछा।

''वत्स! तुम्हें याद होगा कि हमने गुरुकुल के सभी शिष्यों को भारत-भूमि के पड़ोसी द्वीप लंकाद्वीप के बारे बताया था, वहाँ की प्रजाति और उनके राजा के बारे में, जो इस संसार का सबसे शक्तिशाली राजा है।'' महर्षि वसिष्ठ ने कहा। राम ने अपने माथे पर बल डालते हुए कहा—

''जी गुरुदेव मुझे स्मरण है।''

''वत्स वह कहानी केवल उस राजा तक सीमित थी, किंतु असलियत में इस पूरे घटनाक्रम की शुरुआत वहीं से होती है, जहाँ हमने इसे खत्म किया था अर्थात् उस राजा रावण ने अपनी शक्ति के दम पर इस संसार की अन्य प्रजातियों को मिटाने का प्रण ले रखा है और हमें अभी कुछ वर्ष पूर्व एक गुप्त सूचना मिली थी कि उस अहंकारी रावण ने भारत-भूमि पर आक्रमण कर दिया, पर किन्हीं परिस्थितियों की वजह से वह वापस लौट गया, सूचना के मुताबिक तो वह शायद किसी भारत-भूमि के राजा से परास्त हुआ था। (यह सुन राम चौंके और उत्सुकतापूर्वक बात को सुनने लगे) किंतु महर्षि वाल्मीकि आज तक न तो उस बात की सच्चाई जान पाए हैं और न ही उस राजा का पता लगा पाए हैं, किंतु आज यह सिद्ध हो गया कि रावण वाकई भारत-भूमि से पराजित हो लौटा था।''

''वह कैसे गुरुदेव?'' राम ने आश्चर्य जताया।

''वत्स आज जो दो व्यक्ति घोड़े पर थे, वे राक्षस प्रजाति के थे और उनके रौब को देखकर लगता था कि या तो वे राजा थे या फिर राजकुमार, किंतु बाद में उन्होंने अपने किसी पिता का जिक्र किया, जिसने उनको जाँच-पड़ताल के लिए भारत-भूमि पर भेजा था, ताकि वह भारत-भूमि के सभी राजाओं की शक्ति और साम्राज्य से परिचित हो

सके और पड़ताल पूरी होते ही भारत-भूमि पर आक्रमण कर दे। वे चूँकि राक्षस थे और नवयुवक थे, अतः वे निश्चय ही रावण के पुत्र रहे होंगे।'' सोचते हुए महर्षि बोले।

''तो क्या गुरुदेव हमारी भारत-भूमि का कोई भी राजा रावण को परास्त नहीं कर सकता?'' राम ने उदास मन से पूछा।

''वत्स यदि ऐसा होता तो रावण कभी भारत-भूमि की तरफ आँख न उठाता, किंतु वह परास्त तो हुआ है और मुझे लगता है कि वह किसी ताकतवर असुर सम्राट् से परास्त हुआ है, तभी राक्षसों ने असुरों से विवाह संपन्न किया है, जैसा कि वे दोनों राक्षस युवक कह रहे थे। संभवतः यही हुआ होगा, अब चूँकि असुर उनके मित्र हैं तो अन्य प्रजातियाँ उनकी शत्रु हुईं। रावण अन्य सभी प्रजातियों को मिटा देगा।'' राम यह सुन अत्यंत विचलित एवं दुःखी हो उठे।

''गुरुदेव क्या भारत-भूमि अब नहीं बचेगी, क्या हमारी मातृभूमि आज इतनी लाचार है कि उसका एक भी पुत्र उसकी रक्षा नहीं कर सकता, कुछ तो उपाय होगा गुरुदेव?'' राम अधीर हो उठे। उनकी आँखों से अश्रुधारा बह निकली।

''केवल एक मार्ग ही है, जो भारत-भूमि की रक्षा कर सकता है और वह है—गुरुकुल। वत्स अपने अश्रुओं को पोंछो। यह वक्त अश्रुधारा बहाने का नहीं है।''' (राम अपने आँसुओं को पोंछ उत्सुकता और दुःख लिये महर्षि के उस उपाय को सुनने को तत्पर हुए)'''वत्स हमने यह गुरुकुल और उस भविष्य की प्रतियोगिता का आयोजन केवल भारत-भूमि के रक्षक को ढूँढ़ने हेतु किया है। हम अपने गुरुकुलों के माध्यम से उस श्रेष्ठ बालक का चयन करेंगे, जो भारत-भूमि का रक्षक बन सकने हेतु योग्यता रखता हो तथा रावण को परास्त कर सके और उसके घमंड को चूर-चूर कर सके।'' राम ने एक और प्रश्न पूछना चाहा, किंतु वे केवल कुछ शब्द बोलकर चुप हो गए—

''तो क्या'''अब'''तक'''।'' महर्षि वसिष्ठ समझ गए कि राम क्या पूछना चाहते थे।

''दुःख की बात यह है कि जिस तरह के उत्कृष्ट बालक की खोज हम कर रहे थे, वैसा बालक हमें अब तक नहीं मिला है, क्योंकि हर कोई केवल कुछ-कुछ ही विषय या क्षेत्रों में आगे है, सर्वगुण संपन्न कोई नहीं है। उदाहरण के तौर पर तुम खुद को ही ले सकते हो, तुममें बौद्धिक संपदा अन्य बालकों के मुकाबले कहीं अधिक है, किंतु तुम शस्त्र विद्या में सबसे पीछे हो, पर अच्छी खबर यह है कि कुछ बालक हैं, जो थोड़ा-बहुत सबकुछ जानते हैं, जैसे तुम्हारा छोटा भाई भरत या ऋतुगुप्त, सेनध्वज हो सकता है रक्षक इनमें से ही कोई बने, किंतु अभी इन्हें बहुत अधिक परिश्रम की जरूरत है। अभी तो ये कुछ राक्षसों से पराजित हो जाएँ। रावण तो बहुत दूर की बात है।'' महर्षि ने संभावित डर से आँखें मूँद एक गहरी साँस ली।

"तो क्या गुरुदेव बुद्धि का इस जग में कोई स्थान नहीं, क्या अब सबकुछ शस्त्र ही निर्धारित करेंगे?" राम ने अपनी सोच को सुव्यक्त किया।

"वत्स यह सब समय पर निर्भर करता है। बुद्धि ही निर्माणकर्ता है और बुद्धि के बिना इस जग की कल्पना भी संभव नहीं है, किंतु आज का समय बुद्धि की रक्षा का है। शरीर नहीं तो बुद्धि किस काम की? सुधार जरूरी है, किंतु सुधार के लिए आवश्यक है कि सर्वत्र शांति विद्यमान हो, क्योंकि बिना शांति का सुधार किसी भी अर्थ में नहीं।"

"तो क्या रावण को समझाया नहीं जा सकता?" राम ने अभी भी बुद्धि पर भरोसा कायम रखा।

"वत्स यदि तुम्हें यह मौका मिले तो अवश्य समझाना, किंतु कभी-कभी सुधार के लिए बहुत देर हो जाती है और तब केवल विनाश ही सुधार लाता है, फिर वह विनाश चाहे अच्छे पक्ष में हो या बुरे।"

"तो गुरुदेव क्या यह नियति है कि रावण ही उस विनाश का कारण है और वह नई सभ्यता को जन्म देगा, सबकुछ मिटाकर?" राम सोच में पड़ गए, क्योंकि वे समझ नहीं पा रहे थे कि क्या सही है और क्या गलत। *इन्सान अपनी मानसिक कुंठा को छोड़ने में बेहद वक्त लगाता है, वह उस कुंठा की रक्षा तब तक करता है, जब तक उसके पास उस पर बोलने के लिए दलीलें होती हैं।*

"वत्स यदि यह नियति होगी, तो होकर रहेगी, किंतु जितना ईमानदार प्रयास रावण अपने प्रजाति की नियति को निर्धारित करने के लिए कर रहा है, उतना ही ईमानदार प्रयास हर प्रजाति को अपनी नियति सुरक्षित रखने के लिए करना चाहिए।"

"तो गुरुदेव क्या आप रावण को सही ठहरा रहे हैं कि वह जो कर रहा है, वह सही है?" राम ने पूछा।

"वह तब सही होता, जब वह प्रकृति और भूमि पर एकाधिकार करने की बजाय सभी को बराबर अधिकार और महत्त्व देता। बस यहीं रावण गलत है, क्योंकि वह एकाधिकार चाहता है।"

"हम्म...।" अब कुछ राम की समझ में आ रहा था।

"इसका मतलब गुरुदेव सुधार के लिए शांति चाहिए और शांति व्याप्त करने के लिए रक्षक और रक्षक का निर्माण अस्त्र-शस्त्र करेंगे, क्योंकि इनका महान् ज्ञाता ही रावण का मुकाबला कर सकने में सक्षम हो सकेगा और शांति की स्थापना कर सकेगा।" राम कुछ गंभीर होते हुए बोले।

"हाँ वत्स यही सच्चाई है। मैं पूरे जीवन अस्त्र-शस्त्र से दूर रहा और अपने जीवन के आखिरी समय में इसका प्रशिक्षण दे रहा हूँ। एक समय था, जब इसी विषय को लेकर मेरे और महर्षि विश्वामित्र के बीच कटुता आ गई थी, किंतु वर्तमान

आवश्यकताओं ने मुझे चेताया कि यह भी एक आवश्यक वस्तु है, यदि आज मुझे शस्त्र का अच्छा ज्ञान होता तो गुरुकुल से एक भी शव न उठता।'' कहकर दुःख और पीड़ा से महर्षि ने अपनी आँखें मूँद लीं।

''क्षमा गुरुदेव! किंतु महर्षि विश्वामित्र कौन हैं? इनके बारे में मैंने पहले कभी नहीं सुना।'' राम ने दुःख, किंतु उत्सुकता के साथ पूछा।

''वे इस भूमि के सबसे बड़े तंत्र और मंत्र शक्तियों के ज्ञाता हैं। उन्हें तंत्र शक्तियों की सिद्धि प्राप्त है। गुरुकुल द्वारा निर्धारित रक्षक आगे तंत्र शक्तियों की शिक्षा उन्हीं से प्राप्त करेगा।''

''गुरुदेव ये तंत्र शक्तियाँ क्या हैं?'' राम ने एक और शब्द को पकड़ा।

''ऐसी शक्तियाँ, जो योग और मंत्र द्वारा ध्यान की चरम अवस्था में पहुँच, किसी भी वस्तु के अत्यंत सूक्ष्मतम अणु से स्वयं को जोड़ उससे मनचाहा कार्य करवा सकती हैं।'' हालाँकि राम ज्यादा कुछ समझ नहीं पाए, किंतु किसी वस्तु से मनचाहा कार्य करवाने ने उन्हें हैरत में डाल दिया। वे उस पर भी पूछना चाहते थे, किंतु तभी उन्हें बाहर शोरगुल सुनाई दिया, जो इस बात का संकेत था कि संभवतः राजा दशरथ वहाँ आ चुके थे।

''वत्स अब तुम्हारे जाने का वक्त है, किंतु स्मरण रहे मेरे द्वारा बताई गई, किसी भी बात का जिक्र तुम किसी से नहीं करोगे। वचन दो मुझे।'' महर्षि ने उठते हुए कहा।

''मैं वचन देता हूँ गुरुदेव। यह बातचीत केवल हमारे और आपके बीच रहेगी।'' राम ने वचन दिया।

वहाँ घटित चीजों को देख राजा दशरथ बेहद चिंतित हुए और आगे से गुरुकुल की सुरक्षा हेतु कुछ सैनिक वहाँ छोड़ने का फैसला किया, साथ ही गुरुकुल के पुनर्निर्माण हेतु अयोध्या से कई सेवक भी भेजने का महर्षि को आश्वासन दिया। राजा दशरथ अपने चारों पुत्रों को लेकर वहाँ से रवाना हुए। महर्षि ने उनसे भी राक्षस के आक्रमण की सच्चाई को छुपा लिया था, क्योंकि वे जानते थे कि इससे केवल भय फैलेगा और इस समय राजा दशरथ के हाथ में कुछ भी नहीं। अब जो कुछ करना था, वह महर्षि के स्वयं के हाथों में था या फिर उस महान् रक्षक के हाथ में था।

11

शब्दभेदी बाण और रक्षक की अयोग्यता

कुछ दिन के उपरांत,

सुबह का समय,
अयोध्या का शाही बगीचा

"पिताश्री!!" राम ने अयोध्या के राजबगीचे में दशरथ के साथ टहलते हुए कुछ कहना चाहा।

"हाँ पुत्र कहो। सब ठीक तो है?" राजा दशरथ ने आश्चर्यचकित होते कहा।

"जी पिताश्री! मैं आपसे वह विद्या सीखना चाहता हूँ, जो आप केवल आवाज को सुनकर निशाना लगा देते हैं। पिताश्री यह कैसे संभव होता है?" राम ने कहा।

"शब्दभेदी बाण, हम्म...पुत्र यह बेहद आसान प्रक्रिया है।" हर्षित होते हुए राजा दशरथ ने कहा, क्योंकि उनकी हसरत थी कि वे अपने बच्चों को सिखाएँ, किंतु गुरुकुल ने उनसे यह अधिकार छीन लिया था। अत: राम के आग्रह ने उनकी खुशी और उत्सुकता दोनों को बढ़ा दिया।

"और मैं यह अपने पुत्र को अवश्य सिखाऊँगा।" राजा दशरथ ने कहा। जहाँ गुरुकुल के अन्य शिष्य, जिसमें राम के तीनों भाई भी थे, गुरुकुल से प्राप्त इस अवकाश को मातृत्व स्नेह व आराम-विश्राम में व्यतीत कर रहे थे, वहीं राम कठिन परिश्रम में। वे सुबह भोर होने से पहले उठ जाते और अपने गुरुकुल के कार्यक्रम को जारी रखते तथा अपने दिन का अधिकतर समय शस्त्र अध्ययन में लगाते, विशेषतय: धनुर्विद्या में। उन्होंने अपने पिता से धनुर्विद्या सिखाने का आग्रह इसलिए किया, क्योंकि एक तो उन्हें युद्ध का वास्तविक अनुभव था एवं दूसरे वे गुरु वसिष्ठ के श्रेष्ठ शिष्य रह चुके थे और उस समय के शब्दभेदी बाण विद्या के ज्ञाता थे। राम माताओं से केवल खाने के वक्त और विशेषकर

रात्रि पहर में ही मिलते थे। वे सभी उस समय राम को खूब स्नेह करती थीं। उन्हें राम की अपने कर्तव्य के प्रति तत्परता अच्छी लगती थी। राम के इन क्रियाकलापों का एक व्यक्ति न चाहते हुए फायदा पा रहा था और वे लक्ष्मण थे। वे शुरुआत के एक-दो दिन दिनभर माताओं के साथ रहे और फिर उनको उनके अत्यधिक दुलार पर भी क्रोध आने लगा और वे फिर राम के साथ हो लिये। इस लगाव का कारण लक्ष्मण भी नहीं समझते थे कि क्यों उन्हें इस संसार में केवल एक इन्सान के पास रहना इतना शांत रखता है और अच्छा एहसास करवाता है। यह सबकुछ केवल इसलिए था, क्योंकि राम के अंदर बनावटी और बेकार के हँसी-मजाक और चिढ़ाने की आदत नहीं थी। वे खुद बेहद शांत, अपने कर्तव्यपथ पर लगे रहते थे, जो कि अब उन्हें भलीभाँति पता चल चुका था।

दोपहर का समय, अयोध्या

''नहीं पुत्र ऐसे नहीं। (राजा दशरथ राम को समझाते हुए बोले, जो कि उन्हें शब्दभेदी बाण की शिक्षा दे रहे थे।) सबसे पहले दिमाग को शांत और स्थिर रखो, इतना शांत कि हवाओं को भी अपने कान से टकराते हुए महसूस कर सको। अब अपना शरीर बिल्कुल सीधा करो और अपने हाथों को अपने बाएँ कान की दिशा में करके धनुष की कमान को अपने दाएँ कान तक खींचो। बिल्कुल शांत-स्थिर···आँखें बंद और आवाज की दिशा में एक सूचक की भाँति अपने बाएँ कान और उसके समानांतर हाथ को करो। अब आवाज को भलीभाँति निश्चित करो···(और राजा दशरथ ने दूर एक सिपाही को, एक मटकी, जिसमें गोल पत्थर था हिला, देने को कहा। मटकी को स्थिर होने में अब कुछ वक्त लगता और पत्थर तब तक मटकी से टकरा टकराकर आवाज करता रहता।)

राम ने जैसे ही आवाज सुनी, वे चौंकन्ने हो गए और आँखें बंद किए ही गोल-गोल घूमने लगे, जब तक कि वह आवाज स्पष्टत: उनके बाएँ कान में प्रवेश न करे, वे कुछ घूमे थे कि उन्हें लगा अब आवाज पहले से ज्यादा स्पष्ट और सटीक आ रही है, वे वहीं रुक आवाज को अपने कान में स्पष्ट कर लेना चाहते थे। जब यह स्पष्ट हो गया कि हाँ आवाज उसी दिशा में आ रही है, तो उन्होंने कमान खींची, उनका चेहरा लक्ष्य से नब्बे अंश का कोण बना रहा था। कान में पड़ती उस स्पष्ट आवाज ने उन्हें आश्वस्त किया। चूँकि बायाँ हाथ बाएँ कान की दिशा में बिल्कुल लंबवत् था, अत: निशाना चूकने का अब सवाल नहीं था। दशरथ और लक्ष्मण की उत्तेजना बढ़ती जा रही था। तभी राम ने कमान छोड़ी, तीर सर-सर की आवाज किए, बढ़ता गया और सटीक जाकर मटकी में लगा, तड़ाक की आवाज हुई और मटकी टूट गई।

''नहीं पुत्र, तुम्हें अनुपात का भी ध्यान रखना पड़ेगा कि आवाज कितनी ऊँचाई से

आ रही है, केवल दिशा ही महत्त्वपूर्ण नहीं।'' राजा दशरथ ने निराश स्वर में कहा। राम ने आँखें खोलीं। तीर उस लक्ष्यवाली मटकी की बजाय ऊपर वाली मटकी में लगा था। राम पिता की सीख को मन में बैठाकर दोबारा प्रयास करने को तत्पर हुए। अब उन्हें एहसास हुआ कि ध्यान का क्या महत्त्व होता है।

दोबारा कोशिश में राम एक बार फिर असफल रहे, क्योंकि राम को एक और समस्या का सामना करना पड़ रहा था—*पिता की मौजूदगी उनके हृदय गति को बढ़ा रही थी, क्योंकि यह इन्सानी प्रकृति होती है कि वह अपने पिता के सामने थोड़ा असहज रहता है। इन्सान जब खुद को साबित करने जाता है तो वह एक अनजाने डर का शिकार रहता है और राम अपने पिता के सामने खुद को असफल नहीं देखना चाहते थे, इसी सोच का डर उनकी हृदय गति को बढ़ा देता था।* वे पूरे समय संघर्ष करते रहे उनका निशाना ठीक लक्ष्य की तरफ ही होता, किंतु दिमाग की स्थिरता अर्थात् उस डर पर काबू न पाने की वजह से वह हर बार असफल रहे। राजा दशरथ भी हर बार लक्ष्यवाले मटके का स्थान बदल देते, ताकि राम लक्ष्य को ध्वनि से पहचाने, न कि अंदाज से। अंत में शाम को सब निराश लौटे। राजा दशरथ ने राम को उत्साहित होकर हिम्मत दी कि धीरे-धीरे वे सीख जाएँगे, किंतु राम को उनके अंदर की निराशा का अंदाजा हो गया था।

इधर राजा दशरथ सोचते थे कि अब तक राम गुरुकुल में एक श्रेष्ठ धनुर्धर बनने की राह पर होंगे और कुछ ही निर्देशों में वे विद्या सीख लेंगे, किंतु वे हकीकत से अनजान थे कि राम गुरुकुल के बेहद निचले स्तर के धनुर्धर थे, किंतु पिछले कुछ दिनों में राम अपनी मेहनत से खुद में काफी सुधार करने में सफल रहे, वरना राजा दशरथ पहली झलक में राम की असलियत जान जाते, जो कि महर्षि वसिष्ठ ने उनसे राम के शस्त्र ज्ञान के विषय में छुपा रखी थी। राजा दशरथ ने राम की यह हालत देख अपने चारों पुत्रों की परीक्षा लेनी चाही। उन्होंने दूसरे दिन अपने सभी पुत्रों को धनुर्विद्या में प्रदर्शन हेतु बुलाया। प्रदर्शन के उपरांत वे भरत से बेहद प्रभावित हुए, किंतु राम से उतने ही निराश। भरत चूँकि खुश रहनेवाले थे, अत: पिता की मौजूदगी ने उन्हें और हर्षित किया और उन्होंने खुलकर विद्या प्रदर्शन किया, किंतु राम, जो इस प्रदर्शन का उद्देश्य समझ चुके थे, वे और दबाव और डर में घिर गए, लिहाजा उनका प्रदर्शन पहले से भी निचले स्तर का था। अब तक राजा दशरथ असलियत जान चुके थे। वे बेहद निराश और दुखी हुए, किंतु उन्होंने अपना दु:ख अपने पुत्रों के सामने प्रकट नहीं किया। उन्होंने राम के विषय में यह बात अपनी तीनों रानियों को बताई।

उन्होंने बताया कि भरत राम से ज्यादा योग्य है और राम की दुर्बलता का फायदा उठा कुछ संपन्न राजदरबारी निश्चय ही राजनीति करेंगे और यदि केवल बड़े होने के कारण राम को राजा घोषित किया गया, तो यह योग्य भरत के साथ अन्याय होगा। यदि

छोटे भाई भरत को सिंहासन दिया गया, तो बड़े की प्रतिष्ठा धूमिल होगी।'' यह सुन कौशल्या ने कहा—

''अभी कुछ वक्त है महाराज, हो सकता है कि तब तक राम अपने अंदर आवश्यक सुधार कर ले।''

''केवल दो वर्ष महारानी!'' चिंतित राजा दशरथ ने कहा।

''स्वामी यदि राम अपने भाइयों से कुछ पीछे भी रहते हैं, तो क्या फर्क पड़ता है। हम यह बात कभी जाहिर नहीं होने देंगे।'' कैकेयी ने दृढ़तापूर्वक कहा।

''नहीं महारानी सत्य को कभी छुपाया नहीं जा सकता। वैसे भी गुरुकुल की आगामी प्रतियोगिता इसे जगजाहिर कर देगी।'' कहकर दुःख से दशरथ ने अपने हाथों पर अपना सिर टिका लिया।

''स्वामी वक्त का इंतजार करिए, वक्त सब स्पष्ट कर देगा। चिंता करने से कुछ हासिल नहीं होगा।'' सुमित्रा ने दशरथ को सहारा दिया।

''आप इस विषय में महर्षि से क्यों नहीं बात करते। वैसे मुझे अपने राम पर पूरा भरोसा है।'' कहकर कैकेयी ने दशरथ को छुआ, जो लगातार दुःख से पीड़ित होते जा रहे थे।

''अवश्य करूँगा रानी।'' दशरथ ने कहा।

इस घटना के बाद से अयोध्या राजमहल का पूरा महौल ही बदल गया, हालाँकि राजा और तीनों रानियों ने यह बात स्पष्ट नहीं होने दी और माहौल को सामान्य बनाए रखने की कोशिश की, किंतु चारों भाई समझ चुके थे कि माहौल बिगड़ चुका है। राम इन सब चीजों के लिए खुद को दोषी समझ और गुमसुम एवं उदास रहने लगे। राम जल्द-से-जल्द वापस गुरुकुल लौटना चाहते थे। राम बहुत कुछ कहना चाहते थे, समझाना चाहते थे, किंतु वे जानते थे कि उनके इन विचारों को कोई पसंद नहीं करेगा, क्योंकि यह व्यावहारिक नहीं, नितांत आदर्शवाद था। हाँ लक्ष्मण का हर पल उनके करीब रहना उनको थोड़ी राहत पहुँचाता था। तीनों भाई, अपने बड़े भाई की यह अवस्था देख बेहद दुखी थे, किंतु उनके हाथ में कुछ नहीं था। राम अपने माता-पिता के सामने और उनके माता-पिता राम के सामने सामान्य रहने का ढोंग करते, किंतु उनमें से हर एक सच्चाई से परिचित और पीड़ित था।

रात का समय, अयोध्या का राजमहल, रानी कैकेयी का शयन कक्ष

''महारानी यह आपने बिल्कुल अच्छा नहीं किया।'' एक अधेड़ उम्र की स्त्री

दासी ने कहा। जो कि रानी कैकेयी को मायके पक्ष की ओर से आजीवन सेवा के लिए उपहार स्वरूप प्रदान की गई थी। उस दासी की पीठ पर एक कूबड़ था। यह एक बीमारी की वजह से हो गया था। इसकी वजह से वह झुककर एक लाठी के सहारे चलती थी, किंतु यह कूबड़ उसकी चालाकी और फुर्ती पर कोई नकारात्मक प्रभाव नहीं डालता था।

''तुमसे कितनी बार कहा है मंथरा कि मुझे महारानी मत बुलाया करो। इसका हक केवल दीदी कौशल्या को है और क्या अच्छा नहीं किया मैंने?'' कैकेयी थोड़ा नाराज होती हुई बोलीं।

''मैं तो आपको सदैव यही बुलाऊँगी, आप चाहें तो मुझे सेवा से मुक्त कर सकती हैं, किंतु आपने महाराज के प्राणों की रक्षा की है और आपकी वजह से आज वे जिंदा हैं, इसलिए असली महारानी का दरजा आपका ही है।'' कहकर उस मंथरा दासी ने ही-ही कर दाँत दिखाए। मंथरा कैकेयी को पसंद नहीं थी, किंतु वह कैकेयी के माता की प्रिय सेविका थी और कैकेयी ने अपनी माँ को वचन दिया था कि वे सदैव मंथरा को अपने साथ रखेंगी, लिहाजा वे उसे बरदाश्त करती थीं।

''ये बेकार की बातें छोड़ो और बताओ कि मैंने क्या अच्छा नहीं किया?'' कैकेयी गुस्से में बोलीं।

''आपको राम की तरफदारी नहीं करनी चाहिए थी। यह ईश्वर की देन है कि हमारा भरत राम से ज्यादा योग्य है, अत: अयोध्या की राजगद्दी पर उसका ही हक है।'' मंथरा थोड़ा गंभीर होती हुई बोली।

''बंद करो अपनी यह बकवास, हम सभी यहाँ खुश हैं और मुझे राम और भरत में कोई फर्क नहीं दिखाई पड़ता।'' क्रोध में चीखती हुई कैकेयी बोलीं।

''सच्चाई को आप झुठला नहीं सकतीं महारानी। भला ऐसी कौन सी माँ होगी, जो अपने बेटे से इतनी बेदर्दी से उसका हक छीनेगी। आप योग्य होकर भी महारानी का पद नहीं पा सकीं, किंतु अपने बेटे के साथ ऐसा होने से आप रोक सकती हैं। कृपया महारानी एक बार उस मासूम भरत के बारे में सोचिए, जिसने आपकी कोख से जन्म लिया है, उसके लिए आपने पीड़ा सही है। वह कैकेय वंशी है, यही वक्त है जब आप कैकेय और अपना दोनों का नाम ऊँचा कर सकती हैं।'' मंथरा किसी विदूषक की भाँति रानी कैकेयी को समझाती हुई बोली।

''अभी इसी वक्त मेरे शयनकक्ष से बाहर निकलो और जब तक मैं न कहूँ, अपनी सूरत मत दिखाना। निकलो यहाँ से।'' तेज आवाज में चीखती हुई कैकेयी बोलीं।

''ठीक है महारानी मैं चली जाती हूँ, किंतु स्मरण रहे, ये मेरी नहीं, आपकी प्रिय स्वर्गवासी माताश्री की इच्छा थी, जो मैं व्यक्त कर ही हूँ। आप एक माँ हैं और आपके

पुत्र के प्रति आपका कुछ कर्तव्य है, बाकी आपकी इच्छा पर निर्भर है, किंतु यह भरत के साथ बहुत बड़ा अन्याय होगा और ऐसा करनेवाली आप दुनिया की पहली माँ होंगी। मैं चलती हूँ, आप विचार कीजिएगा।'' प्रणाम कहकर, लड़खड़ाती, किंतु तेज चालों से चलती मंथरा कक्ष से बाहर चली गई और इन वचनों को सुन दुःख और चिंता में रानी कैकेयी ने अपने सिर तकिए पर पटका और इन बातों की गहरी चिंता से डूब गईं।

जल्द ही राम की गुरुकुल वापस जाने की मनोकामना पूर्ण हो गई। उन्हें लेने महर्षि आ पहुँचे। राजा दशरथ ने महर्षि से राम के विषय में खुलकर बात की।

''गुरुदेव यह नितांत आवश्यक है कि राम अपने अंदर आवश्यक सुधार करे, अन्यथा वह जीवन भर योग्य न होने की कीमत चुकाएगा।'' राजा दशरथ ने अधीरता से कहा।

''वत्स! किसी की नियति को बदलना किसी और के हाथों में नहीं होता। यदि राम अयोग्य होते हैं, भरत के मुकाबले तो यह नियति स्वयं राम को, आपको और इस संपूर्ण कौशल साम्राज्य को स्वीकारनी पड़ेगी।'' महर्षि वसिष्ठ ने स्पष्ट किया।

''किंतु गुरुदेव! आप गुरुओं के भी गुरु हैं, यदि आप राम पर अलग से थोड़ा ध्यान…।'' दशरथ गिड़गिड़ाते हुए बोल रहे थे कि बीच में ही उनकी बात काटते हुए महर्षि बोल पड़े।

''असंभव वत्स! यह नहीं हो सकता, गुरुकुल के सभी शिष्य समान हैं। उनकी शिक्षा भी समान और परिपूर्ण है और राम यदि उस शिक्षित माहौल में, स्वयं में सुधार कर लेता है, तो ठीक है, वरना…।'' महर्षि थोड़ी ऊँची और स्पष्ट आवाज में बोले।

''वरना शायद मैं राम का संभावित भविष्य देखने के लिए संभवतः जीवित ही न बचूँ।'' राजा दशरथ अत्यंत दुःख और पीड़ा से गहराते हुए बोले। तभी एक सेवक ने आकर सूचना दी कि चारों बालक आ चुके हैं। अब प्रस्थान करना चाहिए।

''राजन आपकी चिंता जायज है, किंतु अभी आप केवल इंतजार ही कर सकते हैं, उस वक्त का, जो सबकुछ स्वतः स्पष्ट कर देगा।'' यह सुन राजा दशरथ ने दुःखी मन से सिर हिलाया। इस बार की विदाई पहले से अधिक दुःखदायी रही, विशेषतया राम और उनके माता-पिता के बीच। जब राम राजा दशरथ का आशीर्वाद लेने गए तो उन्होंने राम का माथा चूमते हुए बेहद धीमे स्वर में कहा—

''पुत्र सबकुछ तुम पर निर्भर है, किंतु इसे एक बोझ नहीं, जिम्मेदारी समझना।'' राम इस वाक्य का मतलब भलीभाँति समझते थे। राम का अंतर्द्वंद्व अपने चरम पर था। वे दुःखी मन से सिर झुकाए रथ पर बैठ गए। महर्षि ने विदा ली और रथ तथा समय

का पहिया चल पड़ा, आगामी भविष्य की ओर, जहाँ एक साथ कई जिंदगियाँ और भविष्य दाँव पर लगे थे।

राम के मन में राजा दशरथ द्वारा बोले गए आखिरी शब्द हमेशा सुनाई देते रहते थे। अत्यधिक चिंतित रहने की वजह से राम अब और शांत और गंभीर हो चले, किंतु उनमें एक ठोस बदलाव भी आ गया था, अब वे सब सुधार की बातें भूलकर केवल शस्त्र पर ही ध्यान लगाते रहते। पूरे दिन में अब उन्होंने सदैव दार्शनिक सोच के स्थान पर शस्त्र चिंतन को अपना लिया। राम ने अपने प्रत्येक पल को कुछ नया ढूँढ़ने के काम में लगा दिया। उनका दिमाग जो पहले ईश्वर को समझना चाहता था, समाज में सुधार के ताने-बाने बुनता था, अब वह शस्त्रमय हो गया। वह कहावत राम पर चरितार्थ होती थी कि सबसे बड़ा नास्तिक ही सबसे बड़ा आस्तिक बन सकता है। राम, जो उनके सोच, उनकी दुःख और पीड़ा का एक कारण था, अब वह एक प्रमुख शक्ति के रूप में उनके साथ कार्य करने लगा। लक्ष्मण राम के साथ लगे रहते, किंतु राम स्वयं के सुधार में डूब चुके थे। उन्हें किसी की सुध-बुध न रहती। राम जानते थे कि या तो यह वक्त बनने का है या फिर मिटने का। उनका अथक परिश्रम देख गुरुकुल के सेवक भी भाव-विभोर हो उठते। कभी-कभी स्वयं महर्षि भी राम को देख आश्चर्यचकित हो उठते थे।

समय बीतता चला गया

राम दिन-प्रतिदिन निखरते चले गए। उनका शरीर भी कसता चला गया। शरीर पर मजबूती के लक्षण दिखाई पड़ने लगे। मांसपेशियाँ भी चौड़ी हो चलीं। अब राम गुरुकुल के एक साधारण बालक न रह एक बलिष्ठ योद्धा दिखने लगे थे। अब उनका शरीर दुश्मन को भय देता था, अखाड़े और कुश्ती में लोग राम का सामना करने से डरने लगे। अब महर्षि राम को एक संभावना के रूप में देखने लगे, कुछ वर्ष पूर्व तक वे उस संभावना के आस-पास भी न थे। महर्षि ने राम के विषय में इसे भी एक संकेत माना कि राम भी रक्षक हो सकते हैं।

12

महान् प्रतियोगिता और रक्षक की खोज

समय बीतता गया

आखिरकार वह समय आ ही गया, जब गुरुकुल की वह प्रतियोगिता आरंभ होनी थी। तैयारियाँ बेहद भव्यता के साथ हो रही थीं। एक बार फिर तीनों महर्षियों का मिलन होना था। आस-पड़ोस तथा गुरुकुल के शिष्यों के माध्यम से जुड़े सभी संबंधित राजा-गणों को आमंत्रित किया गया था। एक तरह से वहाँ पूरे भारतवर्ष के राजा-महाराजा सम्मिलित होनेवाले थे। भारतवर्ष के सभी अलग-अलग गुरुकुलों के शिष्य इसमें भाग लेने वहाँ पहुँच चुके थे। गुरुकुल के किनारे की जमीन को और साफ-सुथराकर गुरुकुल का इलाका काफी बढ़ा लिया गया था। अब दोनों के रूप में कुटियों का झुंड बना, ऐसे बारह झुंड बनाए गए और प्रत्येक झुंड में छह से आठ कुटिया बनाई गईं। ये बारहों झुंड भारतवर्ष में फैले अलग-अलग गुरुकुलों का प्रतिनिधित्व करते थे।

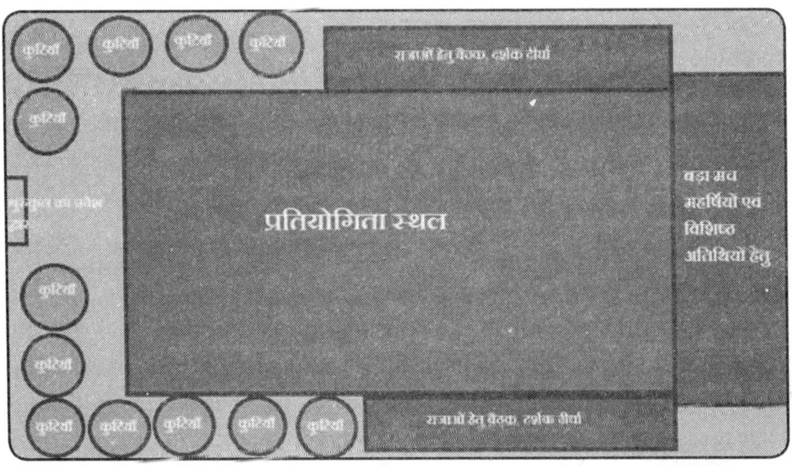

इन झुंडों के ठीक सामने की ओर प्रतियोगिता का बड़ा मैदान बनाया गया और उसके किनारे ऊँची-ऊँची बैठक बनाई गई और एक सबसे ऊँची बैठक बनाई गई। जहाँ तीनों महर्षि और भारतवर्ष के तत्कालीन सबसे ताकतवर सम्राट् अर्थात् राजा दशरथ बैठते। इस प्रकार पूरे गुरुकुल को प्रतियोगिता स्थल में बदला गया।

प्रतियोगिता में केवल कुछ प्रमुख अस्त्र-शस्त्र को ज्ञानों के परीक्षण हेतु निश्चित किया गया, जिनमें कुश्ती और धनुर्विद्या को ही स्थान दिया गया। धनुर्विद्या के कुछ चरण थे और इनके पश्चात् सबसे आखिर में बुद्धिपरीक्षण हेतु वेद ज्ञान की परीक्षा निश्चित की गई। परीक्षा के लिए केवल वही विषय निर्धारित किए गए, जो कि एक रक्षक के लिए अनिवार्य थे।

13

रक्षक का सामने आना

आखिरकार वह शुभ दिन, वह शुभ घड़ी आ ही गई, जिसका इंतजार हर कोई बेहद बेचैनी से कर रहा था। संपूर्ण विश्व और भारतवर्ष की जिंदगी के साथ-ही-साथ कौशल प्रांत और राजा दशरथ का जीवन भी दाँव पर लगा था। राजा दशरथ राम की चिंता में दुबले हो गए थे। वे अब और भी वृद्ध लग रहे थे और तभी जब राम अयोध्या गए थे, तब से लगातार बीमार चले आ रहे थे। वे राजवैद्य की कोई भी औषधि लेने को तैयार न थे। वे अयोध्या में उस राजतिलक के दिन को देखना नहीं चाहते थे, जब एक बड़ा भाई केवल शस्त्र की अयोग्यता के कारण, छोटे को राजसिंहासन सौंपे, इसलिए यदि राम इस प्रतियोगिता में भरत से कम अंक पाते हैं, तो वे स्वेच्छा से प्राण त्यागने का मन में ठान चुके थे, तो दूसरी तरफ सभी ऋषि-मुनि और महर्षि अपने उस रक्षक की एक झलक की अभिलाषा को बेचैन थे, जो आगामी तूफान से विश्व और भारतवर्ष की रक्षा करेगा। इस प्रतियोगिता का एक नियम था कि कोई भी बालक इस प्रतियोगिता के पूर्ण होने तक न ही अपने घरवालों से मिल सकता था और न ही किन्हीं बाहरवालों से। वह केवल अपने गुरुओं की ही देखरेख में रहेगा। नदी के किनारे यह वन, अब वह इतिहास लिखने जा रहा था, जो सरयू नदी को सदैव के लिए इतिहास में अमर कर देने वाला था। प्रत्येक गुरुकुल ने अपने-अपने गुरुकुल से औसतन छह से आठ शिष्यों के नाम प्रतियोगिता में दिए। गुरु वसिष्ठ ने भी अपने गुरुकुल से राम और उनके तीनों भाइयों सहित कुल सात शिष्यों के नाम शामिल किए थे।

सभी राजागण, महर्षि, ऋषि-मुनि बैठ चुके थे। नगाड़ों की आवाज से जंगल गूँज रहा था। राजा दशरथ बेचैनी से अपने चारों पुत्रों को देखने के लिए बेताब थे। सबसे पहले प्रतियोगिता कुश्ती की होनी थी।

आखिरकार घंटा बजा दिया गया। पहली प्रतियोगिता दो अन्य गुरुकुलों के बीच

होनी थी, उसके बाद शत्रुघ्न का मुकाबला रखा गया था। फिर कई कुश्तियों के बाद लक्ष्मण और फिर भरत और सबसे आखिर में राम का मुकाबला था। यह सूचना सभी गुरुकुलों में भिजवा दी गई थी। सभी प्रतिभागियों नाम पुकारे जाने तक अपनी कुटिया में इंतजार करना था।

प्रतियोगिता चलती रही, क्रमशः शत्रुघ्न और लक्ष्मण अपनी-अपनी कुश्तियाँ जीत गए और इन सबके बीच ऋषि अगस्त्य के गुरुकुल का शिष्य श्रमण्यकुश छाया रहा। सभी उसकी प्रशंसा के पुल बाँध रहे थे। वह अत्यंत बलशाली और बुद्धिमान था। उसने अपने सामने के प्रतिद्वंद्वी को पलक झपकते ही धूल चटा दी थी, किंतु शत्रुघ्न और लक्ष्मण औसत रहे। अब बारी भरत की आनेवाली थी।

इधर लक्ष्मण ने प्रतियोगिता स्थल से अपनी जीत और अनुभव के बारे में बताने के लिए जल्दी से उस कुटिया की ओर दौड़ लगाई, जहाँ राम अपनी बारी की प्रतीक्षा कर रहे थे, किंतु जैसे ही लक्ष्मण कुटिया में पहुँचे, राम वहाँ नहीं थे। लक्ष्मण ने दिमाग पर जोर डाला और समझ गए कि राम कहाँ होंगे। लक्ष्मण ने फौरन सरयू नदी के तट की ओर दौड़ लगा थी। लक्ष्मण को दूर तट के किनारे एक पत्थर पर राम बैठे दिखाई दिए। जो लगातार नदी के शांत पानी में कंकड़ फेंक रहे थे, जो न केवल नदी में अशांति उत्पन्न कर रहा था, बल्कि वह राम के आंतरिक मानोभावों को भी दरशा रहा था।

"भइया! (लक्ष्मण ने दूर से राम बुलाते उनकी तरफ दौड़ लगाई।)...आपका छोटा भाई जीत गया।" लक्ष्मण उनकी तरफ दौड़ते रहे, राम उनको देख उठ खड़े हुए और वह वाक्य सुन लक्ष्मण की ओर कुछ कदम आगे बढ़ उनको गले लगा लिया।

"बधाई हो मेरे भाई।" राम नम आँखों से लक्ष्मण को गले लगाते हुए बोले।

"भइया आप रो रहे हैं?" लक्ष्मण ने चिंतित स्वर में पूछा।

"ये खुशी के आँसू हैं, मेरे प्यारे छोटे भाई। मुझे तुम पर पूर्ण विश्वास था।" राम ने अपने आँसू पोंछते हुए कहा।

"भइया!" कहकर लक्ष्मण एक बार फिर राम से लिपट गए और पुनः बोले—

"भइया आप यहाँ क्या कर रहे हैं? आपकी बारी आनेवाली है। भरत भइया की संभवतः आ चुकी होगी।" यह सुन राम एक बार फिर उसी पत्थर पर जाकर बैठ गए और पानी में कंकड़ मारते हुए बोले—

"लक्ष्मण मैं एक बार पिताश्री को निराश कर चुका हूँ और दोबारा करने की कल्पना से काँप उठता हूँ। सोचता हूँ कि यदि मैं असफल रहा तो संभवतः पिताश्री यह सहन नहीं कर पाएँगे।" राम ने अपना दुःख स्पष्ट किया।

"भइया आप ऐसा क्यों सोचते हैं? आपसे ज्यादा प्रगति इस गुरुकुल का कोई अन्य शिष्य नहीं कर पाया है। यह बात तो स्वयं गुरुदेव ने भी कहा है, फिर आप क्यों

व्यर्थ चिंता करते है ?'' लक्ष्मण ने राम को साहस देते कहा।

''पता नहीं यह प्रगति कितनी लायक है। हालाँकि मैं जानता हूँ कि मैं यह प्रतियोगिता जीत सकता हूँ, किंतु फिर भी पिताश्री के सामने जाने की कल्पना से भी मुझे भय लग रहा है। मेरे हृदय की गति बढ़ती जा रही है। न जाने क्यों ऐसा हो रहा है।''

''भइया आपकी चिंता जायज है, क्योंकि पिताश्री को सबसे ज्यादा उम्मीदें आपसे ही हैं, किंतु आपके लिए तो यह एक सुअवसर है, सबको बताने का कि आप कौन हैं।''

''हम्म···(कुछ सोचते हुए राम बोले) लक्ष्मण तुम चलो, बस मैं आता हूँ। अब मैं बिल्कुल ठीक हूँ।'' राम थोड़ा उत्साह दिखाते हुए बोले। लक्ष्मण को लगा कि राम शायद कुछ संबल पा गए। अत: वे खुशी-खुशी वहाँ से चल पड़े और आदतन कुछ दूर जाकर एक पेड़ के पास खड़े हो गए। लक्ष्मण के जाने के थोड़ी देर बाद राम ने पलटकर देखा और बोले—

''मुझे पता है, बिना मुझे लिये, लक्ष्मण उस पेड़ से हिलनेवाला नहीं है। मेरा प्यारा भाई।'' यह कहकर मुसकरा दिए, किंतु क्षण भर में फिर से उस चंचल पानी की ओर देख गंभीर हो उठे, जो उनके कंकड़ मारने से अशांत हो रहा था—

''क्यों मुझे इतनी घबराहट हो रही है ? जबकि मैं जानता हूँ कि अब मैं प्रतियोगिता जीतने के काबिल हूँ। क्यों, क्यों···मुझे पिताश्री के सामने जाने से इतना डर लग रहा है ? हे ईश्वर मेरी मदद कीजिए।'' राम अपना अंतर्मन लक्ष्मण से तो छुपा गए, किंतु स्वयं से नहीं।

इधर भरत ने बेहद शानदार तरीके से अपने प्रतिद्वंद्वी को परास्त किया। अब लोगों की जुबान पर भरत का नाम था। दशरथ बेहद उत्साहित और खुश हुए, किंतु अगले ही पल राम का खयाल आया तो वे पुन: दु:ख की पीड़ा में डूब गए और मन में बोले, ''मेरे पुत्र राम, आज मुझे निराश मत करना, वरना यह आखिरी बार होगा, फिर तुम अपने पिताश्री को कभी न देख सकोगे।'' दशरथ की पीड़ा आँखों में आँसू बनकर आई।

इधर राम की आँखें पानी में कुछ देख चौड़ी हो गईं। राम का पानी में कंकड़ मारना पानी को अशांत कर रहा था। इसी दृश्य को देख राम के मन में एक विचार आया, *'जिस प्रकार लगातार कंकड़ मारने से यह पानी अशांत हो गया, उसी प्रकार मेरा*

भी अंतर्मन लगातार विचारनुमा कंकड़ की चोट से अशांत हो उठा है और जिस प्रकार यह अशांत पानी कंकड़ की चोट की प्रतिक्रिया स्वरूप छोटी लहरों क. उत्पन्न कर रहा है, उसी प्रकार मेरे अंतर्मन में लगातार विचारों के चोट से भय और संदेह उत्पन्न कर रहा है।'

"हे ईश्वर! धन्यवाद, यह कितना आसान है। बस मुझे अपने विचारों के प्रवाह को रोक अपने अंतर्मन को शांत करना है। भयनुमा लहरें स्वतः ही शांत हो जाएँगी।" यह सोच राम ने अपने विचारों को एक झटके में झिड़ककर एक गहरी साँस लेते हुए आँखों को बंद किया और जब उनकी आँखें खुलीं, तो उनमें एक अद्‌भुत चमक थी और राम किसी विजेता की भाँति खड़े हुए और लक्ष्मण की ओर चल पड़े। किसी ने कल्पना तक नहीं की थी कि वे किसे और क्या देखनेवाले थे।

इसके बाद तो राम पूरे प्रतियोगिता स्थल में हलचल मचा देते हैं। उनके समाने कोई प्रतिद्वंद्वी नहीं टिक पाया। धनुर्विद्या में भी राम ऐसा प्रदर्शन करते हैं कि देखनेवालों को अपनी आँखों पर विश्वास नहीं होता। राम धनुर्विद्या में अपने लक्ष्य पर अपने पहली तीर के साथ, लगातर अपने ही बाणों को भेदते, उसके सूराख में कई तीर मार देते हैं, ऐसा असाधारण प्रदर्शन देख सबके होश उड़ जाते। सब हैरान और चकित हो जाते। राम के आकर्षण ने उन्हें मंत्र-मुग्ध कर दिया और गुरुकुल का संपूर्ण वातावरण राममय हो गया। राजा दशरथ को तो अपनी आँखों पर भरोसा नहीं हो पा रहा था। जब उन्होंने पहली बार राम को देखा तो पहचान ही नहीं पाए, कि यह वहीं डेढ़ वर्ष पूर्व का दुबला-पतला बालक राम है, जो अब अत्यंत शक्तिशाली भीमकाय शरीर का मालिक था। उस समय तो वे अपने पद की गरिमा भूल, उत्साह और खुशी से गद्‌दी से उछल पड़े थे। जब महर्षियों ने उन्हें घूरा, तब वे स्वयं को संयमित कर पाए।

अब राजा दशरथ स्वयं को पहले से ज्यादा स्वस्थ और ताकतवर महसूस कर रहे थे। उनके चेहरे की रौनक लौट आई। सभी प्रतियोगी मुकाबलों में श्रमण्यकुश भरत को और राम सेनध्वज को परास्तकर आखिरी चरणों में भिड़े, किंतु श्रमण्यकुश राम के आस-पास भी न टिक सका, ऐसा प्रतीत हो रहा था, वहाँ रामनाम के तूफान में हर एक चीज उड़ गई। अंतिम वेद ज्ञान में तो राम पहले ही सर्वोत्तम थे, अतः औपचारिकता में भी राम ने एकतरफा बाजी मारी और वहाँ मौजूद सभी राजा, ऋषियों-मुनियों और तीनों महर्षियों की सर्वसम्मति से भारत वर्ष के श्रेष्ठ नायक चुने जाते हैं और उसी वक्त ऋषियों-मुनियों और महर्षियों ने एक-दूसरे को बधाई दी। अब उनका रक्षक उनके सामने था, 'राम के रूप में।'

अब राम को आगे के तंत्र और मंत्र ज्ञान की शिक्षा हेतु महर्षि विश्वामित्र के साथ जाना था। उनकी यह शिक्षा कुल दो वर्ष चलनेवाली थी। राम को विश्राम हेतु कुछ दिन के लिए अयोध्या छोड़ दिया गया। जहाँ कुछ समय के उपरांत महर्षि विश्वामित्र उनको अपने साथ तंत्र ज्ञान की शिक्षा के लिए ले जाने हेतु आते। राजा दशरथ ने भी तय कर लिया कि इस दो वर्ष की शिक्षा के बाद वे राम को कौशल प्रांत का सम्राट् घोषित कर देंगे। सबकुछ अच्छा हो चला। चारों भाई खुशी-खुशी, राम को मिले विश्राम के समय का आनंद उठाने लगे। वे पूरे दिन साथ-साथ भ्रमण करते, अभ्यास करते, माताओं का स्नेह प्राप्त करते। राम की चर्चा तो अब पूरे भारतवर्ष में होने लगी।

रानी कैकेयी का कक्ष, अयोध्या

"आपने बहुत बड़ी भूल कर दी। देखा आपने, राम ने वह प्रतियोगिता जीत ली।" मुँह बनाते हुए मंथरा ने कहा।

"इसमें मेरी क्या भूल है? वैसे यह अच्छा ही हुआ न कि राम ने अपने अंदर अवश्यंभावी सुधार करते हुए प्रतियोगिता जीत ली।" रानी कैकेयी ने खुश होते हुए कहा।

"च...च...च...कितनी भोली हैं। महारानी कुछ अच्छा नहीं हुआ। सबने मिलकर भरत के खिलाफ षड्यंत्र किया। राम को जिताने में और दुर्भाग्यपूर्ण कि उस निर्दोष मासूम भरत की माँ भी अपने पुत्र को हराने के षड्यंत्र में शामिल है।"

"तुम फिर से शुरू हो गई? मैं कितनी बार कह चुकी हूँ कि मुझे महारानी मत बुलाया करो, सुनती ही नहीं हो तुम और यह क्या अनाप-शनाप बक रही हो, कैसा षड्यंत्र? कोई षड्यंत्र नहीं हुआ है भरत के साथ।" कैकेयी को अब क्रोध आने लगा।

"नहीं महारानी! मैंने स्वयं अपने कानों से महाराज को महर्षि वशिष्ठ से राम को अलग तौर पर प्रशिक्षण देने और विजेता बनाने का आग्रह करते सुना था।"

"यह क्या बकवास है? ऐसा असंभव है कि महाराज ने षड्यंत्र किया हो।" कैकेयी झुँझलाती हुई बोली।

"नहीं महारानी यह सत्य है। महर्षि ने उस वक्त तो मना कर दिया था, किंतु निश्चय ही उनमें बाद में कुछ साँठ-गाँठ हुई है, तभी तो राम एकदम से बदल गया। वरना आप ही सोचिए क्या एक दुबला-पतला लड़का इतनी जल्दी डेढ़ वर्ष में मांसल शरीर का हो सकता है?"

"इसमें कौन सी बड़ी बात है? डेढ़ वर्ष एक लंबा समय होता है। महारानी आप बेहद सीधी हैं, इसी का फायदा वह रानी कौशल्या उठा रही है। चालाकी से अपने अयोग्य बेटे को राजसिंहासन दिलवा देगी।"

''मंथरा ध्यान रहे! वे महारानी हैं और साथ में मेरी बड़ी बहन भी। अब अगर तुमने उनके विषय में एक लफ्ज भी बोला तो मैं तुम्हें कैकेय भेजने का प्रबंध कर दूँगी।'' कैकेयी गुस्से में बोलीं।

''ठीक है! नहीं बोलती मैं कुछ उनके बारे में गलत, किंतु ऐसी कई जड़ी-बूटियाँ हैं, जो इन्सान की ताकत को बढ़ा देती हैं। मेरा संदेह है कि राम को राजगद्दी सौंपने हेतु उन्हें इसका अनधिकृत सेवन करवाया गया है और आप इस बात को महाराज से भी पूछ सकती हैं कि उन्होंने इस विषय में महर्षि से मदद माँगी थी कि नहीं?''

''ठीक है, मैं पूछूँगी! किंतु तुम केवल वही करो, जो तुम्हारा कर्तव्य है।''

''मेरा कर्तव्य मुझे भलीभाँति ज्ञात है महारानी! कैकेय और आपकी सेवा करना और साथ ही आप दोनों के सम्मान की वृद्धि के लिए हरसंभव प्रयास करना। मुझे दुःख हुआ कि जब ईश्वर ने स्वयं हमारे कैकेय साम्राज्य और आपका गौरव बढ़ाना चाहा, तो आपने स्वयं उसे ठुकरा दिया।'' दुखी होती हुई मंथरा बोली।

''मैं जानती हूँ मंथरा, किंतु अब हमारा साम्राज्य अयोध्या है।''

''शायद आप भूल गईं महारानी कि इसी राजा दशरथ ने आपके पिता को रणक्षेत्र में घुटनों के बल बैठाया था और तब आपके पिता ने अपने आत्मसम्मान की रक्षा हेतु आपका ब्याह राजा दशरथ के साथ किया था।''

''मुझे याद है, किंतु ताकतवर, योग्य विजेता के सामने हर कोई घुटने टेकता है और वह उचित अधिकार भी प्राप्त करता है।''

''अच्छा! तो फिर योग्य भरत के मामले में इतना अन्याय क्यों? आप विचार करिए। मुझे आज्ञा दीजिए।'' कहकर मंथरा लँगड़ाती हुई कमरे से बाहर चली गई और कैकेयी शब्द की चोट से घायल कराहती सोच में पड़ गई। वह कहावत है न कि *''इन्सान के मस्तिष्क को जो भी विचार लगातार प्रदान किए जाएँ, वह उनसे प्रभावित हो ही जाता है। फिर वे चाहे विचार सकारात्मक हों या नकारात्मक।''*

दूसरे दिन जब रानी कैकेयी और राजा दशरथ एकांत में मिले, तब रानी ने पूछा—

''महाराज मैं आपसे कुछ पूछने की आज्ञा चाहती हूँ।''

''आपको तो सदैव आज्ञा है प्रिये। पूछिए क्या पूछना चाहती हैं।''

''स्वामी क्या आपने अपना कोई कर्तव्य पूर्ण नहीं किया था राम के निर्माण में?''

''क्या मतलब प्रिये?'' बात को न समझ राजा दशरथ ने पूछा।

''आपको कम-से-कम महर्षि से राम को और विशिष्ट और विजेता बनाने हेतु एक बार तो आग्रह करना चाहिए था न, जाने किन मुश्किलों का सामना कर राम ने इतने

कम समय में यह सब सीखा होगा?''

''हाँ वह तो है प्रिये! वाकई राम के लिए बीता डेढ़ वर्ष का यह समय अत्यंत कष्टकारी रहा होगा, किंतु मैंने भी अपनी तरफ से प्रयास किया था। मैंने महर्षि से राम के विषय में···।'' राजा दशरथ की बात बीच में काटते हुए रानी कैकेयी बोली—

''क्षमा करें स्वामी! किंतु मैं पूरी बात समझ गई। यह आपने बेहद उचित कार्य किया था।'' यह सुन दशरथ मुसकरा दिए, किंतु महारानी अंदर से नकारात्मक विचारों में डूब गईं।

आखिरकार राम का विश्राम खत्म हो ही गया। उन्हें तंत्र और मंत्र ज्ञान की शिक्षा देने हेतु महर्षि विश्वामित्र अपने मंडली सहित उन्हें लेने गए। सबकुछ सुचारुपूर्ण ढंग से चल रहा था, किंतु तभी एक आश्चर्यजनक घटना घटी, जिसके घटने का अनुमान केवल चारों भाइयों और पिता दशरथ को ही था। महर्षि विश्वामित्र आश्चर्यचकित रह गए, जब उन्होंने लक्ष्मण को अपने चरणों में लिपटे हुए पाया।

''वत्स क्या हुआ? चरण छोड़ो और खड़े हो जाओ। महर्षि ने आश्चर्यचकित होते हुए पूछा।

''नहीं महर्षि! यह केवल तभी संभव है, जब आप राम भइया को ले जाने की अपनी योजना त्याग दें। आप उन्हें यहीं क्यों नहीं सिखाते? लक्ष्मण ने रुँधे गले से कहा और महर्षि के पैरों पर अपनी पकड़ मजबूत कर दी।

''यह क्या कह रहे हो वत्स! यह संभव नहीं। तुम्हारा भाई भारतवर्ष के साथ-साथ विश्व का रक्षक भी चुना गया है। क्या तुम नहीं चाहते कि वह कम-से-कम इतनी शिक्षा ग्रहण कर ले कि उस दुष्ट रावण को हरा सके?'' महर्षि ने लक्ष्मण को किसी छोटे बच्चे की भाँति समझाया।

''पूरे दिलोजान से, किंतु उसके लिए इतनी दूर जाने की आवश्यकता क्या है, वह शिक्षा तो यहाँ भी पूरी की जा सकती है?'' लक्ष्मण अधीर होते हुए बोले।

''वह तंत्र ज्ञान सीखने जा रहा है, तुम्हें मालूम है तंत्रज्ञान कितना शक्तिशाली होता है, चूँकि राम के लिए वह विद्या नई होगी, अत: राम उसको सीखने में कुछ-न-कुछ गलती अवश्य करेंगे और एक छोटी भूल पूरे अयोध्या को खाक कर सकती है। अत: पुत्र राम का जाना आवश्यक है। हमें जाने दो, चरण छोड़ो।''

''नहीं किसी कीमत पर नहीं, मैं राम भइया से अलग होकर जिंदा नहीं रह सकता। आप अपनी तंत्र विद्या की शक्ति से मुझे भस्म कर दीजिए और भइया को लेकर जाइए।''

"दशरथ···!" महर्षि विश्वामित्र क्रोध में राजा दशरथ की ओर देखकर चीखे, जो भावशून्य हो लक्ष्मण को देख रहे थे।

"क्षमा करें महर्षि! किंतु यह अत्यंत जिद्दी और क्रोधी है। चूँकि अब अट्ठारह वर्ष का भी हो गया है, अतः इसे बलपूर्वक भी नहीं हटा सकते। इसके हटाने का यही उपाय है कि या तो इसे खत्म कर दीजिए या फिर राम की शिक्षा की व्यवस्था यहीं कीजिए।" राजा दशरथ ने बात को स्पष्ट किया। उनकी स्वयं की भी इच्छा थी कि राम न जाते तो ज्यादा अच्छा था और वैसे भी वे लक्ष्मण को भी भलीभाँति जानते थे।

"क्या पागलपन है यह, लक्ष्मण तुम बड़े हो चुके हो।" झल्लाते हुए महर्षि विश्वामित्र ने कहा। बेबस मूर्ति बन खड़े महर्षि विश्वामित्र ने हारकर महर्षि वसिष्ठ की तरफ एक उम्मीद से देखा कि शायद अब वे कुछ करें, किंतु महर्षि वसिष्ठ यह सब देख मंद-मंद मुसकरा रहे थे और उसी भाव में उन्होंने अपने कंधे कुछ न कहने के अंदाज में उचकाए, अर्थात् अब जो भी करना था, महर्षि विश्वामित्र को ही करना था। महर्षि विश्वामित्र क्रोध से लाल-पीले होने लगे। तभी उन्होंने स्वयं एक युक्ति तलाशने हेतु अपनी आँखों को बंदकर ध्यान का सहारा लिया। सभी लोग महर्षि को आँखें बंद किए देखने लगे कि अब महर्षि क्या करनेवाले हैं। महर्षि वसिष्ठ सचेत हो कुछ कदम बढ़ा सावधानीपूर्वक आगे आ गए कि यदि क्रोध वश महर्षि विश्वामित्र सचमुच लक्ष्मण को हानि पहुँचाने की चेष्टा करें तो उन्हें रोका जा सके। इधर अन्य तीनों भाइयों, दशरथ और तीनों रानियों की आँखें फैल गईं कि अब आगे क्या होगा, जब महर्षि की आँख खुलेगी। तभी महर्षि ने एक झटके में अपनी आँखें खोलीं और लक्ष्मण की ओर देखकर बोले—

"वत्स हमारे पास एक और विकल्प भी है। क्यों न तुम भी अपने जान से भी प्यारे भइया के साथ चलते?" यह वाक्य सुनते ही लक्ष्मण की पकड़ ढीली पड़ गई, साथ ही वहाँ उपस्थित सभी लोगों ने एक गहरी संतोष भरी साँस ली।

"क्या यह मुमकिन है महर्षि?" लक्ष्मण ने अभी भी किसी टाल-मटोल की संभावना से ऊपर महर्षि की ओर देखते उनके पैरों के इर्द-गिर्द अपने हाथ जमाए रखे, ताकि किसी नकारात्मक उत्तर के बदले उसे वापस करा जा सकें।

"हाँ पुत्र, जाओ और जाकर चलने की तुरंत तैयारी करो।" यह सुनते ही लक्ष्मण की जान-में-जान आई और वे महर्षि के चरणों का वंदनकर उठकर राम से जाकर लिपट गए। राम ने स्नेह से उन्हें गले लगा लिया। लक्ष्मण ने अपनी माताओं की तरफ देखा, ताकि उनका भी सामान बाँधा जा सके, तब महारानी कौशल्या ने एक सेविका को इशारा किया कि लक्ष्मण की जरूरत का सभी सामान बाँधकर लाए जाएँ। सबके चेहरे पर मुसकराहट विद्यमान थी। इधर यह सब देख महर्षि वसिष्ठ मुसकराते हुए महर्षि विश्वामित्र के करीब गए।

''महर्षि वाकई आपने कमाल की युक्ति सोची है।'' महर्षि वसिष्ठ बोले।

''धन्यवाद महर्षि, किंतु आप भी मदद कर सकते थे।'' महर्षि विश्वामित्र ने व्यंग्य किया।

''मैं देखना चाहता था कि आपने अपने क्रोध को काबूकर, ताकत की जगह बुद्धि का इस्तेमाल करना सीखा या नहीं।''

''अच्छा तो यह बात थी।''

''हाँ! पर मुझे खुशी हुई यह देखकर कि आपने अपने क्रोध पर संयम रख, विवेक का इस्तेमाल करना सीख लिया, वरना राम के साथ मैं भी चलता, नहीं तो राम के तंत्रज्ञान सीखने में खतरा कई गुना बढ़ा रहता, जो स्वयं राम के लिए बेहद घातक होता।''

''महर्षि यदि इन सबके बावजूद आप साथ चलना चाहें, तो मुझे बेहद खुशी होगी।'' महर्षि विश्वामित्र ने हर्षित भाव से कहा।

''नहीं महर्षि! यदि इस बीच आक्रमण हो तो मैं नहीं चाहता कि इतने नजदीक पहुँचकर भी राम की शिक्षा और शक्ति अधूरी रह जाए। यदि हमने अपने रक्षक का इंतजार इतने वर्षों तक किया, तो हमें कुछ वर्ष और इंतजार व त्याग करना चाहिए और इसके लिए मैं अपनी बुद्धि का प्रयोगकर, यहाँ रहकर रावण को कुछ समय के लिए बहका तो सकता ही हूँ, ताकि राम को, अर्थात् हमारे रक्षक को कुछ और समय मिल सके और मुझे आप पर पूरा भरोसा है।'' यह सुनकर महर्षि विश्वामित्र ने प्रसन्नचित्त हो महर्षि वसिष्ठ का अभिवादन किया और बोले—

''किंतु महर्षि मैं आपको एक बात बताना चाहता हूँ। अभी मैं सीधा अपने आश्रम जाने की बजाय, सुंदरवन स्थित ऋषि अगस्त्य के आश्रम जाऊँगा। वहाँ एक ताड़का नाम की आसुरी महिला ने आतंक मचा रखा है, मैं राम की वहाँ परीक्षा भी लेना चाहता हूँ कि राम छद्म युद्ध की बजाय असली युद्ध में किस प्रकार अपनी शक्ति का, अपने ज्ञान का प्रदर्शन करता है। हाँ, यदि राम असहाय हुआ तो मैं उन असुरों के खिलाफ तंत्रविद्या का इस्तेमाल कर उन्हें परास्त कर दूँगा, किंतु तब तक यह बात किसी को मालूम न पड़े। मैं चाहता हूँ, राम अपने कौशल का पूर्ण प्रदर्शन करे, ताकि उसको भलीभाँति परख सकूँ।'' महर्षि विश्वामित्र ने अपनी योजना स्पष्ट की।

''हम्म! यह अच्छा विचार है, किंतु इसकी जानकारी राजा दशरथ को अवश्य होनी चाहिए। आइए उन्हें इसकी सूचना देते हैं।'' कहकर महर्षि वसिष्ठ राजा दशरथ की ओर पलटे। उनके पीछे महर्षि विश्वामित्र भी चले।

''किंतु गुरुदेव ये दोनों अभी मात्र अट्ठारह वर्ष के हैं और अभी इनकी शिक्षा भी पूरी नहीं हुई है।'' राजा दशरथ चिंतित हो बोले।

''दोनों नहीं वत्स, केवल राम ही युद्ध करेगा, लक्ष्मण केवल साथ रहेगा।'' महर्षि वसिष्ठ ने कहा।

''किंतु गुरुदेव।'' ''आप निश्चिंत रहे राजन और अपने पुत्र पर भरोसा करें।'' महर्षि विश्वामित्र ने कहा।

''क्या आप निश्चिंत हैं गुरुदेव कि राम इस असली युद्ध के लिए तैयार हैं, और वह भी अकेला?'' राजा दशरथ ने महर्षि वसिष्ठ की ओर मुड़कर पूछा।

''हाँ वत्स! मुझे पूरा यकीन है और तुम्हें भी होना चाहिए, क्योंकि राम की नियति में उसे महान् बनना लिखा है और महानता सदैव परीक्षाओं में खरा उतरने वाले को ही प्राप्त होती है और जहाँ तक मेरा ज्ञान कहता है, राम अपने पूरे जीवन परीक्षाएँ देता रहेगा और उनमें सफल भी होगा।'' महर्षि वसिष्ठ ने कहा।

''ठीक है गुरुदेव! आप कभी गलत नहीं हो सकते, किंतु मैं एक बार राम की माताओं को भी सूचित करना चाहूँगा।''

''हाँ! हाँ! क्यों नहीं अवश्य'' महर्षि वसिष्ठ ने कहा। राजा दशरथ अपनी रानियों की ओर गए और उन्हें इस नई योजना के बारे में बताया। उन्हें राम की माताओं को समझाने में थोड़ा वक्त लगा, किंतु जल्द ही सबने अपनी सहमति दे दी। राम यह सब देख सोच में पड़ गए कि आखिर क्या बात हो गई, जो पिताश्री और माताश्री को इतना विचार-विमर्श करना पड़ रहा है।

''तैयारियाँ पूरी हुईं'' और सबसे विदा हो राम-लक्ष्मण निकल पड़े महर्षि विश्वामित्र के साथ अपनी नई मंजिल, तंत्र और मंत्र शक्ति का ज्ञान पाने। राम की नजरों से ओझल होने तक सबकी निगाहें राम पर टिकी रहीं, जो कुछ न कहते हुए भी बहुत कुछ कह रही थीं।

14

रक्षक की परीक्षा-1

अयोध्या से दूर दक्षिण-पूर्व में सुंदरवन, सुंदरवन अयोध्या से दक्षिण-पूर्वी भाग में नीचे की तरफ एक छोटा वन था, जो भारतभूमि की महान् गंगा और ब्रह्मपुत्र नदी के संगम स्थल पर निर्मित बड़े सुंदरवन की ही भाँति था।

महर्षि विश्वामित्र, राम-लक्ष्मण को साथ ले ऋषि अगस्त्य के आश्रम पहुँच चुके थे। ऋषि अगस्त्य ने उनका स्वागतकर बताया कि अभी बीती रात ताड़का ने अपनी सेना सहित आक्रमण कर आश्रम के एक मुनि को मार डाला। यह सुन महर्षि विश्वामित्र ने राम को आदेश दिया कि वे लक्ष्मण संग वन के अंदर जाएँ और ताड़का को उसके सैन्य समेत दंड दें और यदि मुनि जीवित हों तो उन्हें वापस लाएँ। राम जैसे ही जाने को हुए, वैसे ही ऋषि अगस्त्य ने उनसे कहा—

''वत्स ध्यान रहे कि वह बेहद ताकतवर और छुपकर वार करने में माहिर है।''

''जी! मैं ध्यान रखूँगा।'' राम ने प्रतिउत्तर दिया। राम लक्ष्मण को लेकर वन के अंदर ताड़का को ढूँढ़ने निकल पड़े। राम जैसे नवयुवक को वन में अंदर जाते देख ऋषि अगस्त्य ने अविश्वास से महर्षि विश्वामित्र से पूछा—

''आपको विश्वास है कि राम, जो कि रक्षक नियुक्त हुए हैं, वे अभी इस लायक हैं कि उस खतरनाक असर स्त्री का सामना कर सकें?''

''यही तो पता करना है कि राम कितने योग्य हैं।'' कहकर महर्षि विश्वामित्र ने अपने एक सेवक को इशारा किया और उसके साथ गुपचुप तरीके से राम के पीछे वन में अंदर की ओर प्रविष्ट कर गए।

''भइया! महर्षि विश्वामित्र तो आपको तंत्रविद्या का प्रशिक्षण देनेवाले थे न, तो

फिर एक आसुरी स्त्री से सीधा युद्ध करने क्यों भेज दिया?'' लक्ष्मण ने शंकित भाव से राम से पूछा।

''मुझे जहाँ तक लगता है कि वे मेरी परीक्षा लेना चाहते हैं, एक वास्तविक युद्ध से।'' राम ने सोचकर जवाब देते हुए कहा।

''कहीं यह परीक्षा हम पर भारी न पड़ जाए।'' लक्ष्मण ने मजाकिया लहजे में कहा।

''हाँ···हाँ···हाँ···नहीं लक्ष्मण! यह भारी नहीं पड़ेगा, यदि ऐसा होता तो महर्षि हमें भेजते ही नहीं। खैर, अब हम वन में काफी अंदर आ चुके हैं, तो अब हमें सावधान हो जाना चाहिए।'' राम ने वन में अंदर अंधकार के बढ़ते प्रभाव को देखते हुए कहा। दोनों भाई सचेत हो आगे बढ़ने लगे और पीछे महर्षि विश्वामित्र उन दोनों का छिपकर सावधानी से पीछा करते चल रहे थे। चलते-चलते महर्षि एकदम ठिठके और सेवक को रुकने का इशारा किया। इस पर सेवक ने धीमे से फुसफुसाते हुए पूछा—

''क्या हुआ स्वामी?''

''उफ्फ यह गलत हो गया, राम उनसे चारों ओर से घिर चुका है। राम को अब तक अंदाजा लगा लेना था।'' महर्षि फुसफुसाते हुए बोले। तभी महर्षि विश्वामित्र के आगे से एक काला साया गुजरा, जो राम को घेर रहा था। महर्षि अपने दिमाग को तेजी से चलाने लगे कि क्या किया जाए, क्योंकि राम पर किसी भी वक्त प्राण घातक हमला हो सकता था। महर्षि ने अपने मन में सोचा कि क्या राम, मेरे द्वारा ली जा रही अपनी पहली परीक्षा में फेल हो चुका है या मुझे उसे कुछ और वक्त देना चाहिए, किंतु कहीं देर न हो जाए?

इधर राम लगातार उस वन में उल्लुओं की गूँजती आवाज पर ध्यान देते चल रहे थे कि तभी उन्हें लगा कि कुछ देर से यह आवाज कुछ बदली हुई सी लग रही है। तभी लक्ष्मण ने कुछ बोलना चाहा, राम उन्हें चुप कराते हुए ठिठके और अपने धनुष पर बाण चढ़ा ध्यान देने लगे। लक्ष्मण भी सचेत होकर धनुष पर अपना बाण चढ़ा लिया। यह देखकर महर्षि विश्वामित्र थोड़े हर्षित हुए, किंतु उन्हें अभी भी इस बात का डर सता रहा था कि राम चौतरफा शत्रुओं को कैसे परास्त करेंगे। राम आँखें बंदकर पूर्ण ध्यान की स्थिति में आ गए और अपने आस-पास की छोटी आवाज पर भी ध्यान केंद्रित कर लिया और हवा तक को महसूस करने लगे, तभी राम को अपने दाईं तरफ किसी के पैरों से दबकर लकड़ी के टूटने की धीमी आवाज सुनाई दी, ठीक उसी वक्त बाईं तरफ कुछ सरसराहट हुई, सामने किसी की तनती मांसपेशियाँ और ठीक पीछे किसी की गरम साँस, राम उस हर एक बदलाव को महसूस कर पा रहे थे। उनके लिए पल मानो ठहर सा गया था। राम ने लक्ष्मण को बैठ जाने का इशारा किया। लक्ष्मण समझ नहीं सके, ऐसा क्यों, किंतु वे अपने भैया की कोई बात नहीं टालते थे, अतः संदेह से इधर-उधर देखते बैठ गए। राम का धनुष पर चढ़ा बाण अभी नीचे की तरफ था। महर्षि अपने

सामने थोड़ी दूर पर खड़े उस साये के मुख से गुस्से से निकलती गरम साँस को देख समझ गए कि वे बस आक्रमण करनेवाले हैं। वे राम को बचाने के लिए अपने धनुष पर बाण चढ़ाकर दौड़े, ठीक उसी वक्त साये ने भी आगे को दौड़ लगाई। महर्षि मंत्र पढ़ने को हुए, चारों तरफ छिपे, अन्य सायों ने भी दौड़ लगाई। लक्ष्मण यह सब देख चौंक गए और भय से उनकी आँखें चौड़ी हो गईं, किंतु राम के लिए मानो जैसे वक्त थम सा गया था। उन्होंने धीमे से आँखें खोलीं और तभी दाईं तरफ से राम पर वार करने आते साये को अपने सीने में कुछ उतरता महसूस हुआ और फिर राम के बाएँ और फिर ठीक सामनेवाला जो कुछ पास गया था, उसे भी अपने सीने में कुछ उतरता महसूस हुआ। उसने नीचे सीने की तरफ देखा, यह एक बाण था, जो कि राम के धनुष से चला हुआ था। वह निढाल हो गिरा और राम के चरणों तक सरकता चला गया। महर्षि, जो एक मंत्र पढ़ते हुए बाण को उस साये पर छोड़ने ही वाले थे कि वह भी उनके सामने गिरता हुआ दिखा। वे आश्चर्य से ठिठक गए और इस बात पर हैरान हो गए कि राम ने कितनी स्फूर्ति से धनुष चलाया कि वह दिखा ही नहीं। यह एक अद्भुत धनुर्विद्या का नमूना था, जिसके वे अभी-अभी गवाह बने थे। राम अब भी शांत थे और धीमी-धीमी आरामदायक गहरी साँस ले रहे थे। महर्षि को दौड़ते हुए राम देख चुके थे, अत: महर्षि की ओर पलटे और महान् धनुर्धर की भाँति अपना शीश महर्षि के सम्मान में नवाया। महर्षि ने राम के चेहरे पर पड़ रही चाँद की रोशनी (जो कि एक पेड़ के सूराख से आ राम के चेहरे को प्रदीप्त कर रही थी) में देखा। राम स्वयं किसी प्रकाश पुंज की भाँति लग रहे थे। महर्षि को आते देख लक्ष्मण भी उठे, तभी राम ठीक पीछे लक्ष्मण की तरफ कुछ महसूस कर पलटकर चीखे—

"लक्ष्मण"!" लक्ष्मण सचेत हुए, किंतु तभी लक्ष्मण को अपने कंधे पर कुछ चुभता हुआ महसूस हुआ। राम ने फौरन एक बाण उस भयानक दिखनेवाले साये के कंधे में मारा, जो लक्ष्मण से लंबाई में काफी ऊँचा और मोटा था और उसने लक्ष्मण के कंधे में अपने दाँत गड़ा दिए थे। बाण की चोट से वह लक्ष्मण को छोड़ कुछ कदम पीछे हो गया। तभी उस साये का चेहरा चंद्रमा की रोशनी में आया, वह एक स्त्री थी, जिसके पूरे बाल बिखरे थे और दाँत बड़े और बाहर की ओर निकले थे। राम एक पल को ठिठके, क्योंकि एक सच्चा क्षत्रिय कभी स्त्रियों पर हाथ नहीं उठाता और महर्षि भी लक्ष्मण को सँभालते हुए यह देखने को उद्यत हुए कि अब राम ऐसी परिस्थिति में क्या फैसला लेते हैं। राम ने अपने धनुष को नीचे किया, तभी वह आसुरी स्त्री दोबारा झपटी और राम ने उसे पहले बाण से कुछ विशेष फर्क पड़ते न देख, एक और बाण उसके कंधे पर मारा। वह बाण की चोट से ठिठक गई, किंतु क्रोध से फुफकारने लगी और बोली—

"रावण तुम्हारा विनाश कर देगा। तुम बच नहीं सकते।" और एक बार फिर वह

तेज कदमों से झपटी। राम की आँखें सुर्ख हो चलीं और एक साथ कई तीर, लगातार उस आसुरी स्त्री को मारते चले गए। वह थोड़ी देर में बाणों से बिंध चुकी थी। वह अपने घुटनों के बल गिर पड़ी। यह देख राम उसकी तरफ दौड़े और उसके सामने धनुष रख हाथ जोड़ लिये। यह देख महर्षि विस्मित हो गए कि राम यह क्या कर रहे हैं। राम बोले—

"हे माता! मुझे क्षमा करें, आप स्त्री जाति की हैं, फिर भी मैंने आप पर बाण चलाया, किंतु युद्ध के मैदान में हर कोई बराबर होता है, इसलिए मुझे क्षमा करें।" बाणों से बुरी तरह घायल वह आसुरी स्त्री कुछ न बोल सकने की स्थिति में थी। दर्द से उसकी आँखें लाल हो चुकी थीं, पर उसने राम के ये वचन सुन, ममता और क्षमा याचना भरी दृष्टि राम पर डाली। उसके चेहरे के भाव बता रहे थे कि वह अपराधबोध महसूस कर रही थी, साथ ही वह राम को आशीष दे रही थी, उसी पल वह निष्प्राण हो धरती पर गिर पड़ी। राम वापस लक्ष्मण की ओर पलटे। महर्षि की राम की ओर देखती भाव-विभोर आँखें दरशा रही थीं कि राम एक रक्षक के रूप में महर्षि की पहली परीक्षा को सफलतापूर्वक पार कर चुके थे और महर्षि के हृदय में उन्होंने अपनी एक अलग सम्माननीय जगह बना ली थी। महर्षि अब निश्चिंत थे कि रक्षक के रूप में राम सबसे उपयुक्त हैं। वे सभी लक्ष्मण को उठा, वापस ऋषि अगस्त्य के आश्रम की ओर लौटे। लक्ष्मण का कंधा बुरी तरह घायल था। उसमें से रक्त प्रवाह भी काफी हो चुका था। उनकी कंधे की हड्डी बाहर लटक रही थी, जो ताड़का के ताकतवर जबड़े का एहसास करवाती थी। आश्रम में लक्ष्मण का तुरंत उपचार प्रारंभ किया गया। उनका घाव कुछ दिनों में भर जाएगा और वे स्वस्थ हो जाएँगे। अब महर्षि को राम सहित ऋषि अगस्त्य के आश्रम में, लक्ष्मण के स्वस्थ होने तक रुकना था। महर्षि अगस्त्य, महर्षि विश्वामित्र से वन में राम के पराक्रम और योग्यता के विषय में सुन अत्यंत हर्षित हुए।

दूसरे दिन ऋषि अगस्त्य ताड़का के मृत शरीर को देखने वन में गए और लौटकर उन्होंने बताया कि उन मृत शरीरों में तड़का के दो पुत्र—सुबाहु और मारीच के शव वहाँ नहीं हैं। इससे पता चलता है कि वे जंगल छोड़कर भाग गए होंगे। हमें उनके बदले की भावना से सचेत रहना चाहिए।

"वत्स अब तुम मेरे शिष्य हो, तुम्हारे मन की प्रत्येक जिज्ञासा का समाधान करना मेरा कर्तव्य है, इसलिए तुम अब आगे से कोई भी जिज्ञासा अपने मन में कैद मत रखना।"

"जी गुरुदेव।" राम ने आज्ञा प्राप्त करते हुए कहा।

"वत्स! हम सरयू नदी में चलते-चलते घाघरा नदी तक जाएँगे और वहाँ से महान् गंगा के संगम तक जाएँगे फिर वहाँ से अपना मार्ग बदलेंगे और गंडक नदी का मार्ग पकड़,

महर्षि वाल्मीकि के खाली पड़े आश्रम में जाएँगे, जो कि मिथिला प्रदेश के नजदीक स्थित एक शांत वन क्षेत्र में स्थित है। वह स्थान तंत्रविद्या हेतु अत्यंत उपयुक्त है।'' यह सुन राम ने अपना सिर हिलाया। राम ने कभी गंडक नदी का नाम नहीं सुना था। हाँ महान् गंगा का घाघरा से संगम देखने को इच्छुक अवश्य हुए। राम ने पहले ही अयोध्या में राजकीय व व्यापारिक कार्य हेतु मिथिला प्रदेश का नाम सुन रखा था और वहाँ से अयोध्या के व्यापार की खबरें भी सुनी थी। राम शांत थे और आनेवाले भविष्य के इंतजार में। सभी नदी में दूर झलकते पानी में देखने लगे, जो नौका से बेहद मनोरम लग रहा था।

कुछ दिनों की यात्रा के बाद गंगा और घाघरा का संगम आ ही गया। वह स्थान छपरा नाम से जाना जाता था, जो कि मिथिला प्रांत का एक हिस्सा था। वह कुछ व्यापारिक केंद्र जैसा प्रतीत होता था। वहाँ काफी व्यापारिक नावें इकट्ठा थीं। वहाँ गंगा और घाघरा का संगम देखने लायक था। क्या अद्‌भुत दृश्य था। संगम तो किसी बड़ी झील जैसा प्रतीत होता था। वह दृश्य देखकर राम-लक्ष्मण काफी भाव-विभोर हो रहे थे। एक दिन के विश्राम के बाद, वे फिर से अपने सफर पर निकल पड़े। संगम के बाद जो नदी आगे को प्रवाहित थी, वह गंगा के नाम से ही आगे बढ़ती, महान् सुंदरवन क्षेत्र तक जाती थी और घाघरा मानो गंगा को परिपूर्ण करने में ही अपना अस्तित्व समझती थी। उन्हें अभी संगम से कुछ और आगे तक गंगा नदी में चलना था और फिर वे गंडक नदी की ओर मुड़ते। धीरे-धीरे कुछ दिनों के बाद आखिरकार वे गंडक नदी के ऊपरी हिस्से में मिथिला में स्थित महर्षि वाल्मीकि के पुराने आश्रम पहुँच ही गए।

अब वह वक्त शुरू हो चुका था, जब राम की तंत्र शिक्षा प्रारंभ होनी थी। आश्रम पहुँच राम-लक्ष्मण आश्रम का निरीक्षण करने लगे। आश्रम काफी व्यवस्थित लग रहा था, किंतु कुछ मरम्मत की आवश्यकता थी। यह आश्रम भी महर्षि वसिष्ठ के गुरुकुल जैसा ही था। बस कुटियों की संख्या थोड़ी कम थी और यहाँ कोई शस्त्र शिक्षा हेतु विशाल प्रांगण नहीं था, बल्कि एक ध्यान स्थली जैसा छोटा स्थान था। राम अब तक नहीं समझ पाए थे कि आखिर ये तंत्रज्ञान होता कैसा है ? यदि इसे इतने छोटे से स्थल में सीखा जा सकता है, तो उसके लिए इतनी दूर आने की आवश्यकता क्या थी और फिर यह शक्तिशाली कैसे हुआ ? राम दुविधा में थे, जबकि लक्ष्मण झल्लाए हुए। लक्ष्मण कहना तो बहुत कुछ चाहते थे, किंतु राम ने उन्हें चुप करवाया और दूसरे दिन महर्षि से इस विषय में बातचीत करने की सोची।

15

तंत्र ज्ञान का रहस्य

दूसरा दिन

महर्षि विश्वामित्र ने राम को तंत्र शिक्षा हेतु उसी छोटी ध्यान स्थली पर बुलाया था। महर्षि स्वयं उसी ध्यान स्थली पर रखे एक बड़े पत्थर पर बैठे थे और राम उनके सामने रखे छोटे पत्थर पर। महर्षि बेहद शांत और अद्‌भुत लग रहे थे। राम बार-बार महर्षि के चेहरे की ओर देखते और उन्हें एक नया व्यक्तित्व अपने सामने बैठा लगता। वे आश्चर्यचकित थे और बस प्रतीक्षा में थे कि कब महर्षि कुछ बोलें। कुछ देर के मौन के बाद महर्षि ने आखिरकार अपनी आँखें खोलीं और बोले—

''वत्स! क्या तुम्हारे मन में ऐसा कोई प्रश्न है, जो विद्याध्ययन से पूर्व तुम मुझसे पूछना चाहते हो?'' महर्षि ने बेहद शांत भाव से कहा।

''जी गुरुदेव।''

''आज्ञा है वत्स! पूछो।''

''गुरुदेव आखिरकार ये तंत्रज्ञान है क्या, क्या यह कोई अस्त्र द्वारा सीखने हेतु विद्या नहीं है?''

''है पुत्र! यह अस्त्र की ही विद्या है।''

''तो हम इतने छोटे स्थान पर इन पत्थरों पर क्या कर रहे हैं? क्योंकि फिर तो हमें किसी बड़े मैदान में होना चाहिए।''

''वत्स यह अस्त्र-शस्त्र की विद्या होते हुए भी, इसके अपने कुछ अलग नियम-कायदे हैं।'' यह सुन राम ने समझते हुए सिर को हिलाया।

''तो मुझे क्या करना है गुरुदेव?'' राम ने आश्चर्य जताते हुए पूछा।

''वत्स अब तुम मेरे कुछ प्रश्नों का उत्तर दो। तुम्हें क्या लगता है, यह संसार क्या है?'' महर्षि ने राम की आँखों में झाँकते हुए पूछा। इस प्रश्न ने राम के छिपे घावों को

कुरेद दिया। उन्होंने अब इन विषयों पर सोचना छोड़ दिया था, किंतु इस प्रश्न ने एक बार फिर उन्हें वही पुराने दिन याद दिलाए, जब वे इन प्रश्नों के उत्तर ढूँढ़ने में व्याकुल रहते थे।

''पता नहीं गुरुदेव। मैं इस प्रश्न का उत्तर कभी न ढूँढ़ सका।'' राम ने निराश भाव से कहा।

''वत्स जानते हो एक योगी के लिए यह संसार शून्य है।''

''शून्य?''

''हाँ शून्य! *वह इस संपूर्ण संसार को एक कण से निर्मित मानता है और असलियत में वह कण ही आकार-प्रकार का कारण होता है। यहाँ सबकुछ एक है, अर्थात् यहाँ कोई भी चीज अलग नहीं है। तुम देखोगे मूल्यवान धातु भी उसी कण से निर्मित है, जिससे रोटी या सूखी पत्ती। तो ऐसे में तुम्हें इस संसार में कोई चीज नई या लाभ-हानिवाली नहीं लगेगी, क्योंकि सभी में तो वही कण है।*''

''किंतु गुरुदेव यदि ऐसा है, तो हम रोटी और स्वर्ण दो अलग-अलग वस्तुएँ क्यों मानते हैं, वे हमें अलग दिखाई क्यों देती हैं और अलग स्वाद, महक की भी होती है, ऐसा क्यों?''

''वत्स, ऐसा इसलिए, क्योंकि हम स्वयं ऐसा कहते हैं और ऐसा कहते वक्त हम इतने विश्वास से भरे होते हैं कि वह हमारे विश्वास के कारण एक हकीकत प्रतीत होता है। उदाहरण के लिए यदि एक व्यापारी को कहीं स्वर्ण का एक बड़ा टुकड़ा मिल जाए, तो खुशी से पागल हो सकता है, क्योंकि उसने अपने दिमाग को यह बता रखा है कि स्वर्ण इस दुनिया की सबसे मूल्यवान धातु है, जिसे बेचकर बेहद धन कमाया जा सकता है या वह बेहद खूबसूरत लगता है, इसलिए वह उसे देखकर या पाकर वैसा ही व्यवहार करता है, किंतु एक योगी को यदि स्वर्ण मिल जाए तो वह उसके लिए निरर्थक होगा, क्योंकि उसने अपने दिमाग को बताया है कि स्वर्ण एक निरर्थक वस्तु है, जो उसे मन की शांति नहीं प्रदान कर सकती, बल्कि उससे उसकी शांति छीन भी सकती है, अतः वह उस स्वर्ण को पाने के बाद, उसे फेंक देगा। *यह सब हमारे अंतर्मन पर निर्भर करता है कि हम उसे कौन सा विचार और विश्वास दे रहे हैं, हम उसे जो भी विश्वास पूर्णताः के साथ देंगे, वह उसी की छवि, गंध और आवाज हमें हमारी आँख, नाक और कान द्वारा ग्रहण करवाएगा।* यदि तुम एक महान् तंत्र ज्ञाता बनना चाहते हो तो तुम्हें अपने अंतर्मन को केवल यह विचार और विश्वास देना है कि यह संपूर्ण संसार एक सूक्ष्म कण अणु से बना है। यह विचार तुम्हें तब तक अपने अंतर्मन को प्रदान करना है, जब तक कि वह तुम्हें एक विश्वास के रूप में सचमुच तुम्हारी आँखों से अणुओं की सृष्टि दिखाए।''

''क्या यह मुमकिन है गुरुदेव?'' राम ने संदेह से पूछा।

''अवश्य मुमकिन है वत्स। विश्वास कुछ भी संभव बना सकता है, कुछ भी।'' महर्षि ने पूर्ण विश्वास से उत्तर दिया।

''जी गुरुदेव! यह वाक्य मैं गुरुदेव वसिष्ठ के मुख से भी सुन चुका हूँ।''

''तो पुत्र आज से तुम्हारी तंत्र शिक्षा प्रारंभ। अपने विश्वास को प्रबल बनाओ।'' राम को महर्षि की कही बातें अत्यंत उपयुक्त लगीं, क्योंकि *सबसे शक्तिशाली विश्वास होता है, वे इस बात को भलीभाँति जानते थे, क्योंकि आखिरकार राम ने भी स्वयं पर पूर्ण विश्वास करके ही गुरुकुल के इतिहास में वह असंभव कार्य कर दिखाया था, जो किसी ने उनसे करने की उम्मीद नहीं की थी।*

''वत्स अपनी आँखें बंदकर ध्यान की अवस्था में जाओ और खुद की आँखों को यह आदेश दो कि वह तुम्हें पदार्थ की वास्तविक छवि दिखाए अर्थात् उस सूक्ष्म कण अणु को दिखाने का आग्रह करो, जिससे यह संसार निर्मित है।'' राम यह कथन सुन एक गहरी साँस ले, ध्यान की प्रक्रिया में डूब गए, जहाँ उन्हें एक नए विश्वास की प्राप्ति करनी थी। वहीं दूर बैठे लक्ष्मण यह सब देख और सुन रहे थे। लक्ष्मण ने भी यह विद्या सीखने हेतु वह कार्य प्रारंभ किया, जो राम महर्षि की आज्ञा से कर रहे थे।

16

रक्षक का तंत्र ज्ञान

वक्त बीतता रहा। वक्त के साथ-साथ राम का ध्यान व विश्वास और गहराता गया। अब वे उन अणुओं को क्षण मात्र के लिए देखने लगे, किंतु वे शीघ्र ही ओझल हो जाते थे। यह राम को भी काफी आश्चर्यजनक लगा तथा वे और तन्मयता से ध्यान योग करने लगे। वहीं लक्ष्मण का जब मन होता तो करते, नहीं तो नहीं, किंतु लंबे समय तक ध्यान योग करते रहने की वजह से उन्हें भी आंशिक सफलता हाथ लगी थी।

राम चौबीस घंटे में, केवल छह घंटे ही निद्रा ग्रहण करते थे। बाकी बचे अट्ठारह घंटे वे बेहद गहन ध्यान करते थे। लक्ष्मण के लिए यह सब बेहद उबाऊ था, किंतु वे राम को देखकर ही खुश रहते थे।

वक्त बीतता रहा।

ध्यान योग करते-करते राम को डेढ़ वर्ष बीत चुका था। इसी प्रक्रिया में एक दिन अचानक जब राम ने ध्यान के बाद अपनी आँखें खोलीं, तो उन्हें इस संसार की प्रत्येक वस्तु उस अणु से निर्मित दिखाई देने लगा। कुटिया, पेड़-पौधे, वह पत्थर जिस पर वे बैठे थे, स्वयं राम का हाथ, सबकुछ एक काली संरचना लिये अणुओं से निर्मित थी, जिसको छुआ जा सकता था। राम को यह सब बेहद अद्‌भुत लगा। वे प्रत्येक वस्तु को किसी बच्चे की भाँति स्पर्श कर, उस अद्‌भुत दुनिया को महसूस करने लगे।

महर्षि ने जब राम को यह करते देखा तो वे समझ गए कि राम ने आज उस प्रबल विश्वास की प्राप्ति कर ली। वे राम के पास गए। इधर राम ने एक आकृति को अपनी ओर आते देखा, वह आकृति अणुओं से निर्मित थी, किंतु अणुओं के आकार से स्पष्ट था कि वे महर्षि विश्वामित्र थे। महर्षि ने राम को आवाज लगाई। राम उस वक्त किसी और दुनिया में लग रहे थे। राम ने कई बार अपना सिर हिलाया, पलकें झपकाईं, ताकि वह उस दुनिया से वापस आ सकें और काफी प्रयास के बाद वे अपनी पुरानी दुनिया में

वापस लौट पाए। राम जल्दी से महर्षि के चरणों को पकड़ बोले—

''गुरुदेव! यह अद्‌भुत है। धन्यवाद! मुझे उस दुनिया से परिचित करवाने के लिए और इस दुनिया की एक और हकीकत दिखाने के लिए।'' राम की आँखों में आँसू थे।

यह सुनकर राम को उठाते हुए महर्षि सहर्ष मुसकरा दिए, जबकि यह सब देख लक्ष्मण हतप्रभ थे।

दूसरा दिन

राम को आज महर्षि ने धनुष और बाण के साथ आने को कहा था, जो राम को आश्चर्यजनक लगा।

''वत्स! अभी तो तुम केवल पहले चरण में सफलता हासिल करने में कामयाब हुए हो। अभी ऐसे कई चरण बाकी हैं, जिनसे गुजरने के बाद ही तुम एक सफल तंत्र ज्ञाता बनोगे, पर अच्छी बात यह है कि तुमने सबसे मुश्किल चरण को पार कर लिया है। अब आगे के बाकी चरण पहले के मुकाबले काफी आसान हैं।'' महर्षि विश्वामित्र ने राम से कहा।

''तो अब मुझे क्या करना होगा गुरुदेव?'' राम ने महर्षि से पूछा।

''अब तुम दूसरी वस्तुओं के अणुओं को नियंत्रित करना सीखोगे, किंतु ध्यान रहे, ये अणु तुमसे किसी-न-किसी प्रकार से संबंधित होने चाहिए।''

''जी गुरुदेव! किंतु'' राम की बात को बीच में काटते हुए महर्षि बोले।

''वत्स अपने धनुष पर बाण चढ़ाओ।''

राम ने वैसा ही किया।

''अब ध्यान की प्रक्रिया में जाओ और पदार्थों की असलियत को देखो।'' महर्षि बोले।

''जी गुरुदेव!'' कहकर राम ने आँखें बंद कीं और अपने विश्वास को प्रदीप्त किया।

''अब अपने सामने रखे तीनों मटकों को एक साथ, एक तीर से भेदो।''

''किंतु महर्षि! वे तीन हैं और वे भी समानांतर नीचे की ओर, वे एक सीध में भी नहीं हैं ऐसे में मैं यह कैसे कर पाऊँगा?'' राम ने आँखें खोलते आश्चर्य से पूछा।

''वत्स! अपने बाण के अणुओं को अपने अंतर्मन से आदेश दो कि वे उन तीनों मटकों को भेदें। यह जैसे भी संभव हो।'' राम ने अपनी आँखें बंदकर खोली और उन्हें सभी पदार्थों के अणु दिखाई देने लगे। उन्होंने अपने बाण के अणुओं को अपने अंतर्मन से आदेश देते हुए बाण को छोड़ा, किंतु बाण छोड़ने के बाद केवल

एक ही मटका फूटा।

''वत्स! तुम बाण के अणुओं को महसूस करते हुए, उसकी तरंगें एवं उसके जीवन को महसूस करते हुए, उन जीवित बाण के अणुओं को आदेश दो, जो बाण का आकार ले रहे हैं। वह आकारनुमा दिखने योग्य वस्तु बाण निर्जीव है, किंतु उसके अणु सजीव हैं। अत: पूर्ण विश्वास से उस जीवित वस्तु को आदेश दो।''

राम ने वैसा करने की कोशिश की, किंतु वे असफल रहे; क्योंकि वे उस बाण के अणुओं में जीवन की बात स्वीकार नहीं कर पा रहे थे। उन्हें लग रहा था, जब बाण निर्जीव है, तो उसके अणु सजीव कैसे हो सकते हैं? ऐसा करते-करते राम को कई सप्ताह बीत गए, किंतु वे सफल नहीं हो पा रहे थे।

आखिरकार हारकर एक दिन राम ने महर्षि को अपने मन का संदेह बताया। तब महर्षि राम को समझाते हुए बोले—

''वत्स! उन अणुओं का जीवन इस प्रकार समझो, तुम्हें बाण के अणु निर्जीव लगते हैं, क्योंकि यह बाण तुम्हें निर्जीव दिखाई देता है और इसका एक मतलब यह हुआ कि निर्जीव वस्तु में बिना बल के परिवर्तन संभव नहीं है। ठीक कहा न मैंने?''

''जी गुरुदेव!''

''किंतु वत्स यदि तुम इस बाण को थोड़ी देर के लिए पानी में रख दो, तो यह पानी को ग्रहण कर, अर्थात् उसके साथ क्रिया कर फूल जाएगा और इसके उपरांत, इसके आकर में स्वत: परिवर्तन हो जाएगा। अब सोचो यदि बाण निर्जीव है, तो जल के साथ क्रिया कौन करता है?''

इस प्रश्न ने राम को हैरानी में डाल दिया, क्योंकि इस तरीके से राम ने पहले कभी सोचा ही नहीं था। थोड़ी देर सोचने के बाद राम बोले—

''इसका मतलब गुरुदेव कि जल के साथ क्रिया, उसका अणु करता है?'' आश्चर्य से राम ने पूछा।

''बिल्कुल ठीक वत्स! यही सच है, जो अणुओं में उसके स्वतंत्र जीवन के अस्तित्व का प्रत्यक्ष प्रमाण है।''

''हाँ, क्योंकि यदि बाण सचमुच निर्जीव है, तो वन की लकड़ी को जल किसी भी हालत में ग्रहण नहीं करना चाहिए।'' राम ने बात के मर्म को समझते हुए उत्तेजना के साथ बोला।

महर्षि मुसकरा दिए।

राम अब अणुओं में जीवन की बात पूर्ण विश्वास के साथ स्वीकार कर चुके थे, क्योंकि *यदि इन्सान को चीजों का असली मर्म समझ में आ जाए तो उसे हकीकत को समझने में ज्यादा वक्त नहीं लगता है।* राम ने अपनी आँखें बंद कीं, धनुष पर बाण

चढ़ाया और उन तीनों मटकों की तरफ निशाना साधा। राम ने बाण को छोड़ने से पहले, बाण के अणुओं को अपनी ऊँगली से हलके से छेड़ते हुए अपने अंतर्मन से आदेश देते बोले, ''जाओ और जाकर तीनों लक्ष्य को भेद दो।''

राम ने देखा कि कैसे उस बाण के अणु अपने अणुओं को बिखेर, एक से तीन पतले बाणों में बँट गए और जाकर तीनों मटकों को एक साथ भेद दिया।

राम और महर्षि ने मुसकराकर एक-दूसरे की ओर देखा। लक्ष्मण यह देख, कूदकर चौंकते हुए खड़े हो गए और चीखे, ''यह तो जादू है।''

अब महर्षि विश्वामित्र राम को लेकर उन मटकों के पास गए और राम को निरीक्षण करने को कहा। जब राम ने निरीक्षण किया, तो पाया कि प्रत्येक बाण का आकार पहलेवाले उस एक बाण के आकार से पतला हो गया था। यह देख राम ने आश्चर्य के साथ महर्षि की ओर देखा, तब महर्षि बोले—

''हाँ वत्स! बाण के अणु, अपनी मौजूद संख्या से ही नए आकार का निर्माण करते हैं, इस प्रकार यदि तुम्हें एक साथ दस लक्ष्य भेदने हों, तो तुम्हें उसी अनुपात में थोड़े बड़े बाण की जरूरत पड़ेगी, ताकि उसके अणुओं की संख्या अधिक हो और वह दस बाणों का निर्माण कर सके, जो मजबूत हों।

''और इन लक्ष्यों की संख्या के साथ, बाण का आकार भी बढ़ता जाएगा।'' राम ने बात को समझते हुए कहा।

''हाँ वत्स! यह सही है।''

दूसरे दिन महर्षि राम को लेकर अपनी कुटिया में गए, जहाँ अब तक पहले कभी राम ने प्रवेश नहीं किया था। वह कुटिया अन्य सभी कुटियाओं से विशाल थी और उसका कारण था कि वह एक आयुधशाला थी। जहाँ अस्त्र-शस्त्रों का निर्माण होता था। वहाँ पर महर्षि ने राम का परिचय कई अद्भुत बाणों से करवाया, जो न केवल बनावट में काफी बड़े थे, बल्कि उनका आकार भी काफी बड़ा था। उनमें से महर्षि ने राम का परिचय सबसे पहले एक भयानक आकारवाले बाण 'वरुणास्त्र' से करवाया, जिसमें चार मुख थे और फिर उन्होंने राम का परिचय करवाया 'आग्नेयास्त्र' नामक बाण से, जो अपने साथ विस्फोटक लेकर चल सकने में सक्षम था और उसके विस्फोट से कहीं भी आग लगाई जा सकती थी।

इस प्रकार उन्होंने राम का परिचय अन्य कई विशेष बाणों से करवाया, जिनमें प्रमुख थे—**रुद्रास्त्र, इंद्रास्त्र, पाशुपतास्त्र** (इन तीनों बाणों का निर्माण भारतवर्ष के महान् राजा महादेव रुद्र ने करवाया था।))। आगे—**ब्रह्मपाश, कालपाश, कालचक्र,**

क्रौंच, वायव्य, कालास्त्र आदि। ये सभी बाण अपने-अपने नाम के हिसाब से अलग-अलग गुणों से निर्मित थे और आखिर में महर्षि ने राम का परिचय करवाया, उस सदी के सबसे महान्, खतरनाक बाण अस्त्र—'**ब्रह्मास्त्र**' से। यह बाण अन्य सभी बाणों से आकर में काफी बड़ा था एवं इसका मुख भी कमल के फूल के सामान था और उसमें एक ऐसा विस्फोटक भरा था, जो छोड़े जाने के कुछ समय बाद हवा से क्रियाकर भीषण अग्नि वर्षा प्रारंभ करता था, जो युद्ध में एक साथ सैकड़ों सैनिकों की मृत्यु का कारण बन जाता था। वह जितनी दूर तक यात्रा करता था, उतना ही तबाही मचाता था, अतः उसको चलानेवाले के हाथों में बल का होना बेहद आवश्यक था।

महर्षि ने राम को एक बेहद मजबूत और विशेष तरीके से बने धनुष को दिखाया, जो राम को उनकी तंत्र शिक्षा समाप्त होने के उपरांत प्रदान किया जाना था। वह बेहद मजबूत और सधा हुआ धनुष था।

17

मंत्रों का रहस्य

दूसरा दिन,
महर्षि वाल्मीकि का पुराना आश्रम

आज महर्षि राम को उन खतरनाक बाणों का प्रयोग करना सिखानेवाले थे। उन्होंने राम को वरुणास्त्र दिया और कहा—

''वत्स! इससे हवा का दबाव बढ़ाकर, एक छोटा चक्रवात उत्पन्न किया जा सकता है, जिससे दुश्मन की सेना को काफी नुकसान पहुँचाया जा सकता है, किंतु इस गुण को इस बाण में और अधिक प्रभावी बनाने के लिए हमें तंत्र शक्ति को और बल देंना पड़ेगा और इसके लिए हमें कुछ मंत्रों का सहारा लेना पड़ता है।'' यह सुन राम ने आश्चर्य से पूछा—

''गुरुदेव! मैंने गुरुकुल में भी काफी मंत्रों का अभ्यास किया है, जिनमें कुछ मंत्र आत्मिक शांति, बुद्धि को तेज करनेवाले आदि थे, पर हकीकत में मैं यह कभी नहीं समझ पाया कि सचमुच इन मंत्रों की हमारे जीवन में क्या प्रासंगिकता है। कृपाकर मुझे बताएँ कि मंत्र का असली उद्देश्य क्या है और यह किस प्रकार कार्य करता है?''

''वत्स! जिस प्रकार यदि हमें एक नदी पार करनी हो तो उसके लिए हमें एक नाव का सहारा लेना पड़ता है, उसी प्रकार *मंत्र विश्वास को और प्रबल बनाने का एक साधन बनता है। मंत्र हमारी इंद्रियों को प्रभावित कर, उन्हें शांत और प्रबल ध्यान हेतु तैयार करता है। जब हम किसी मंत्र का उच्चारण करते हैं तो उससे हमारी जिह्वा, कान, बुद्धि आदि सभी ग्रंथियाँ प्रभावित होती हैं, जो हममें एक सकारात्मक ऊर्जा का संचार करती हैं। उदाहरण के लिए जैसे हम ॐ का उच्चारण करते हैं, तो उससे हमारी पाँचों इंद्रियाँ प्रभावित हो एक असीम, अद्भुत सकारात्मक उर्जा को उत्पन्न*

करती है, जो हमारी आत्मा को प्रकाशवान बनाती हैं।''

''तो गुरुदेव! इन मंत्रों का निर्माण किसने और किस प्रकार किया?''

''वत्स! इन मंत्रों का निर्माण हमारे जैसे महर्षियों और ऋषियों ने किया है। जब हम ध्यान करते हैं, तो उस वक्त जब हमारा मन बिल्कुल शांत एवं एकचित्त हो जाता है और हम स्वयं को ब्रह्मांड उर्जा से जोड़ तंत्र शक्तियों को पुष्ट करते हैं, उसी वक्त हम जिस भी वस्तु के कणों से जुड़ते हैं, तो उसे नियंत्रित करने के लिए कुछ वाक्य यानी सही शब्द, स्वतः मन में उत्पन्न होते हैं और हम बाद में उन्हीं मंत्रों को संगृहीत कर लेते हैं, ताकि किसी अन्य के काम आ सकें। जैसे यदि तुम्हारा चित्त अशांत है और तुम आंतरिक शांति ढूँढ़ रहे हो, तो तुम्हें ध्यान की एक साधारण प्रक्रिया में काफी वक्त लगेगा, किंतु यदि तुम्हारे पास अपने मन को शांति ग्रहण करने के लिए आदेश देने हेतु सही शब्द हों तो, तुम जल्द ही आत्मिक शांति पा सकते हो, क्योंकि इस संसार में सबकुछ एक आदेश पर ही होता है, महज यदि हम अपने हाथ को उठने का आदेश न दें तो वह स्वतः नहीं उठेगा। उसी प्रकार जब तक हम अपने मन को एक दृढ़ आदेश नहीं देंगे, वह शांति ग्रहण नहीं करेगा। मंत्र हमारे आंतरिक मन को आदेश देने हेतु एक सही वाक्य होता है। वत्स! कोई भी तंत्रज्ञानी बिना मंत्रों के स्वयं को कभी पूर्ण नहीं कर सकता।'' यह सुन राम बेहद शांत और प्रसन्न हुए, अब उनकी समझ में भलीभाँति आ चुका था कि आखिर 'मंत्र' क्या है। यह रहस्यमयी पहेली भी, अब राम के लिए सुलझ चुकी थी। इसके बाद राम ने उन खतरनाक बाणों को मंत्रों द्वारा और प्रभावशाली बनाने हेतु, अनेक मंत्रों का अभ्यास किया और साथ ही महर्षि ने उन विशेष बाणों का निर्माण करना भी राम को सिखाया।

वक्त बीतता रहा।

आखिरकार वह समय आ ही गया, जब राम की तंत्र और मंत्र शिक्षा पूरी हुई। अब राम एक श्रेष्ठ तंत्र ज्ञानी बन चुके थे, साथ ही उन्हें धनुष पर सभी प्रकार के बाणों को चलाने में महारत हासिल हो चुकी थी। उनके लिए ये खतरनाक बाण अस्त्र भी किसी खिलौने की भाँति हो गए थे। वहीं लक्ष्मण को भी राम के साथ से काफी फायदा पहुँचा, अब वे भी एक काबिल धनुर्धर थे।

जितनी खुशी राम को यह विद्या सीखकर हुई, उतनी ही खुशी महर्षि विश्वामित्र को, राम को सिखाकर हुई। वे खुद को धन्य मानते थे कि उन्हें राम जैसा योग्य शिष्य मिला। बस कुछ दिन और फिर राम को लेकर महर्षि अयोध्या निकलनेवाले थे, जहाँ

पहले से ही राम के लौटते ही राजा दशरथ ने उनके राज्याभिषेक की तैयारियाँ कर रखी थी। वहाँ सभी बेसब्री से राम के लौटने की प्रतीक्षा कर रहे थे। हालाँकि किसी को कोई निश्चित तिथि नहीं पता थी कि राम कब लौटनेवाले थे, किंतु दो वर्ष पूरे हो चुके थे, अत: सब जल्द राम के लौटने की आस लगाए बैठे थे।

तभी एक समाचार पूरे भारतवर्ष में आग की तरह फैला। वह था मिथिला प्रदेश की बड़ी राजकुमारी का स्वयंवर।

18

महान् स्वयंवर

भारतवर्ष में स्वयंवर की घटना कई शताब्दियों के बाद घटने जा रही थी। स्वयंवर के माध्यम से राजा अपनी पुत्री के लिए एक श्रेष्ठ वर का चुनाव करते थे और इसमें सभी राजा दिलचस्पी के साथ हिस्सा लेते थे, क्योंकि इसमें उन्हें अपनी ताकत आजमाने और अन्य पर अपनी धाक जमाने का सुनहरा अवसर प्राप्त होता था। इस बार भी भारतवर्ष के लगभग सभी प्रांतों के राजाओं ने इस स्वयंवर में भागीदारी करनी चाही। चूँकि महर्षि विश्वामित्र मिथिला के बेहद समीप थे, अत: उन्हें मिथिला के राजा जनक का संरक्षण प्राप्त था और यदा-कदा मिथिला के राजा के आमंत्रण पर वहाँ पहले भी जाते रहते थे। इस बार इस शुभ स्वयंवर पर राजा जनक ने उन्हें एक विशेष अतिथि के रूप में आमंत्रित किया। महर्षि विश्वामित्र राजा जनक का इतना महत्त्वपूर्ण आग्रह ठुकरा न सके, अत: उन्होंने अपने साथ राम और लक्ष्मण को भी एक अतिथि के रूप में लेकर जाने का फैसला किया।

इधर जब राजा दशरथ ने यह समाचार सुना तो वे अफसोस में डूब गए कि "काश राम यहाँ होते तो उन्हें इस स्वयंवर में जरूर ले जाता, जहाँ राम की इस स्वयंवर के माध्यम से अपनी शक्ति-सम्मान और यश की कीर्ति दूर-दूर के साम्राज्यों तक फैल जाती।" किंतु स्वयंवर की तिथि नजदीक थी और राम के लौटने की कोई तिथि निश्चित नहीं थी, लिहाजा राजा दशरथ ने इस स्वयंवर में कौशल से कोई राजकुमार न भेजने की सोची। इधर जब यह खबर मंथरा तक पहुँची तो उसने रानी कैकेयी के कान भरते हुए कहा कि वे राजा दशरथ से राम के बदले भरत को स्वयंवर में कौशल की ओर से प्रतिनिधि बनाकर भेजने की विनती करें, क्योंकि यदि भरत यह स्वयंवर जीत जाते हैं, तो उनका यशो-गान पूरे भारतवर्ष में होगा और कौशल तथा कैकेय का भी नाम रोशन होगा। इस बार मंथरा ने जान-बूझकर रानी कैकेयी के सामने राम की बुराई नहीं की

ताकि कहीं रानी कैकेयी भड़ककर उसकी यह योजना भी न चौपट कर दे। रानी कैकेयी को यह विचार अच्छा लगा और उन्होंने राजा दशरथ को भी यह विचार सुझाया कि स्वयंवर में विजयी कोई रघुवंशी ही होना चाहिए। यदि राम इस वक्त यहाँ मौजूद नहीं तो भरत को कौशल का मान बढ़ने हेतु भेजा जाना चाहिए। यह विचार राजा दशरथ के साथ-साथ दोनों अन्य रानियों और महर्षि वसिष्ठ को भी पसंद आया। उन्होंने भरत को कौशल का प्रतिनिधि बनाकर भेजने का निर्णय लिया, किंतु उसी वक्त राजा दशरथ ने एक और बात स्पष्ट कर दी, ''भले ही भरत यह स्वयंवर जीत जाए, किंतु छोटे होने के कारण उनका विवाह राम के बाद ही किया जाएगा।'' सब ने सहमति में सिर हिलाया।

स्वयंवर की खबर रावण तक भी पहुँची। रावण ने अपने भाइयों और बहन शूर्पणखा से विचार-विमर्श कर इस स्वयंवर में भाग लेने की सोची, क्योंकि इससे वह एक साथ अपने कई उद्देश्यों को पूरा कर सकता था, जैसे कि वह स्वयंवर को जीत भारतवर्ष के अन्य राजाओं में अपना डर व्याप्त कर पाएगा और भारतवर्ष के राजाओं को परख भी पाएगा कि उनमें कितना बल है, साथ ही यह उसके विश्व-विजय के अभियान की शुरुआत का एक उचित अवसर भी है। अत: रावण ने स्वयंवर में अपने भाग लेने की सूचना राजा जनक के पास मिथिला भिजवा दी।

उधर अयोध्या से राजा दशरथ ने भरत-शत्रुघ्न, महर्षि वसिष्ठ तथा सेनापति मृगाधीश के साथ मिथिला जाने की घोषणा की और उन्होंने एक योजना भी बनाईं कि लौटते वक्त वे राम से मिलते हुए आएँगे और यदि राम की तंत्र शिक्षा पूरी हो चुकी होगी, तो उन्हें अपने साथ वापस अयोध्या भी लेते आएँगे, किंतु उनके समक्ष एक ही मुश्किल थी कि शत्रु से सुरक्षा हेतु महर्षि विश्वामित्र ने अपने आश्रम का पता किसी को नहीं बताया था, यहाँ तक कि महर्षि वसिष्ठ भी उनके ठिकाने का पता नहीं जानते थे। तब महर्षि वसिष्ठ ने राजा दशरथ को कहा कि हो सकता है मिथिला पहुँचने के बाद उनका कोई सुराग मिल ही जाए। वे सब स्वयंवर में भाग लेते हेतु अयोध्या से निकल पड़े।

19

मिथिला प्रांत और पत्थर की एक माता का रहस्य

इस प्रदेश का नाम मिथिला वहाँ के राजा मिथि के नाम पर पड़ा, जबकि पहले इसे विदेह कहकर बुलाया जाता था। राजा मिथि ने संपूर्ण मिथिला को एकता के सूत्र में पिरोकर उसकी आध्यात्मिक, सांस्कृतिक और व्यापारिक उन्नति को संभव बनाया तथा राजा मिथि वहाँ से पुरानी रूढ़ियों-अंधविश्वासों को मिटाकर, राज्य को प्रगति के मार्ग पर ले गए। इस प्रकार विदेह का नया जन्म हुआ, राजा मिथि के नाम पर मिथिला के रूप में। मिथिलावासियों को उसी वक्त एक और बेहद शुभ समाचार मिला—राजा मिथि को एक पुत्र की प्राप्ति हुई थी। ठीक उसी समय मिथिला के रूप में विदेह का एक नया जन्म हुआ था, अत: नए जनमे बालक का नाम जनक रखा गया और यही बालक आज राजा जनक के रूप में मिथिला का राजा था। यह राज्य सुरक्षा हेतु चारों तरफ से मिथिला की दो प्रमुख नदियों के द्वारा बनाई गई, गहरी खाई से घिरा था। उन दो प्रमुख नदियों के नाम—गंडक और बागमती थे।

महर्षि विश्वामित्र राम-लक्ष्मण समेत मिथिला पहुँच चुके थे। स्वयंवर होने में एक दिन शेष था। वहाँ पहुँचने पर उनका बेहद भव्य स्वागत हुआ। राम-लक्ष्मण को शीघ्र ही ज्ञात हुआ कि कौशल भी इस स्वयंवर में भाग लेने हेतु आ रहा है, तो उनकी खुशी का कोई ठिकाना न रहा। उन्हें पता चला कि वे लोग सायंकाल तक आ जाएँगे। अब यह जानने के बाद राम और लक्ष्मण से समय काटे नहीं कट रहा था और वे बेहद व्याकुल हो अथिति गृह में इधर-से-उधर टहल रहे थे। यह देख महर्षि विश्वामित्र उन्हें लेकर मिथिला में भ्रमण हेतु गए। वे लोग मिथिला की खूबसूरती को देख अत्यंत प्रसन्न

हुए। उन्हें वहाँ के लोग बेहद मिलनसार लगे। अभी वे लोग भ्रमण पर ही थे कि उन्हें एक ऋषि का आश्रम दिखा। वहाँ आश्रम में उन्हें एक कुटिया भी दिखाई दी। कुटिया को देख महर्षि विश्वामित्र, राम और लक्ष्मण को लेकर उस कुटिया में गए। कुटिया में जाने के बाद उन्हें एक अद्भुत दृश्य देखने को मिला। वहाँ उन्होंने एक स्त्री को एकदम जड़, किसी मूर्ति की भाँति जमीन पर सिकुड़कर बैठे देखा। वे इसका मतलब न समझ सके। उन्होंने उस स्त्री को आवाज भी लगाई, किंतु उसने कोई प्रति उत्तर न दिया। वह मानो जीवित ही मूर्ति बन गई थी। राम उस स्त्री को देख बेहद द्रवित हुए।

फिर वे सभी उस कुटिया से बाहर आ गए। उस स्त्री को देख करुणा से भरे राम ने महर्षि से इसका कारण पूछा, तब महर्षि विश्वामित्र ने जवाब दिया—

यह ऋषि गौतम का आश्रम है और वह स्त्री उनकी धर्मपत्नी अहिल्या है। एक बार ऋषि गौतम कहीं बाहर गए हुए थे, जब वे वापस लौटे तो उन्होंने अहिल्या को एक राजा के साथ संसर्ग करते हुए पकड़ लिया और यह देख ऋषि गौतम बेहद दुःखी एवं क्रोधित हुए और अहिल्या को श्राप दे, स्वयं हिमालय पर जाकर निवास करने लगे। तब से आज तक ये यूँ ही मूर्ति की भाँति जड़वट रहती है, इसका क्या कारण है, किसी को नहीं पता। मैं जितनी भी बार मिथिला आया, मैंने इन्हें बहुत समझाने की कोशिश की, किंतु इन्होंने आज तक कोई प्रतिक्रिया नहीं दी। यह सुनकर राम बोले—

''ये कब से इसी हालत में पड़ी हैं?''

''करीब एक हजार दिनों से।''

''लगभग एक हजार दिनों से, यानी दो वर्ष से ज्यादा?'' राम ने आश्चर्य से कहा।

''हाँ वत्स!'' महर्षि विश्वामित्र ने अफसोस से कहा।

''इनकी ये दुबली-पतली काया, बाहर झाँकती हड्डियाँ बता रही हैं कि इन्होंने शायद तभी से अन्न भी त्याग दिया है, पर हैरानी की बात कि अब तक जीवित कैसे हैं?''

''वत्स! यहाँ के ग्रामीणवासी, यहाँ आकर इन्हें जल पिला जाते हैं।''

''तो ये कभी अपने इस पश्चात्ताप की सजा को नहीं खत्म करेंगी?'' करुणा से राम बोले।

''पता नहीं पुत्र! पर अब तक तो इतने लोगों के समझाने के बावजूद इन्होंने अपनी हठ नहीं त्यागी है।''

''क्या मैं भी एक कोशिश करूँ गुरुदेव?'' राम, जो अहिल्या की दशा देख बेहद द्रवित थे, वात्सल्यता से बोले। न जाने क्यों राम को उस स्त्री में अपनी माता कौशल्या नजर आ रही थी, शायद नाम के मिलते-जुलते की वजह से। राम अहिल्या के पास गए, जो खुद में सिकुड़कर किसी पत्थर की भाँति बैठी थी। राम उनके समीप बैठते बोले—

"माता! आप अब तक क्यों खुद को कष्ट देती हैं?" राम वात्सल्यता से बोले और बोलते वक्त उनका गला भर्रा गया। अहिल्या ने कोई प्रतिक्रिया नहीं दी, राम पुनः बोले—

"माता! आज आपका पुत्र आपको इस हालत से मुक्त देखकर ही जाएगा, या फिर आज से वह भी यहीं आपके साथ पत्थर बन बैठेगा।" अहिल्या ने पुनः कोई उत्तर नहीं दिया, किंतु राम को यह एहसास हो गया कि वे राम को सुन रही हैं। राम अहिल्या के चरणों को पकड़ते हुए बोले—

"माता! क्या आप अपने पुत्र को यह कष्ट सहते देख सकेंगी? अगर आपको कोई फर्क नहीं पड़ता, तो मैं अब कुछ नहीं बोलूँगा और यहीं पत्थर बन बैठ जाता हूँ।" यह कह, राम भी उन्हीं की भाँति सिकुड़कर बैठ गए। राम के हाथों का उनके चरणों पर स्पर्श पा अहिल्या पुत्र-मोह से व्याकुल हो उठी थीं और जब उन्होंने राम को प्रेम से रूठकर बैठते हुए देखा, तो उन्होंने अपने शरीर की ऊर्जा का संचयकर अपना हाथ उठाया और राम के सिर पर फेरा। यह देख राम चौंक गए और खुशी से झूम उठे। इसके बाद राम बोले—

"माता आखिरकार आपमें कुछ तो हरकत हुई। माता आप इतने दिनों तक यूँ पत्थर की भाँति, अन्न त्यागकर क्यों बैठी थीं?"

"पु…पुत्र। मैंने उनको (गौतम ऋषि) को वचन दिया था कि तब तक अन्न को त्याग, यूँ पत्थर बनकर खुद को सजा दूँगी, जब तक कोई ऐसा नहीं आता, जो मुझे देखकर एक वात्सल्यता, एक माँ की भाँति न पुकारे और आखिरकार पुत्र तुम मेरे लिए एक देवता बन आ ही गए। मैं तो अब किसी मातृ-मोह से भरे पुत्र के यहाँ आने की कल्पना करनी भी छोड़ चुकी थी और ईश्वर से अपने पापों की सजा हेतु मृत्यु को माँग रही थी, किंतु पुत्र तुग मुझे उस कलंक से मुक्ति दिलाने आ ही गए। तुम पुत्र… ?" रोती, कराहती तथा पीड़ा और हर्ष का भाव एक साथ लिये अहिल्या बोली।

तब राम ने उन्हें अपने विषय में बताया। राम के विषय में जानकर अहिल्या बेहद खुश हुईं और बोलीं—

"पुत्र तुम निस्संदेह ईश्वर के अवतार हो।" यह सुन राम बोले—

"नहीं माता! मैं कोई ईश्वर का अवतार नहीं।"

"औरों के लिए न सही, मेरे लिए तो हो राम और हमेशा रहोगे। यदि तुम न आते तो मैं केवल एक कलंक लिये, दुःख और पीड़ा में अपने प्राण त्याग देती, किंतु अब मैं भी मोक्ष के लिए तप कर सकती हूँ।" यह कहकर अहिल्या ने राम को गले लगा लिया।

इधर कुटिया के बाहर महर्षि विश्वामित्र और लक्ष्मण राम का इंतजार करते-करते

थक चुके थे और वे दोनों यही सोचते हुए कुटिया की ओर बढ़े—

"इतने वर्षों से जब अहिल्या ने किसी की बात नहीं मानी, तो अब क्या मानेंगी।" तभी उन्हें कुटिया के अंदर से मुसकराते हुए राम आते दिखे। उन्होंने महर्षि और लक्ष्मण को सारी बात बताई। महर्षि ने श्रद्धा भाव से राम की ओर देखा। लक्ष्मण भी खुश हुए। इसके बाद राम ने स्वयं पास के गाँव से भोजन लाकर, अहिल्या को अपने हाथों से भोजन करवाया। अहिल्या, साथ ही वहाँ मौजूद सभी ग्रामीण अब राम को श्रद्धा के भाव से देखने लगे, मानो वे सचमुच कोई ईश्वरीय अवतार हों और वहाँ मौजूद सभी के लिए यह आश्चर्यजनक था कि किस प्रकार राम ने इतने वर्षों से पत्थर बनी अहिल्या का कल्याण कर दिया।

इसके बाद वहाँ से विदा ले राम-लक्ष्मण और महर्षि विश्वामित्र वापस मिथिला के राजमहल की ओर लौटे।

20

रक्षक का प्रेम

मिथिला लौटने के बाद राम और लक्ष्मण ने राजमहल के शाही बगीचे में सैर हेतु जाने का आग्रह किया, क्योंकि उन्हें पता चला था कि मिथिला के राजमहल का शाही बगीचा बेहद खूबसूरत है। तब महर्षि विश्वामित्र ने उन्हें राजमहल के शाही बगीचे में सैर हेतु जाने के लिए राजा जनक की आज्ञा प्रदान करवा दी। दोनों भाई अब अपनी बेचैनी काटने हेतु राजमहल के शाही बगीचे में थे। वे वहाँ का खूबसूरत दृश्य देख पल भर के लिए ठिठक से गए। वहाँ एक सीध में सीधी-सीधी और बेहद खूबसूरती से छटाई की हुई ऊँची-ऊँची झड़ियाँ, तरह-तरह के पौधे, मनोरम फूल, बड़े वृक्षों की खूबसूरत शाखाएँ, इन सबने दोनों भाइयों को मोहित कर लिया और वे दोनों एक बड़ी झाड़ी की एक तरफ, एक बड़े वृक्ष के नीचे बैठे, जहाँ से शाही तालाब स्पष्ट दिखता था। उस तालाब में दो खूबसूरत हंस के जोड़े तैर रहे थे। राम शांत मन से उस तालाब के स्थिर पानी को देख रहे थे, जहाँ हंसों के कारण एक शांत लहर उठ रही थी। वृक्षों पर मौजूद अलग-अलग किस्म के पक्षी अपने आवाजों से एक अलग किस्म का मधुर संगीत उत्पन्न कर रहे थे। दोनों भाई बिल्कुल शांत और उस पल का आनंद ले रहे थे, तभी उन्हें झाड़ियों की दूसरी तरफ कुछ कदमों की आहट सुनाई दी, दोनों चौंके, तभी उन्हें कुछ कन्याओं के बोलने का स्वर सुनाई दिया। वे कन्याएँ झाड़ी की दूसरी तरफ आकर बैठ गईं और आपस में वार्त्तालाप करने लगीं, जिनकी आवाज स्पष्ट दोनों भाइयों के कानों में पड़ रही थी।

एक कन्या हँसती हुई बोली—

"यह बेहद आश्चर्यजनक बात है दीदी कि आपको यह स्वयंवर पसंद नहीं।"

"उर्मिला यह मजाक नहीं है, सच में मुझे यह स्वयंवर पसंद नहीं, जिसमें किसी

के जीवन का निर्धारण मात्र केवल बाहुबल को आँककर कर दिया जाए।'' दूसरी कन्या बोली।

''तो आप चाहती हैं एक साधारण विवाह, किंतु आपको स्मरण रहे कि आप मिथिला की बड़ी राजकुमारी हैं।'' मजाक के रूप में एक अन्य कन्या दूसरी कन्या, जो मिथिला की बड़ी राजकुमारी थी, उनका गाल खींचते हुए शरारत से बोली।

''आह! तुम भी न मांडवी।'' कहकर मिथिला की बड़ी राजकुमारी हलके से चीखी और फिर बोली—

''तुम लोगों को यह मजाक लगता है? काश तुम मेरे अंतर्मन को समझ पातीं! *दुनिया में सबकुछ बाहुबल-ताकत नहीं होता, सबसे ज्यादा जरूरी बुद्धि होती है। बाहुबल से केवल आप साम्राज्य जीतते हैं, किंतु बुद्धि से ही उसका निर्माण होता है। बाहुबली-ताकतवर साम्राज्य विजेता हो सकता है, परंतु निर्माता नहीं।*''

यह सुन राम-लक्ष्मण एक-दूसरे की ओर देखकर चौंके।

''हम कभी आपकी बातों को नहीं समझ पाएँगे, किंतु क्या आप इस स्वयंवर की शर्त कोई बुद्धिमानी प्रदर्शित करनेवाला कार्य रखना चाहेंगी?'' उर्मिला ने पूछा।

''हाँ! अगर ऐसा होता तो मुझे बेहद खुशी होती।'' मिथिला की बड़ी राजकुमारी बोली।

''ओह! फिर तो दीदी, कोई दुबला-पतला बुद्धिमान, जो फूँक मारने से भी डगमगा जाए, वह अपनी बुद्धिमानी प्रदर्शितकर आपको अपनी पत्नी बनाकर ले जाता।'' एक अन्य तीसरी कन्या बोली।

''हाँ! श्रुतकीर्ति, कम-से-कम वह उस अंधे बलवान से तो ज्यादा अच्छा होता और वैसे भी हो सकता है कि उस बुद्धिमानीवाली शर्त को कोई ताकतवर इन्सान भी पूरा कर देता, जिसमें ताकत और बुद्धि दोनों हों?''

''पर मेरी प्यारी बहन! असलियत में बुद्धिमान और ताकतवर पुरुष इस संसार में इक्का-दुक्का ही होंगे या हो सकता है कि न भी हों।''

मांडवी सीता को छेड़ती हुई बोली।

''हम्म! पर स्वयंवर की शर्त गलत है।'' मिथिला की बड़ी राजकुमारी चिंता और दु:ख से बोली।

''आप ऐसा क्यों सोचती हैं?'' उर्मिला अब चिंतित हो उठी।

''क्योंकि आज के समाज की आंतरिक बुराइयों को मिटाने हेतु बल की नहीं, बल्कि बुद्धि की जरूरत है। मुझे समाज में बहुत कमियाँ नजर आती हैं और मैं उनको एक भीषण आकार लेता देख रही हूँ। चोरी, हत्याएँ, असुरक्षा, असमानता, ये सब अपने विकराल रूप में हैं। मैं इनमें सुधार चाहती हूँ। मैं चाहती हूँ कि समाज में समानता

बरकरार रहे।'' मिथिला की बड़ी राजकुमारी उदास होती बोली।

राम-लक्ष्मण ने हैरानी से उनके वार्त्तालाप को सुन एक-दूसरे की ओर देखा।

''दीदी अब बस करिए, यह सब व्यावहारिक रूप में मुमकिन नहीं है। समानता और शांति तथा हर प्रकार की बुराइयों से मुक्त समाज तो मात्र एक कोरा आदर्श है, जिसकी प्राप्ति कभी संभव नहीं हो सकती।'' मांडवी सीता को समझाती हुई बोली।

''ये तो बिल्कुल भरत भइया की तरह बोल रही हैं, मैं तो मानो आपके और भरत भइया के पूर्व गुरुकुल में हो चुके वार्त्तालाप की पुनरावृत्ति सुन रहा हूँ।'' लक्ष्मण ने धीमे स्वर में राम से कहा। राम ने सहमति में सिर हिलाकर, उन कन्याओं के बात की तरफ ध्यान देते हुए लक्ष्मण को चुप रहने का इशारा किया।

''हाँ! दीदी और यह तो मेरे बिल्कुल भी समझ में नहीं आता कि आप ये सब कैसे सोचती और देखती हैं।'' उर्मिला मासूमियत से बोली।

उर्मिला की इस बात को सुनकर राम ने एक आश्चर्य से भरी गहरी निगाह लक्ष्मण पर डाली, जो हैरत से आँखें बड़ी किए अपने दोनों हाथों की उँगलियों से अपनी ओर इशारा करते बोले, ''मैं! यह तो बिल्कुल मेरी तरह बात कर रही है।''

लक्ष्मण का यह वाक्य सुन और उनका हाव-भाव देख राम के चेहरे पर एक गहरी मुस्कान फैल गई।

तब लक्ष्मण ने धीरे से राम के पास जा, उनके कान में कहा—

''भइया! ये वही है, जिनका इंतजार आपने अब तक किया है। हममें से न तो कोई आपको समझ सकता है, न मिथिला की बड़ी राजकुमारी को, किंतु आप दोनों एक-दूसरे को समझ सकते हैं। ईश्वर ने आप दोनों को एक-दूसरे के लिए बनाया है।'' लक्ष्मण एक साँस में बोले।

यह सुन राम शर्म से झेंप गए, किंतु मिथिला की बड़ी राजकुमारी के कहे शब्द उनके मन से नहीं निकल रहे थे। लक्ष्मण ने एक गहरी निगाह राम के चेहरे पर डाली और उनके अंदर की बात समझ गए। लक्ष्मण ने तुरंत एक योजना बनाई और जोर से बोल पड़े—

''भइया! मैं आपसे कह रहा था कि यह समाज ताकतवर को ही सम्मान देता है, किंतु आप सदैव बुद्धि को श्रेष्ठ बताते रहे। अब तो आप तीक्ष्ण बुद्धि के साथ ताकत भी ग्रहण कर चुके हैं। अब तो अपनी जिद छोड़ दीजिए।'' यह कह लक्ष्मण ने एक शरारती और चतुराई से भरी मुस्कान के साथ राम को देखा।

राम ने आँखें तिरछीकर लक्ष्मण को घूरा और अपने सिर पर हाथ मारते, शर्म से अपना सिर उसमें छुपा लिया।

इधर उन कन्याओं ने जब लक्ष्मण की यह आवाज सुनी, तो चौंक गईं कि शाही

बगीचे में ये अजनबी कौन हो सकते हैं? और वे सब एक-दूसरे को चुप रहने का इशारा कर राम-लक्ष्मण की तरफ धीरे और सावधानीपूर्वक खिसक आईं, ताकि वे उनकी बातचीत सुन सकें।

''भइया! कृपाकर कुछ तो बोलिए।'' लक्ष्मण शरारत से मुसकराते, तेज आवाज में गंभीर बनते हुए बोले।

राम ने शर्म से लाल चेहरा लिये लक्ष्मण की ओर घूरा कि वह अब बस करे। लक्ष्मण, राम का शर्म से लाल चेहरा देख, एक दबी हँसी हँसकर फिर तेजी से बोले—

''भइया आप क्यों नहीं समझते, इस स्वयंवर में हिस्सा ले अपनी ताकत सिद्ध करिए और फिर अपनी बुद्धिमानी का प्रयोगकर समाज की सारी आंतरिक बुराइयों को दूर कर दीजिएगा, जो केवल आपको नजर आती हैं और अपना आदर्श नियम समाज में स्थापित कर दीजिएगा।''

यह सुन मिथिला की बड़ी राजकुमारी चौंकी। सभी अन्य कन्याएँ हर्ष से उनकी तरफ देखने लगीं। अपनी तरफ उन्हें यूँ देखता देख मिथिला की बड़ी राजकुमारी बात को समझ थोड़ी शरमा गई, किंतु शीघ्र ही उन्होंने स्वयं को सँभाल लिया।

इधर राम मारे शर्म के पानी-पानी हो रहे थे कि यदि लक्ष्मण की आवाज सुन वे इधर आ गईं, तो मैं क्या करूँगा और लक्ष्मण तो लक्ष्मण ही ठहरे, अपनी धुन में मगन इस सुनहरे मौके को खोना नहीं चाहते थे।

''बोलिए भइया! कुछ तो बोलिए। आप स्वयंवर में भाग ले रहे हैं न या मैं कुछ गलत बोल रहा हूँ?''

''नहीं, आप बिल्कुल सही कह रहे हैं।'' एक आवाज उनकी बगल में गूँजी, वे उस आवाज को सुन चौंक गए। वह एक सेविका थी।

राम-लक्ष्मण शिष्टाचार-सहित उठे और फिर लक्ष्मण बोले—

''आप?''

''मैं मिथिला की बड़ी राजकुमारी की सेविका हूँ। राजकुमारी अपने बहनों के साथ यहाँ हैं और उन्होंने आप दोनों का पूरा वार्त्तालाप सुना है और चूँकि शाही बगीचे में किसी अजनबी का आना सख्त मना है, इसलिए क्या आप लोग कोई विशिष्ट अतिथि हैं? कृपया अपना परिचय दीजिए।''

''जी हाँ! हम महर्षि विश्वामित्र के साथ आए हैं। हम उनके शिष्य हैं। मैं हूँ लक्ष्मण और ये हैं मेरे बड़े भाई राम, कौशल प्रांत के होने वाले राजा।''

''ओ हो! एक राजकुमार।'' मिथिला की बड़ी राजकुमारी को प्रेम से छेड़ती मासूम उर्मिला बोली। मिथिला की बड़ी राजकुमारी झेंप गई, जो झाड़ के दूसरी तरफ खड़ी थी।

"ठीक है राजकुमार। आप लोग कुछ पल इंतजार करें, मैं राजकुमारी की आज्ञा लेकर आती हूँ।" कहकर वह सेविका झाड़ के दूसरी तरफ चली गई।

राम ने एक बनावटी गुस्से से लक्ष्मण की ओर देखा और लक्ष्मण प्रतिउत्तर में राम को एक प्यारी नटखट मुस्कान देकर सामने की ओर देखने लगे, जहाँ से एक के बाद एक चार कन्याएँ सामने आ रही थीं। उनके पीछे वह सेविका भी चली आ रही थी।

राम ने भी सामने देखा और उन कन्याओं को आते देख शर्म से दूसरी ओर देखने लगे। चारों कन्याएँ उनके सामने कुछ दूरी पर आकर खड़ी हो गईं। तब मिथिला की बड़ी राजकुमारी बोली—

"प्रणाम राजकुमार! मैं हूँ सीता, मिथिला की बड़ी राजकुमारी।"

राम-लक्ष्मण ने भी प्रतिउत्तर दिया। तब राम ने पहली बार सीता की तरफ देखा। राम उस अद्वितीय सुंदरी को देखते रह गए। उन्होंने अपने अब तक के जीवनकाल में इतनी खूबसूरत कन्या पहले कभी नहीं देखी थी। सीता की बड़ी-बड़ी आँखें, गहरे घने काले बाल, जो खूबसूरती से एक लंबी चुटियाँ में गुँथे हुए थे। राम सीता को देख बिल्कुल मोहित हो कुछ पल के लिए उनके चेहरे पर ठिठक गए, किंतु शीघ्र ही उन्हें अपनी मर्यादा का ध्यान हुआ और वे खुद को संयतकर दूसरी ओर देखने लगे, जबकि उनको देख लक्ष्मण-उर्मिला ने मुसकराते हुए एक-दूसरे की ओर देखा।

"आप दोनों में राजकुमार राम कौन हैं ?" यह पूछती सीता की नजर लक्ष्मण पर पड़ी, जो पहले ही अपनी उँगली से राम की तरफ इशारा कर चुके थे कि राम वे हैं।

सीता राम की ओर देखती हुई बोली, "मैं आपसे कुछ बात करना चाहती हूँ, एकांत में।" राम शर्म से नीचे की ओर देख रहे थे।

यह सुनते ही लक्ष्मण की आँखें खुशी से चमक उठीं, उनकी योजना ने अपना काम कर दिखाया। राम लक्ष्मण की तरफ बिना देखे ही समझ गए कि लक्ष्मण के मन में लड्डू फूट चुका है।

यह सुन उर्मिला मासूमियत से लक्ष्मण की ओर देखती हुई बोली, "क्यों न छोटे राजकुमार आप हमारे साथ चलें, मैं आपको उद्यान का दूसरा छोर दिखाना चाहती हूँ।" उन्होंने दूर एक छोर की ओर इशारा किया।

"हाँ! हाँ! क्यों नहीं। अवश्य मुझे खुशी होगी, किंतु आप··· ?"

"मैं हूँ उर्मिला, मिथिला की छोटी राजकुमारी।" अपने बालों को झटकती प्रेम से उर्मिला बोली।

गला खँखारते हुए नटखट अंदाज में लक्ष्मण बोले, "भइया मैं आता हूँ।" राम लक्ष्मण की इस शरारती बोली का मतलब भलीभाँति समझ रहे थे। फिर लक्ष्मण अन्य दोनों कन्याओं मांडवी और श्रुतकीर्ति से परिचय करते उद्यान के दूसरे छोर की ओर

निकल गए। अब वहाँ राम और सीता अकेले थे।

वहाँ मौजूद गहरी खामोशी को तोड़ती सीता बोली—

"तो क्या यह सत्य है कि आपको भी इस समाज की आंतरिक दशा ठीक नहीं लगती और आप इसमें सुधार करना चाहते हैं?"

राम मानो नींद से जगे हों।

"आँ···हाँ···हाँ! यह सत्य है।" राम अभी भी शर्म के कारण खुद में असहज महसूस कर रहे थे।

"आप जानते हैं, मैं इतने वर्षों तक किसी ऐसे की राह देखती रही, जो यह कहे कि मैं गलत नहीं हूँ और मेरी सोच जायज है।"

"हाँ राजकुमारी! आपकी सोच बिल्कुल जायज है और···और मैं स्वयं किसी ऐसे की तलाश में था, जो मेरे विचारों को सही ठहराता और मुझसे कहता कि आदर्श भी प्राप्ति के योग्य है।" यह कहते हुए राम ने पहली बार सीता की बड़ी-बड़ी आँखों में झाँका। राम सीता के विचारों के साथ-साथ सीता की सुंदरता के भी कायल हो चुके थे। सीता राम को इस तरह से अपनी ओर देखते शर्म से अपनी नजरें झुकाती हुई बोली—

"हाँ राजकुमार! यह बिल्कुल सत्य है। आदर्श बिल्कुल प्राप्ति के योग्य है।" सीता ने विश्वास से राम की ओर देखते हुए कहा।

"धन्यवाद राजकुमारी।" राम ने भी विश्वास से जवाब दिया।

"वैसे आप पति-पत्नी के संबंध को किस नजरिए से देखते हैं?"

"मेरे लिए तो पति-पत्नी का संबंध एक अनमोल रिश्ते की भाँति है, जिसके गठबंधन से एक नए प्राण (बच्चे) की सृष्टि होती है। इसलिए यह रिश्ता अद्‌भुत और अनमोल होता है, क्योंकि इस संसार का कोई अन्य रिश्ता प्राण की सृष्टि नहीं करता।" पहली बार किसी ऐसे को पाकर, जो स्वयं राम की भाँति था, राम उनसे अपने हृदय में छिपी सारी बातें कह देना चाहते थे।

"क्या आप यह स्वीकार करते हैं कि एक पति-पत्नी में सच्चा प्रेम संभव है? वह भी इस युग में, जबकि आज लोग विवाह मात्र राजनैतिक हितों की पूर्ति हेतु कर रहे हैं।"

"हाँ! मुझे पूरा विश्वास है कि एक पति-पत्नी के बीच सच्चा प्रेम संभव है, क्योंकि मैं किसी और के बारे में नहीं कह सकता, किंतु मैं स्वयं इस व्यवस्था, इस नियम को बदलना चाहता हूँ और अवश्य बदलूँगा।"

"मतलब कि आप राजनैतिक हितों की पूर्ति हेतु भी दूसरा विवाह नहीं करेंगे?" आश्चर्य से सीता ने राम की तरफ देखते हुए पूछा। राम ने जवाब दिया—

"नहीं राजकुमारी! मैं कभी और किसी कीमत पर दूसरा विवाह नहीं करूँगा। मैं

केवल एक विवाह ही करूँगा और आजीवन उस एक पत्नी के प्रेम को पूर्ण निष्ठा और ईमानदारी से निभाऊँगा।'' यह सुन सीता सोच में पड़ गई कि राम कौन सी दुनिया के वासी हैं, किंतु हृदय से सीता इतनी प्रसन्न हुई, जितनी कि वह पहले कभी नहीं हुई थी।

''आप प्रेम को किस नजरिए से देखते हैं?''

''मेरे लिए प्रेम एक अनुपम वस्तु है, जिसका कोई अंत नहीं है। वह अनंत है, असीम है और सबसे खास बात कि वह इस संसार में सबसे शक्तिशाली है।''

''सबसे शक्तिशाली?'' आश्चर्य से सीता ने पूछा।

''हाँ! सबसे शक्तिशाली। एक सच्चा प्रेम कुछ भी संभव बना सकता है, क्योंकि सच्चे प्रेम में पूर्ण ईमानदारी और निष्ठा होती है, जो किसी के प्रति इन्सान को पूर्ण समर्पित बनाती है और पूर्ण समर्पण कुछ भी संभव कर दिखाता है।''

''क्या सचमुच एक सच्चा प्रेम इतना शक्तिशाली होता है कि इस संसार का मुश्किल से भी मुश्किल कार्य भी संभव बना दे?''

''हाँ राजकुमारी! वह होता है।''

''हम्म...तो राजकुमार क्या यह सत्य है कि आप इस स्वयंवर में भाग नहीं लेना चाहते?'' कुछ सोचती हुई सीता ने राम से पूछा।

''नहीं, यह सत्य नहीं, कम-से-कम अब तो बिल्कुल भी नहीं। मेरा कहने का मतलब है कि दरअसल मैं यहाँ स्वयंवर के लिए नहीं, बल्कि महर्षि विश्वामित्र के साथ एक अतिथि के रूप में आया हूँ।'' राम ने निराश भाव से उत्तर दिया, किंतु सीता का ध्यान अभी भी उस वाक्य पर था, ''कम-से-कम अब तो बिल्कुल नहीं।'' सीता समझ गई थी कि राम उन्हें मन-ही-मन पसंद करने लगे हैं, यह सोच सीता मंद भाव से मुसकरा दी।

''किंतु हमने आपके भारतवर्ष के श्रेष्ठ शिष्य चुने जाने के विषय में सुना है और आप जानते हैं, मेरी बहनें आप पर बेहद विश्वास जता रही थीं कि आप उस काबिल हैं कि इस स्वयंवर की शर्तों को पूरा कर सकते हैं।'' राम की आँखों में आँखें डाल सीता बोली। राम गहरी सोच में पड़ गए। तभी उन्हें दूर से लक्ष्मण, उर्मिला और अन्य आते दिखे।

उन्हें देख सीता बोली—

''लगता है, कुछ हुआ है, शायद जाना पड़ेगा, किंतु मैं जाते-जाते आपसे एक आखिरी वाक्य कहना चाहती हूँ।'' सीता ने बेहद शांत भाव से कहा।

''कहिए राजकुमारी।''

''मुझे भी आप पर पूरा भरोसा है कि कल आप स्वयंवर की शर्तों को अवश्य पूरा करेंगे।'' कहकर सीता, उर्मिला की ओर मुड़ी।

राम यह वाक्य सुन बुरी तरह चौंक गए, क्योंकि अभी तो उनके स्वयंवर में भाग लेने की कोई योजना भी नहीं है और राजकुमारी कह रही है कि मैं शर्त अवश्य पूरी करूँगा। इतना घोर विश्वास।

उर्मिला ने सीता के पास आकर बताया कि पिताश्री ने उन्हें याद किया है, तब सीता राम-लक्ष्मण से विदा ले जाने को हुई। सीता ठिठकी, पलटी और राम को देखी और फिर चली गई। राम उनकी इन नजरों को नहीं भूल पा रहे थे और न ही वह आखिरी वाक्य।

लक्ष्मण राम को उस हालत में देख मुसकरा दिए और बोले—

''भइया अब हमें चलना चाहिए। चिंता मत कीजिए, वे मेरी भाभी बन चुकी हैं।''

राम लक्ष्मण की इस शरारत पर मुसकरा दिए और वे दोनों अतिथि गृह की ओर मुड़ गए, किंतु राम महसूस कर रहे थे कि वे उस जगह कुछ छोड़ आए हैं, जो शायद राम का हृदय था, जो सीता के साथ चला गया था।

राम-लक्ष्मण अब केवल इस सोच में थे कि किस तरह कल के स्वयंवर में राम की भागीदारी सुनिश्चित की जाए।

सायंकाल से पूर्व अयोध्या से राजा दशरथ, भरत आदि सभी मिथिला पहुँच गए। जब राजा दशरथ ने पहले से ही राम को वहाँ उपस्थित पाया तो उनकी खुशी का कोई ठिकाना न रहा। उन्होंने तुरंत दोनों महर्षि से आपसी मंत्रणा कर भरत की जगह राम को स्वयंवर में भाग लेने की अनुमति प्रदान की।

इधर लक्ष्मण ने भरत-शत्रुघ्न को मिथिला की राजकुमारियों और राम-सीता की मुलाकात की बात को बताया। यह सुन भरत बेहद प्रसन्नचित्त हुए और उन्होंने राम के भाग लेने पर बेहद हर्ष जताया। सबकुछ राम के पक्ष में ऐसे हो गया, मानो ईश्वर स्वयं राम को सीता से मिलाने को इच्छुक हों। यह सब तो बिल्कुल आसानी से हो गया, किंतु एक कहावत है, ''जितना बड़ा लक्ष्य हो, संघर्ष और त्याग भी उतना ही बड़ा होता है।''

21

सच्चे प्रेम की शक्ति और रक्षक का विवाह

दूसरा दिन

जब सब स्वयंवर में पहुँचे, तब उन्हें स्वयंवर की शर्त के विषय में पता चला, जिसने सभी को हैरानी में डाल दिया। भारतवर्ष के कोने-कोने से आए सभी राजाओं को जब स्वयंवर की शर्त के विषय में पता चला, उनके होश उड़ गए। स्वयंवर की शर्त थी—

'भारतवर्ष के महानतम राजा प्रभु शिव का एक धनुष था, जो दस किलो वजनी, शीशम के वृक्ष की पक्की लकड़ी से बना था, जो बेहद मजबूत था। उस विशाल और अत्यंत मजबूत धनुष को करीब दस इंच नीचे मोड़ उस पर प्रत्यंचा चढ़ानी थी और जब यह नामुमकिन सा कार्य पूरा हो जाए, तब उस धनुष को हवा में उठाकर बिना जमीन पर रखे दो टुकड़ों में बाँटना था, अर्थात् तोड़ना था।'

कोई यह नहीं समझ पा रहा था कि यह कैसे मुमकिन होगा। धनुष को देख तीनों भाई एक साथ हैरानी और अफसोस से राम की शक्ल देखने लगे। राम उस धनुष को देख स्वयं बेहद हैरान थे, पर उनकी हैरानी का कारण कुछ और था कि महान् सैंधव सभ्यता के जनक, महान् राजा प्रभु शिव कितने बलिष्ठ रहे होंगे, जो इस विशाल धनुष का इस्तेमाल युद्ध में करते थे। निस्संदेह ऐसा राजा ईश्वर 'महादेव' ही कहलाने के लायक है। राम तो धनुष के स्वामी की महानता में ही खो गए, हारकर तीनों भाइयों ने एक साथ उन्हें हिलाकर उस तंद्रा से बाहर निकला।

"भइया! क्या इस धनुष पर प्रत्यंचा चढ़ा, बिना जमीन पर रखे इसे तोड़ना मुमकिन लगता है ? मुझे तो यह नामुमकिन लगता है।" लक्ष्मण हैरानी से उस विशाल

आकारवाले धनुष को देखते हुए राम से बोले।

''कुछ भी नामुमकिन नहीं लक्ष्मण।'' राम मुसकराते हुए बोले।

राम को उस धनुष में सीता का वह आखिरी बार पलट के देखना दिखाई दे रहा था।

लक्ष्मण और भरत, राम की मुस्कान को समझ गए, किंतु शत्रुघ्न अनजान रहे और भय से उस भयंकर धनुष को देखे जा रहे थे।

''भइया! यह प्रेम आपको कष्ट देगा।'' भरत ने शरारत से कहा।

''क्या कह रहे हो भरत।'' राम बनावटी गुस्सा दिखाते बोले।

''मुझे पता है कि आपके मन में क्या चल रहा है, आपको हर जगह भाभी माँ दिखाई दे रही हैं। भइया कल्पना की दुनिया से निकल हकीकत को देखिए। वह धनुष···।'' भरत अभी बोल ही रहे थे कि राम उनकी बात को काटते हुए बीच में बोल पड़े—

''मुझे उसमें सीता की पुकार दिखाई देती है।'' राम ने किसी और दुनिया में खोए हुए गुमसुम सा जवाब दिया। यह सुन लक्ष्मण-भरत-शत्रुघ्न का मुँह खुला का खुला रह गया और उन तीनों के मुख से एक साथ निकला—

''क्या···!''

राम स्वयंवर में इतने मगन हो गए थे कि उनकी पूरी चाल-ढाल ही बदल गई थी। इस बात को राम को पहले से जाननेवाला हर शख्स महसूस कर रहा था। जहाँ हर कोई धनुष को देख दुःखी-उदास हो रहा था, वहीं राम पहले से अधिक चहक रहे थे। यह बात स्वयं राम ने भी महसूस की कि क्यों वे इतना अच्छा महसूस कर रहे हैं। राम स्वयं से बुदबुदाए—

''यह मुझे क्या हो गया है? इतना उत्साह मैंने पहले कभी नहीं महसूस किया था। मुझे इस धनुष से डरना चाहिए, किंतु क्यों मेरा अंतर्मन बस एक प्रयास पाने हेतु लालायित है कि कब वह इस धनुष को उठाए, प्रत्यंचा चढ़ाए, दो टुकड़ों में बाँट दे और राजकुमारी सीता को प्राप्त कर,उन्हें इस दुनिया की नजर से ओझल कर दे। मुझे ऐसा एहसास पहले कभी नहीं हुआ। यह एक अद्‌भुत अनुभव है, किंतु मुझे स्वयं को काबू में रखना होगा।''

वहीं चारों भाइयों से दूर, दोनों महर्षि और राजा दशरथ राम के इस अजीब व्यवहार को महसूस कर रहे थे। यह देख राजा दशरथ बोले—

''यह राम को क्या हो गया है? इसे देख तो लगता है कि मानो इसे शर्त की जरा भी परवाह नहीं है, जबकि अन्य सभी राजा कितने चिंतित लग रहे हैं।''

''हाँ! कुछ तो बात है, या तो राम को स्वयं पर भरोसा है या फिर वह स्वयंवर

की शर्त को सुन डर से बहक गया है।'' महर्षि वसिष्ठ मजाक में बोले। सभी हँसने लगे।

धीरे-धीरे पूरा स्वयंवर स्थल राजाओं-महाराजाओं से भरता चला गया। स्वयंवर में कुछ यक्ष और असुर राजाओं को देखकर दोनों महर्षि और राजा दशरथ बेहद हैरान हुए। यह देख महर्षि वसिष्ठ ने राजा जनक के पास शिकायती अंदाज में कहा, ''राजन! यक्षों और असुरों को इस स्वयंवर में भाग लेने की अनुमति नहीं देनी चाहिए थी।''

यह सुनकर राजा जनक बोले, ''क्षमा करें महर्षि, किंतु मुझे नहीं लगता है कि किसी इन्सान में इतना बाहुबल होगा, जो इस स्वयंवर की शर्त को पूरा कर सके।'' यह सुनकर महर्षि शांत हो गए, क्योंकि इस बात से वहाँ मौजूद सभी लोग सहमत थे, किंतु एक हकीकत यह भी थी कि वहाँ उस स्वयंवर में मौजूद लगभग सभी यक्ष और असुर राजाओं ने उस धनुष का निरीक्षण कर अपने मन में पहले ही हार मान चुके थे, बस वहाँ मौजूद केवल एक ही शख्स उस शर्त और धनुष के डर से अनजान था, क्योंकि वह प्रेम के सागर में गोते लगा, कल्पना की दुनिया में सैर कर रहा था और वे थे—राम।

हाँ, एक और शख्स के सामने वह शर्त कुछ भी न थी, वह धनुष भी उसे न डरा पाता, क्योंकि वह स्वयं डर का दूसरा नाम था। वह स्वयंवर से बस चंद मिनटों की दूरी पर था।

राजा जनक खड़े हुए और स्वयंवर शुरू करने की घोषणा की, तभी वहाँ एक भयंकर आवाज गूँज उठी। वह आवाज ऐसी थी मानो अधिक संख्या में भीमकाय उकाव पक्षी अपना पंख फड़फड़ा रहे हों। राजा दशरथ फुसफुसाए कि उकावों का हमला। सभी अंगरक्षक और पहरेदार चौंकन्ने हो गए, तभी उन्हें स्वयंवर से दूर मैदान में एक विमान दिखाई दिया। सब उत्सुकता से उस विमान को देखने लगे। सबके लिए वह एक अनजान वस्तु थी, सब अपनी-अपनी जगहों पर खड़े हो गए और उत्सुकतावश उधर देखने लगे। चूँकि विमान उतरने की जगह थोड़ी दूर थी, इसलिए कुछ ज्यादा स्पष्ट नहीं दिखाई दे रहा था। मिथिला की सेना दौड़ती वहाँ पहुँची, तभी स्वयंवर के बीचोंबीच चार-पाँच सैनिक उड़ते हुए आ गिरे। सब चौंक गए, उनमें भगदड़ मचनेवाली ही थी कि कोई उन्हें प्रवेश द्वार से आता दिखा। जो शरीर से बेहद बाहुबली प्रतीत हो रहा था। जब वह और नजदीक आया, तब एक भयंकर आवाज वहाँ गूँज उठी—

"यह क्या मजाक है, क्या स्वयंवर में लंकाधिपति के स्वागत की यह व्यवस्था है कि सैनिक उसे घेर लें?"

राजा जनक तुरंत अपने सिंहासन से उतरे और रावण का अभिवादन करते हुए बोले, "क्षमा करें राजन! हमें नहीं पता था कि आप सचमुच उतनी दूर से स्वयंवर हेतु पधारेंगे, अन्यथा आपके स्वागत की अच्छी तैयारी होती।" यह सुनकर रावण का क्रोध कुछ शांत हुआ और उसने एक सभ्य राजा की तरह राजा जनक का अभिवादन स्वीकार किया।

रावण को देख दोनों महर्षि और राजा दशरथ की आँखें फटी-की-फटी रह गईं। उन्होंने सोचा तो था कि रावण भयानक और बलिष्ठ होगा, किंतु इतना अधिक भयानक और बलिष्ठ होगा, इसकी उन्होंने कल्पना भी नहीं की थी। रावण को देख राम ने महर्षि वसिष्ठ की ओर प्रश्नात्मक रूप से देखा, तब महर्षि ने मौन स्वीकृति देते हुए धीरे से अपना सिर हिलाया। मानो राम ने मन में ही प्रश्न पूछा हो और महर्षि ने उसी प्रकार उसका प्रतिउत्तर दिया हो।

चारों भाई रावण की कद-काठी और व्यक्तित्व से काफी प्रभावित हुए।

सभी रावण को देख शांत हो गए। कोई भी कुछ बोल किसी विवाद को जन्म नहीं देना चाहता था। इसलिए रावण को देख राजा दशरथ और दोनों महर्षि केवल खून का घूँट पीकर रह गए। रावण को राजा जनक ने उचित आसन दिया। अब लोगों की निगाहें धनुष पर कम, रावण पर अधिक थीं, जिसने अपनी मौजूदगी और व्यक्तित्व से वहाँ मौजूद अन्य सभी लोगों के हृदयों में खौफ पैदा कर दिया था।

वहीं मिथिला के जनसमूह के साथ बैठा एक भिखारी स्वयंवर की सारी घटना बेहद सामान्य भाव से देख रहा था। वह राजमहल की दीवार फाँदकर अंदर आया था। उसने एक मोटा लबादा पहन रखा था, जिसको देखकर लगता था कि उसने उसके पीछे कुछ छुपाया है। उसका मुख भी उसी लबादे से ढका हुआ था। वह सबको ऐसे देख रहा था मानो, सबको भलीभाँति पहचानता हो। वह रावण से डरना तो दूर की बात, बल्कि वह रावण को एक कुटिल मुस्कान के साथ उपेक्षा के साथ देख रहा था, मानो उसके अंदर रावण से भी ज्यादा बल हो। उस भिखारी को मुसकराते हुए देख उसके नीचे बैठा एक अन्य मिथिलावासी बोला—

"क्या तुम्हें यह सब अद्‌भुत नहीं लगता, क्या वह भयानक राक्षस तुम्हारे मन में जरा भी भय नहीं पैदा कर रहा, जो उसे बिना डर के मुसकराकर देख रहे हो?"

"अच्छा देखो मेरी तरफ! तुम्हें लगता है कि मुझे उससे डरना चाहिए?"

कहकर उस भिखारी ने अपनी आँखों को चौड़ी कर, उस मिथिलावासी को डराया। उसके आँखों से मानो अंगारे निकल रहे थे। वह मिथिलावासी डर से दूसरी ओर देखता हुआ बुदबुदाया—

"सोचा था आज कुछ अलग देखूँगा, पर इतने डरावने-डरावने लोगों को देखूँगा, यह कभी नहीं सोचा था। अजीब रहस्यमयी आदमी है यह भी।"

वह भिखारी गंभीर होता सामने देखने लगा।

तभी रावण आसन से उठा और धनुष के पास गया और वह एक ताड़पत्र पर लिखे स्वयंवर की शर्त को पढ़ने के बाद, धनुष की ओर देखने लगा। धनुष को देखते ही वह पहचान गया कि यह उसके आराध्य देव शिव का है। उसने वेदों में इस धनुष का वर्णन पढ़ा था। उसने तुरंत हाथ जोड़कर धनुष को प्रणाम किया और अपने आसन की ओर गया। यह देख राजा जनक बोले—

"सबकुछ ठीक तो है राजन?"

"हाँ! अपने आराध्य देव की संपत्ति देख अत्यंत खुशी हुई, उन्होंने एक नई सभ्यता को जन्म दिया था और अब उनकी इस संपत्ति से मैं भी एक नई सभ्यता को विकसित करूँगा।" रावण गर्व से बोला।

इस वाक्य को सुन राजा जनक बेहद हर्षित हुए, क्योंकि उन्हें लगा कि रावण के कहने का मतलब है कि वह इस स्वयंवर की शर्तों को पूरा कर सकने में सक्षम है। लिहाजा राजा जनक निश्चिंत हुए कि कोई तो है, जो इस धनुष को तोड़ सकने में खुद को सक्षम मानता है। भारतवर्ष के एक कोने में होने के कारण अभी वे रावण के अत्याचार से भलीभाँति परिचित नहीं थे और न किसी ने उनका परिचय करवाया था। उन्हें तो बस एक ऐसा सुयोग्य वर चाहिए था, जिसमें स्वयंवर की शर्त को पूरा करने का बाहुबल हो और वह स्वयंवर की शर्त को पूरी कर उनकी पुत्री को ब्याह कर ले जाता।

रावण के कहे गए वाक्य का असली मतलब समझ राजा दशरथ और दोनों महर्षि के माथे पर बल पड़ गए, क्योंकि उसका कहने का मतलब था कि वह राक्षस प्रजाति के उन्नयन और अन्य प्रजातियों के विनाश की शुरुआत इस स्वयंवर को जीतकर करनेवाला था। तभी राजा जनक ने घोषणा की कि स्वयंवर शुरू किया जाए।

नाम पुकारे जाने पर सभी राजा बारी-बारी से आते और धनुष उठा प्रत्यंचा चढ़ाने की कोशिश करते, किंतु प्रत्यंचा चढ़ाना तो दूर की बात, कोई उसे एक-दो इंच भी नहीं झुका सका, जबकि प्रत्यंचा चढ़ाने के लिए धनुष का दस इंच झुकना आवश्यक था। आखिर यूँ ही नहीं शीशम के वृक्ष की पक्की लकड़ी की मजबूती की मिसाल दी जाती थी, रावण यह सब देख अत्यंत खुश हो रहा था। वह बारीकी से हर भारतीय

राजा का निरीक्षण कर रहा था और उसके लिए तो सब राजा एक मानोरंजन का साधन मात्र थे। हाँ! उसकी निगाहें राजाओं के बीच थोड़े डर के साथ केवल एक शख्स को तलाश रही थीं और वह था बालि, किंतु रावण को उसके यहाँ आने की कोई वजह नहीं नजर आती थी। वह जानता था कि उसकी प्रजाति इतनी भिन्न थी और सबसे बड़ी बात कि वह इन्सानों से नफरत करता था। इसलिए रावण ने थोड़े डर के साथ उसे राजाओं की भीड़ में ढूँढ़ा, किंतु उसे वहाँ न पाकर, वह बेहद प्रसन्न हुआ, क्योंकि अब उसका मार्ग साफ था।

इधर जैसे-जैसे असफल राजाओं की संख्या बढ़ती जा रही थी, वैसे-वैसे राजा जनक की चिंता भी गहराती जा रही थी। वैसे भी राजा जनक स्वयंवर की शर्त पूरी करने हेतु सभी राजाओं को दो से तीन मौके दे रहे थे। आखिरकार जब राम और रावण को मिलाकर केवल बीस राजा बाकी रह गए, तब राजा जनक चिंता से भर उठे और खड़े होकर बोले—

"क्या यही वह महान् भारतवर्ष है, जहाँ कभी महादेव शिव जैसे योद्धा ऐसे धनुषों के साथ खेला करते थे और युद्ध करते थे? आज भारतवर्ष के पास ऐसे वीर भी नहीं कि इस धनुष को दस इंच भी झुका सकें। अफसोस की बात है कि भारत की भूमि वीरों से खाली हो चुकी है।"

यह सुन लक्ष्मण को क्रोध आ गया, क्योंकि राम की बारी की प्रतीक्षा करते-करते वे थक चुके थे। उनसे राजा जनक के ये शब्द बरदाश्त नहीं हुए, वे उठ खड़े हुए और बोले—

"क्षमा करे राजन! किंतु आपने यदि इन प्यादों-कमजोरों से पहले, असली वीर की परीक्षा ले ली होती, तो आपको ये शब्द कहने की जरूरत नहीं पड़ती। पता नहीं कहाँ-कहाँ से चले आए हैं ये लोग भारतवर्ष का नाम खराब करने। यहाँ हम लोग राम भइया की बारी की प्रतीक्षा करते-करते थक चुके हैं, और आप कहते हैं कि भारतवर्ष वीरों से खाली है। एक बार मेरे भइया को मौका देकर देखिए, आप अपने शब्द वापस लेने पर मजबूर हो जाएँगे।" कहकर लक्ष्मण ने राम की ओर संकेत किया।

राजा जनक यह सुनकर झेंप गए, किंतु उन्होंने एक नजर राम पर डाली। उन्होंने राम के बारे में पहले से सुन तो रखा था और राम के मांसल बलिष्ठ शरीर ने उनको प्रभावित भी किया, किंतु अन्य राजाओं की असफलता और राम की कम उम्र देख उन्हें उन पर बहुत विश्वास नहीं रह गया था। राजा जनक लक्ष्मण को जवाब देते बोले—

"राजकुमार! काश आपकी बातें सत्य साबित हों, तो मेरी चिंता मिट जाएगी, किंतु राम की बारी उसी क्रम में ही आएगी, जिस क्रम में यहाँ नाम लिखा गया है, चूँकि राम ने कल शाम को अपनी प्रविष्टि दी थी, इसलिए सबसे आखिर में ही उनका

क्रम आएगा और लंकाधिपति रावण ने, जो कि आज आकर, उनसे भी बाद में अपनी प्रविष्टि दे गए हैं, तो सबसे आखिर में राम और उनके बाद रावण का मौका आएगा। आप थोड़ा सब्र करें, उम्मीद करता हूँ कि आपके भइया भारतवर्ष का सम्मान रख लेंगे, साथ ही आपके कहे वचनों का भी।''

एक छोटे झरोखे से स्वयंवर की गतिविधियाँ देख रही राजकुमारी सीता ने जब यह वार्त्तालाप सुना तो उनकी साँसें तेज हो गईं। तभी उर्मिला बोली—

''दीदी! राजकुमार लक्ष्मण कितने तेज और अच्छे हैं, अपने भइया के विरुद्ध कुछ नहीं सुन सकते।''

यह सुनते ही सीता के मुख पर मुस्कान तैर गई।

''बिल्कुल तुम्हारी तरह, जैसे तुम मेरे विरुद्ध कुछ नहीं सुन सकती।'' सीता ने शरारत से उर्मिला की ओर देखते हुए कहा। यह सुन उर्मिला शर्म से लाल हो गई।

रावण राम को देख हँसने लगा, उसे राम एक मासूम बच्चे के सामान लगे। रावण की हँसी देख लक्ष्मण ने गुस्से से रावण को घूरा, यह देख रावण ने अपनी हँसी को रोकते हुए एक चेतावनी के रूप में अपनी लाल-लाल आँखें लक्ष्मण को दिखाईं। रावण के चेहरे की बनावट इतनी खतरनाक थी कि लक्ष्मण ने न चाहते हुए भी डर से अपनी आँखें दूसरी ओर घुमा लीं। यही रावण के व्यक्तित्व का डर था। रावण चाहता तो राम को उससे पहले मौका देने के लिए विरोध जता सकता था, क्योंकि उसने स्वयंवर हेतु काफी पहले अपनी प्रविष्टि भिजवा दी थी, पर उसने ऐसा नहीं किया; क्योंकि उसे किसी भी भारतीय राजा पर विश्वास नहीं था और वह धनुष को सबसे आखिर में तोड़ना चाहता था, जब सब हार चुके हों और उनकी उम्मीदें खत्म हो चुकी हों, अत: वह इंतजार कर, मनोरंजन करने लगा।

धीरे-धीरे अन्य अट्ठारह राजा भी अपना असफल प्रयास कर चुके थे, अब बारी राम की थी।

सीता की साँसें अब तेज होने लगीं, वे उत्सुकता से राम को उठते हुए देखने लगीं, जो अब अपने गुरुओं और राजा दशरथ का आशीर्वाद ले रहे थे।

धीरे-धीरे चलते हुए राम धनुष के पास गए, पहले उन्होंने धनुष को प्रणाम किया। पूरे मिथिला और राजा जनक की उम्मीदें अब एकमात्र बचे भारतीय राजकुमार राम पर टिकी थीं। जनसमूह और भारतवर्ष के राजा चाहते थे कि कम-से-कम राम अवश्य विजयी हो जाएँ, ताकि भारतवर्ष की शान बरकरार रहे। वहाँ मौजूद लोगों को यह एक युद्ध प्रतीत होने लगा था—राम विरुद्ध रावण, भारतवर्ष विरुद्ध लंकापुरी।

राम ने ध्यान योग की मुद्रा में अपनी आँखें पल भर के लिए बंद कीं, अब रावण के माथे पर चिंता की लकीरें तैर उठीं, क्योंकि रावण सदैव एक ध्यान योगी से

सावधान रहता था। रावण स्वयं एक ध्यान योगी था और जानता था कि एक ध्यान योगी अपनी ऊर्जा और संपूर्ण ताकत का इस्तेमाल कर पाता है, जबकि कोई अन्य साधारण नहीं। रावण राम की उम्र के बारे में सोचकर थोड़ा निश्चिंत हुआ कि इतनी कम उम्र के नवयुवक के लिए यह कार्य असंभव है।

इधर जैसे ही राम ने धनुष छुआ, सीता सिहर उठी और राम को धनुष छूते ही सीता का चेहरा और वह आखिरी वाक्य याद आया।

हालाँकि दोनों महर्षि और राजा दशरथ यह भलीभाँति जानते थे कि राम जैसे किसी कम उम्र नवयुवक के लिए यह एक असंभव शर्त थी, पर वे राम को भी जानते थे कि किस प्रकार राम असंभव को संभव बनाने का माद्दा रखते हैं।

लक्ष्मण को राम पर विश्वास तो था कि वे शर्त पूरी कर सकते हैं, किंतु वे अपने बोले गए बोल पर पछतावा कर रहे थे, जो उन्होंने राजा जनक से बोला था। उन्हें पता था कि क्रोध में उन्होंने जो कुछ बोला, उससे राम की परेशानियाँ जरूर बढ़ेंगी, क्योंकि राम मृत्यु पसंद करेंगे, किंतु अपने छोटे भाई के वचनों की बदनामी नहीं होने देंगे। राम ने धनुष उठाया, हालाँकि वजन बहुत ज्यादा तो नहीं था, किंतु इतना अधिक अवश्य था कि उसे झुकाना और ऊपर हाथ में थामे रहना बेहद मुश्किल था। राम ने धनुष का एक सिरा जमीन पर लगाया और उसे अपने एक पैर के पंजों के बीच जकड़ लिया तथा बाएँ हाथ से प्रत्यंचा पकड़, दाएँ हाथ से धनुष का ऊपरी सिरा दबाना शुरू किया। राम लगातार बल का प्रयोग करते जा रहे थे। राम ने अपने शरीर का संपूर्ण बल झोंका और धनुष करीब पाँच इंच तक झुक गया। यह देख, वहाँ मौजूद हर कोई उत्तेजित हो उठा तथा एक विश्वास से राम की ओर देखने लगा। इधर राम को अपने फेफड़े पर अत्यधिक दबाव महसूस हुआ और ऐसा महसूस हुआ कि थोड़ी देर में ही उनकी रक्त वाहिनियाँ फट पड़ेंगी। रावण राम को इतना अधिक बल प्रयोग करते देख, अपने सिंहासन पर सावधान हो चिंतित मुद्रा में बैठ, राम को एकटक देखने लगा। तभी राम को अब और अधिक देर तक धनुष को नीचे खींचकर रोके रखना नामुमकिन सा लगा और उन्होंने एक झटके में धनुष छोड़ दिया। चारों तरफ अफसोस की एक गहरी लहर गूँज उठी, मानो राम के साथ वे सभी प्रयास कर रहे हों। रावण फिर से आराम की मुद्रा में बैठ गया और चैन की साँस ली। भरत, राम की हालत देखकर चिंता से उठकर उनके पास गए। राम पसीने से लथपथ जमीन का सहारा लेकर बैठ गए, वे ठीक से साँस नहीं ले पा रहे थे। भरत उनके पास पहुँचकर बोले—

"भइया! अब और प्रयास मत कीजिए, यह आपके शरीर को बेहद हानि पहुँचा सकता है। यह बेहद असंभव कार्य है।"

काफी देर बाद जब राम थोड़ा सामान्य हुए, तो लड़खड़ाती आवाज में बोले—

"नहीं भ··र··त! मेरे भाई।··आ··आज मुझे कौशल के सा··साथ-साथ, भारतवर्ष की भी लाज रखनी है, साथ ही मेरे छोटे भाई के वचनों की भी,··क··किसी के विश्वास की भी और यदि मैं इसमें सफल नहीं होता··तो बेहतर है कि मैं जीवित ही न रहूँ।"

"किंतु भइया··।" भरत बोल ही रहे थे कि बीच में राम बोल पड़े।

"नहीं भरत! मेरे प्यारे भाई। मैं अपने आखिरी दम तक प्रयास करूँगा।" राम ने दृढ़ निश्चय से कहा।

हारकर भरत वापस अपनी जगह पर बैठ गए, क्योंकि वे राम को भलीभाँति जानते थे। राम ने थोड़ा जल ग्रहण किया और अपने शरीर की बची-खुची ऊर्जा को इकट्ठाकर, दूसरे प्रयास को तैयार हुए।

इधर राम को उतना अधिक परिश्रम और असफल होते देख सीता अथाह दुःख और पीड़ा से भर उठी और उर्मिला से बोली—

"कल मुझे राजकुमार से कुछ नहीं कहना चाहिए था, कुछ नहीं कहना चाहिए था। किसी तरह उनको दूसरा प्रयास करने से रोको, वरना वे अपनी जान गँवा बैठेंगे।"

"नहीं दीदी, हम कुछ नहीं कर सकते, पर आपने कल उनसे क्या कहा था?" दुखी उर्मिला बोली।

"मैंने उन पर विश्वास जताया था कि वे अवश्य इस शर्त को पूरा करेंगे और मुझे पूर्ण विश्वास है कि वे उसी विश्वास की रक्षा हेतु यह प्रयास कर रहे हैं। तुमने देखा न, उनकी क्या हालत हो गई है। हे ईश्वर! यदि उन्हें कुछ हो गया तो मैं स्वयं को कभी माफ नहीं कर पाऊँगी।" इतना बोलते ही सीता की आँखों से झर-झर आँसू निकलने लगे और वह उर्मिला से लिपटकर रोने लगी। वह राम का वह हश्र अपनी आँखों से नहीं देखना चाहती थी, जो संभवतः दूसरे प्रयास में राम का होने वाला था।

राम की हालत देख राजा दशरथ भी चिंतित हो उठे थे। केवल वहाँ मौजूद दो महर्षि ही राम पर अब भी भरोसा कर रहे थे। लक्ष्मण भी राम की हालत देख दुःख से तड़प रहे थे।

राम दूसरे प्रयास से पूर्व धनुष को थोड़ी देर तक देखते रहे और फिर बुदबुदाए—

"सीता! मैं आपको यूँ ही नहीं जाने दूँगा, क्योंकि मैंने आपसे सच्चे हृदय से प्रेम किया है, यह सोचकर ही की आप ही मेरी पत्नी बनेंगी। इसलिए मैं यह शर्त अवश्य और हर कीमत पर पूरा करूँगा या फिर अपने प्राण त्याग दूँगा। मुझे अपने भाई के वचनों की रक्षा के लिए भी इस शर्त को हर हाल में पूरा करना है।" इतना बुदबुदाते ही राम की रक्त वाहिनियाँ ऊर्जा से धधक उठीं। हालाँकि वे जानते थे कि अधिक बल प्रयोग करने से उनकी रक्त वाहिनियाँ फट सकती हैं, साँस रुक सकती

है, किंतु राम और गंभीर होते चले गए। उनकी आँखें लाल अंगारों की भाँति दहकने लगीं, वे अपना दु:ख-दर्द सब भूल गए। उस व्यक्तित्व में राम बिल्कुल अलग इन्सान लग रहे थे। राम ने धनुष को उठाकर पूर्ववत् अपने पैर के पंजों के बीच दबाया और एक हाथ में प्रत्यंचा ले, दूसरे हाथ से धनुष के ऊपरी सिरे को नीचे की ओर झुकाने लगे। वे दबाव बढ़ाते गए, और बल···और बल,···अत्यधिक ताकत इस्तेमाल करने की वजह से उनकी आँखें लाल हो पथरा चुकी थीं, किंतु ऐसा लगता था, मानो इस बार उनमें किसी और की आत्मा समा गई हो, वे नहीं रुके और बल का भीषण प्रयोग करते गए। वे एक बार फिर धनुष को पाँच इंच झुकाने में सफल रहे और उसे अभी पाँच इंच और झुकाना था। राम अपने बल प्रयोग की आखिरी सीमा पर थे। उन्हें लगा कि अब धनुष का ऊपरी सिरा उनके हाथ से फिसलनेवाला है, वे अपनी पकड़ और मजबूत कर बुदबुदाए—

"नहीं सीता! यह इस तरह नहीं होगा, मेरा प्रेम सच्चा है। मैं उसे पाकर ही रहूँगा। उनकी आँखें मंद पड़ीं और राम ने अपने पूरे शरीर की ऊर्जा को इकट्ठा कर, उसका एक आखिरी प्रयोग किया। धनुष और दबने लगा, वहाँ मौजूद सभी उत्साहित हो उठे। राम की फूली रक्त वाहिनियाँ उनकी भुजाओं, पैरों, जंघा, गरदन आदि की नसों में स्पष्ट दिखाई दे रही थीं, जो राम द्वारा अत्यधिक बल प्रयोग करने के कारण रुककर फैलती जा रही थीं। राम बल डालते गए, उनका शरीर लाल पड़ गया, किंतु धनुष भी झुकता जा रहा था। हर कोई साँस रोके वह नजारा देख रहा था। राम अपने को ऊर्जा देते फिर बोले—

"सच्चा प्रेम कभी नहीं हारता।" और मानो उनमें एक अद्‌भुत ऊर्जा का संचार हुआ हो। राम ने अपने शरीर की आखिरी ऊर्जा भी झोंकी और धनुष झुकता ही चला गया। वह दस की बजाय ग्यारह इंच झुक गया, राम ने एक झटके में प्रत्यंचा चढ़ा दी और धनुष उनके हाथ से छूट दूर जा गिरा। राम एक-दो कदम पीछे हो झुककर जमीन पर बैठ गए।

रावण बुरी तरह चौंका। लक्ष्मण-भरत-शत्रुघ्न हर्ष और चिंता के साथ राम की ओर दौड़े उनके पीछे दोनों महर्षि और राजा दशरथ भी गए। इधर जनता ने हर्ष में राम के जयकारे लगाने शुरू कर दिए।

सीता राम के नाम का हर्ष उद्‌घोष सुन और उर्मिला को खुशी से चहकते देख पलटी और राम को जमीन पर अर्धमूर्छा अवस्था में देखा। लाल पड़ी उनकी पूरी देह, जो पसीने से बुरी तरह भीग चुकी थी। जो एक कर्मठ इन्सान की सबसे बड़ी पहचान है। सीता के आँसू रुकने का नाम नहीं ले रहे थे।

अभी स्वयंवर की आखिरी शर्त बाकी थी, यानी धनुष को उठाकर बिना जमीन

पर रखे, उसे अपने बाहुबल का प्रयोगकर तोड़ना था। जब उस धनुष को दस इंच भी झुकाना, वह भी जमीन का सहारा ले, इतना मुश्किल, नामुमकिन जैसा था, तो उसे तोड़ना तो¨।

राम के ऊपर जल का छिड़काव किया गया। राम की हालत में कुछ सुधार हुआ, तो वे बैठ गए, किंतु उनके हाथ-पैर सुन्न हो काँप रहे थे। राजा दशरथ ने उन्हें गले लगते हुए कहा, ''पुत्र तुमने! रघुवंशियों की मर्यादा की रक्षा कर ली। तुमने साबित कर दिया कि भारतवर्ष की भूमि अभी वीरों से खाली नहीं हुई।''

''नहीं पिताश्री अभी नहीं¨।'' राम ने काँपती आवाज में कहा।

''नहीं पुत्र! तुम खुद को साबित कर चुके हो। क्या तुम्हें यहाँ मौजूद लोगों द्वारा, तुम्हारे नाम का जयनाद सुनाई नहीं दे रहा? पुत्र तुम्हें अब कुछ भी साबित करने की जरूरत नहीं।'' राजा दशरथ दु:ख और गर्व का भाव एक साथ लिये बोले।

''मुझे यहाँ केवल लोगों का मुझ पर विश्वास सुनाई दे रहा है। मैं दूसरी शर्त अवश्य पूरी करूँगा।''

''वत्स तुम्हारे पिताश्री ठीक कह रहे हैं, तुम यदि चाहो तो यह स्वयंवर छोड़ सकते हो। सीता को योग्य वर मिल ही जाएगा। अभी तो लंकाधिपति रावण भी बाकी है। वह भारतवर्ष से भी नहीं, यदि वह स्वयंवर जीत भी ले, तब भी तुम भारत के श्रेष्ठ नायक कहलाओगे।'' महर्षि वसिष्ठ ने स्पष्ट शब्दों में कहा। वहाँ मौजूद हर राजा महर्षि वसिष्ठ की ओर देखने लगा, क्योंकि कोई भी यह नहीं समझ पा रहा था कि वे सचमुच राम को समझा रहे थे या और उकसा रहे थे।

राम जो लक्ष्मण की गोद में सिर टिकाए बैठे थे, यह सुनते ही तिलमिलाकर उठ बैठे और ध्यान की अवस्था में चले गए।

राजा दशरथ और लक्ष्मण एक साथ कुछ बोलने को हुए, किंतु तभी महर्षि विश्वामित्र ने उन्हें रोक लिया और कहा—

''कभी भी ध्यान योगी को इस अवस्था में नहीं छेड़ना चाहिए। राम को यहीं छोड़, हमें राम की नियति का इंतजार करना चाहिए, यदि वह दूसरे शर्त हेतु प्रयास करना चाहता है, तो यह उसका हक है। हमें उस पर दबाव नहीं डालना चाहिए।'' इस बात का समर्थन महर्षि वसिष्ठ ने भी किया। अत: राजा दशरथ और तीनों भाई वहाँ से बेहद दुखी मन से उठे और अपने-अपने आसन की ओर, राम के निर्णय की प्रतीक्षा में बढ़े।

रावण, राम को दूसरी शर्त हेतु तैयार होते देख, धीमे से स्वयं से बुदबुदाया— ''अद्भुत नवयुवक है। भारत वाकई अद्भुतताओं से भरा है।''

राम ने अपने शरीर की ऊर्जा का फिर से संचय किया और अपनी दृढ़ प्रतिज्ञा

दोहराई, ''मैं यहाँ से सीता को लेकर ही जाऊँगा, क्योंकि मेरा प्रेम सच्चा है।''

वे किसी तरह अपने पैरों पर खड़े हुए और अपनी भुजाओं को झटक उनमें पड़ी अकड़न को ढीला किया, किंतु भुजाओं को झटकने की वजह से, राम को एक असहनीय पीड़ा महसूस हुई। राम उस पीड़ा में पड़नेवाले ही थे कि अचानक उनकी नजर धनुष पर पड़ गई, जो राम द्वारा चढ़ाई हुई प्रत्यंचा के साथ वापस अपनी जगह पर रख दिया गया था। राम धनुष को देख गंभीर हो उठे, अपना दर्द भूल गए और मन-ही-मन बुदबुदाए, ''मेरे और सीता के बीच कोई नहीं आ सकता।''

अब उनको उस धनुष से घृणा हो चली थी, क्योंकि वह राम और सीता के बीच की सबसे बड़ी बाधा एवं शत्रु के रूप में उपस्थित था। राम उसी घृणा और क्रोध से आगे बढ़े और एक झटके में धनुष को उठा लिया।

इस बार सीता नम आखों से राम को देख रही थी। अब उन्हें राम पर अपना भरोसा सत्य प्रतीत हो रहा था और वे हृदय से राम की हो चुकी थीं, चाहे राम यह स्वयंवर जीतें या हारें।

अब सभी की निगाहें एक बार फिर राम पर थी। रावण भी एकटक राम को देख, अंदर से बेहद उत्तेजित था कि कहीं यह नवयुवक इस असंभव कार्य को भी न पूरा कर दिखाए। राजा जनक भी बेहद उत्साहित थे। उनकी निगाहों में राम एक अलग सम्माननीय स्थान बना चुके थे।

राम धनुष के एक-एक सिरे को अपने दोनों हाथों से पकड़, हवा में दोनों हाथों द्वारा नीचे की ओर बल प्रयोग करने लगे। ऐसा करते वक्त उनके हाथों की मांसपेशियाँ सख्त हो गईं। राम लगातार बल का प्रयोग करते गए और थोड़ी देर में धनुष चरमराने लगा। वहाँ मौजूद सभी उत्तेजना में भरते चले गए। हर कोई साँस रोके उस असंभव घटना का साक्षी बनने जा रहा था। राम लगातार धनुष पर बल बढ़ाते ही जा रहे थे, उनके हाथों की मांसपेशियों में रक्त का दबाव बढ़ता ही जा रहा था, जो उन्हें असहनीय पीड़ा पहुँचा रहा था, किंतु राम ने अपना ध्यान केवल अपने सच्चे प्रेम पर ही लगाए रखा, जिन्हें वे मन से अपनी पत्नी मान चुके थे। राम ने अपने दर्द की जरा भी परवाह न करते हुए बल का पूर्ववत् प्रयोग बरकरार रखा। रक्त का दबाव भी बढ़ता जा रहा था और राम का धनुष पर दबाव भी। लक्ष्मण और राजा दशरथ अपने-अपने आसन से उठ खड़े हुए। लक्ष्मण राम की हालत देख, दुःख से रोते उन्हें रोकने दौड़े। भरत भी उठे। सब सन्न, गहरा पसरा सन्नाटा, केवल अब राम की ही आवाज सुनाई दे रही थी, जो अत्यधिक बल प्रयोग करने के कारण एक चीख के रूप में उनके मुख से निकल रही थी, धनुष की चरमराहट बढ़ती जा रही थी, राम के दबाव की तीव्रता भी। लक्ष्मण राम के पास पहुँच चुके थे और राम के हाथ से धनुष

छुड़ानेवाले ही थे। राम का दबाव और बढ़ता गया। जैसे ही लक्ष्मण ने हाथ बढ़ाया, सीता दुःख से हिचक उठी, लक्ष्मण का हाथ राम तक पहुँचता उससे पहले ही वह धनुष एक जोरदार आवाज करता, सबके दिलों की जीतता दो टुकड़ों में बँट गया। लक्ष्मण ने अपने हाथ रोक लिये और धनुष के टूटते ही अर्धमूर्छा अवस्था में पहुँचे राम को, जो धनुष को छोड़ गिर रहे थे, थाम लिया। राम का पूरा शरीर लाल हो गया था। रावण अपना आसन छोड़ आश्चर्य से राम को देखता उठ खड़ा हुआ। वह राम को ऐसे देख रहा था, मानो दुनिया के किसी अजूबा को देख रहा हो।

सीता खुशी से अपने हाथों से अपने चेहरे को ढक जड़ पड़ गई और उर्मिला सीता को पकड़ अत्यंत प्रसन्नता से झूम उठी। राजा जनक हर्ष से उठते हुए राजा दशरथ की ओर दौड़े, राजा दशरथ खुशी से उछल पड़े। दोनों महर्षियों ने बेहद प्रसन्नता से एक-दूसरे की तरफ देखा। भरत-शत्रुघ्न ने खुशी से दौड़ते हुए एक-दूसरे को गले लगा लिया और राम की तरफ बढ़े। मिथिलावासी, जो राम के पहले से ही भक्त हो चुके थे, अब हर्षोन्माद करते हुए एक-दूसरे को गले लगाकर, बधाइयाँ देने लगे। राजा जनक और राजा दशरथ ने एक-दूसरे को गले लगाया और राम की ओर बढ़े।

राम, जो कि लक्ष्मण की बाँहों में पड़े थे, उन्होंने मंद आँखों से दूर से सबको अपनी ओर आते देखा, लेकिन अत्यधिक पीड़ा के कारण उनकी आँखें बंद हो गईं। तुरंत राम को देखने मिथिला के राज वैद्य आए और राम का उपचार प्रारंभ किया गया।

वहाँ मौजूद लोग इसे अपनी जीत मान रहे थे, क्योंकि राम के जीवटता भरे प्रयास ने उन्हें राम से एक अंग के रूप में जोड़ दिया था। इसी बीच रावण जाने को तत्पर हुआ, राजा जनक ने रावण से आग्रह किया कि कुछ जलपान ग्रहण कर जाएँ। प्रतिउत्तर में रावण ने कहा—

"धन्यवाद राजा जनक! किंतु मैं कुछ ही वर्षों में फिर आऊँगा और तब आपको, मैं अपनी खातिरदारी का अच्छा मौका दूँगा, क्योंकि मैं अपने साथ काफी सारे अतिथियों को लेकर आऊँगा।" कुटिल मुस्कान के साथ रावण बोला।

"मुझे आपका आतिथ्य-सत्कार करने में बेहद खुशी होगी लंकाधिपति।" राजा जनक बोले।

रावण ने एक बार मुड़कर मूर्छित पड़े राम को देखा और फिर विदा लेकर वहाँ से लंकापुरी वापस लौट गया।

"एक बार फिर राजा जनक रावण के द्वारा कहे गए शब्दों का अर्थ समझने में नाकामयाब रहे, किंतु यह स्पष्ट धमकी सुन दोनों महर्षि ने चिंतित हो एक-दूसरे की तरफ देखा।

''इसका मतलब वह शीघ्र ही भारतवर्ष पर आक्रमण करेगा। उसके अधिक अतिथियों को लेकर आने का मतलब उसकी सेना से है न महर्षि?'' महर्षि विश्वामित्र चिंता व्यक्त करते हुए महर्षि वसिष्ठ से बोले।

''हाँ महर्षि! उसका यह एक स्पष्ट संदेश था, वैसे भी उसके यहाँ आने का मकसद पूरा हो चुका है।'' महर्षि वसिष्ठ सहमति में सिर को हिलाते बोले।

''क्या मतलब कि उसका यहाँ आने का मकसद पूरा हो चुका है?'' महर्षि विश्वामित्र ने आश्चर्य से कहा।

''वह यहाँ भारतवर्ष के राजाओं को परखने और उनमें अपना डर व्याप्त करने आया था और अपनी वाणी और व्यक्तित्व से वह इसमें बिना स्वयंवर जीते ही कामयाब रहा।''

''हाँ! वह वाकई भयंकर लगता है, किंतु आपको उसका मकसद कैसे पता?'' महर्षि विश्वामित्र ने पूछा।

''मैं शुरू से ही लगातार उसके हाव-भाव पर नजर बनाए हुए था और मैंने देखा कि उसके चेहरे पर स्वयंवर न जीत पाने का कोई मलाल न था, बल्कि उसका ध्यान भारतीय राजाओं पर था, जैसे वह उन्हें परख रहा हो।'' महर्षि वसिष्ठ बोले।

''तो क्या वह राम से भयभीत हुआ था?'' महर्षि विश्वामित्र ने पूछा।

''नहीं! पर प्रभावित अवश्य हुआ था। हाँ! शुरू में वह थोड़ा डर-डरकर किसी को इन भारतीय राजाओं में ढूँढ़ रहा था। संभवत: यह वही राजा होगा, जिससे रावण हारा था, किंतु समझ नहीं आया कि यदि ऐसा कोई राजा सचमुच भारतवर्ष में है, तो वह इस महान् स्वयंवर में क्यों नहीं आया और अभी तक इतना रहस्य क्यों बना हुआ है।'' महर्षि वसिष्ठ कुछ सोचते हुए बोले।

''हम्म! तो क्या महर्षि वाल्मीकि उसके बारे में कोई जानकारी न जुटा सके?''

''नहीं! उन्होंने प्रयास किया, किंतु वे असफल रहे।'' महर्षि वसिष्ठ बोले।

''वैसे हमें रावण से ज्यादा भयभीत होने की जरूरत नहीं, क्योंकि राम अब तैयार है।''

''नहीं! राम तैयार जरूर है, पर अभी वह पूरी तरह तैयार नहीं है। अभी उसे स्वयं पर पूर्ण भरोसा करना और विश्वास करना शेष है।''

''तो वह यह कैसे सीखेगा?''

''स्वयं! यह केवल राम ही खुद को सिखा सकता है। बस उसे अपने वचनों-नियमों और सोच पर भरोसा करना होगा।''

महर्षि विश्वामित्र ने सहमति में सिर हिलाया और वे दोनों राम के शल्य-कक्ष

की ओर मुड़ गए, जहाँ पहले से राम के तीनों भाई और राजा दशरथ, राजा जनक तथा सेनापति मृगाधीश मौजूद थे।

राम को स्वस्थ होने में अभी कुछ वक्त लगनेवाला था। राजकुमारी सीता ने राजा जनक से राम के स्वस्थ होने तक उनकी देखभाल करने की अनुमति प्राप्त कर ली। राम पूरे एक दिन तक बेहोश रहे और जब होश में आए तो उस वक्त उनके ठीक सामने सीता ही थी। राम को होश में आता देखकर सीता की आँखों में खुशी के आँसू आ गए और बिना बोले सीता ने वह सबकुछ कह दिया, जो राम सुनना चाहते थे। राम सीता को देख मुसकरा दिए।

कुछ ही दिनों में राम स्वस्थ हो गए और तब राजा जनक ने राजा दशरथ का परिचय अपने भाई कुशध्वज से करवाया, जो संकाश्या नगरी के राजा थे। राजा कुशध्वज की दो बेटियाँ थीं—मांडवी और श्रुतकीर्ति। तब राजा दशरथ ने राम और दोनों महर्षियों से विचार-विमर्श कर लक्ष्मण का उर्मिला से, भरत का मांडवी से तथा शत्रुघ्न का श्रुतकीर्ति से विवाह तय कर दिया और उत्तरा फाल्गुनी के नक्षत्र में एक दिन शुभ मुहूर्त देख चारों भाइयों के विवाह की तिथि घोषित कर दी।

22

रहस्यमयी भिखारी का रहस्य और रक्षक की परीक्षा-2

इधर राम स्वास्थ्य लाभ ले रहे थे तथा मिथिला में उनके विवाह की तैयारियाँ चल रही थी कि अचानक एक दिन वही भिखारी राजमहल आया, जो स्वयंवर देखने आया था। वह चीख-चीखकर राम का नाम पुकारने लगा तथा किसी परीक्षा देने हेतु बुलाने लगा। महल के द्वारपालों को वह पागल लगा और वे उसे मारकर भगाने लगे। यह देख उस भिखारी ने अपना बड़ा मोटा लबादा उतारकर फेंक दिया और तब जो व्यक्ति उन द्वारपालों के सामने खड़ा था, वह उनमें भय पैदा करता था, क्योंकि वह भिखारी अंदर से शस्त्रों से लदा था। उसने गहरे लाल रंग का एक चमकीला अंगवस्त्र कुछ इस तरह से लिया था कि वह आधा क्षत्रिय आधा मुनि लगता था। उससे खतरा जान द्वारपाल उसे बंदी बनाने हेतु आगे बढ़े, किंतु आश्चर्य कि उसे बंदी बनाना तो दूर की बात, कई उसे स्पर्श तक न कर सके। तब द्वारपालों ने सैनिकों को आवाज लगाई। सैनिकों ने अपने अस्त्रों से उस पर आक्रमण कर दिया, किंतु पल भर में दर्जनों मिथिला सैनिक रक्त से लथपथ जमीन पर पड़े तड़प रहे थे। वह भिखारी शस्त्रों को ऐसे चला रहा था, मानो वे उसके लिए कोई जीवित वस्तु हों और उसका कहना स्वयं मानते हों। इसकी सूचना तब तक राजमहल में पहुँची। राजा दशरथ और राजा जनक और दोनों महर्षि बात की गंभीरता को समझ तुरंत बाहर की ओर दौड़े। उन्होंने दूर से देखा कि एक मुनि की तरह दिखनेवाला सत्तर-अस्सी वर्ष का वृद्ध व्यक्ति ऊपर से नीचे तक शस्त्रों से लदा बाहर राम का नाम लेकर पुकार रहा है। उसके सभी अस्त्रों में, एक अस्त्र बेहद तीव्रता के साथ चमक रहा था, जो वहाँ मौजूद सभी को चकित कर रहा था और वह था एक बड़ा फरसा (कुल्हाड़ीनुमा एक प्राचीन हथियार)।

उसके पास पहुँच सभी आश्चर्य से ठिठक उसे देखने लगे। राजा जनक ने

आगे बढ़ कुछ बोलना चाहा, तभी उनके पीछे से महर्षि वसिष्ठ तेज कदमों से आगे बढ़े और उस भिखारी के पैरों पर गिरकर उसे दंडवत् प्रणाम करने लगे। यह देख सभी सन्न और आश्चर्यचकित रह गए कि ये कौन सा ऐसा शख्स आ गया है, जिसे महर्षि वसिष्ठ भी दंडवत प्रणाम कर रहे हैं। महर्षि विश्वामित्र भी उस शख्स को नहीं पहचान पा रहे थे। सभी आश्चर्य से जड़ हो केवल उस शख्स को पहचानने की कोशिश कर रहे थे। तभी महर्षि वसिष्ठ उसी तरह दंडवत् रह बोले, "हे महान् मुनि! प्रभु परशुराम। मैं आपके दर्शन मात्र से धन्य हो गया। यह नाम सुनते ही सब दंडवत् हो गए, क्योंकि ये वही महान् परशुराम थे, जो भारतवर्ष में अस्त्रों एवं शस्त्रों के जनक थे और इक्कीस अहंकारी क्षत्रिय राजाओं के विनाशक और भगवान् विष्णु के दसवें अवतार माने जाते हैं। सभी इनको मृत मानते थे, किंतु आज इनको जीवित, वह भी इतना चुस्त-दुरुस्त काया के साथ देखकर हर कोई आश्चर्यचकित हो उठा। तब जाकर परशुराम शांत हुए और महर्षि वसिष्ठ को उठाते हुए और अन्य सभी को उठने का आदेश देते हुए बोले—

"वत्सो! मैं केवल राम की परीक्षा हेतु आया हूँ। यह कार्य मैं स्वयंवर के दिन ही करता, किंतु उस दिन राम को मूर्छित देख वापस लौट गया था, किंतु अब जब राम स्वस्थ है, तो उसे मेरी एक परीक्षा पूर्ण करनी होगी, क्योंकि इस धनुष की रक्षा का मैंने वचन ले रखा था और मुझे इस धनुष पर इतना भरोसा हो चला था कि मैं स्वयंवर में मौजूद होते हुए भी राम को धनुष तोड़ने से न रोक सका। अब राम को मेरे सामने अपनी योग्यता साबित करनी होगी, यदि वह मेरी नजरों में योग्य हुआ तो उसे जीवित रहने का अधिकार मिलेगा, किंतु यदि वह अयोग्य निकला, तो उसे अपने प्राण मुझे सौंपने होंगे।

राजा दशरथ परशुराम से विनती करने लगे, किंतु हर कोई यह जानता था कि परशुराम जो एक बार ठान लेते थे, उसे वे अवश्य पूरा करते थे। अतः महर्षि वसिष्ठ ने राजा दशरथ को समझाया तथा एक सेवक को भेज राम को अंदर से बुला लाने को कहा। तभी परशुराम बोले—

"ध्यान रहे! कोई भी हमारे और राम के वार्तालाप के बीच एक शब्द भी न बोले।" सभी ने सहमति में सिर हिलाया। थोड़ी देर बाद सेवक राम को अंदर से बाहर

लेकर आया। राम के पीछे-पीछे आदतन लक्ष्मण भी बाहर आए। क्या हुआ, यह देखने हेतु भरत और शत्रुघ्न भी बाहर आए। राम को देखते ही महान् परशुराम गरजे—

''हे मूर्ख बालक राम! तूने क्या सोचकर उस महान् धनुष के दो टुकड़े किए, क्या तेरी प्रभु शिव में जरा भी आस्था नहीं, जरा भी उनके सम्मान के प्रति इज्जत नहीं, जो तूने धनुष को तोड़ते हुए एक बार भी नहीं सोचा और अब उनके इस धनुष की बेइज्जतीकर धरती पर खड़ा प्रसन्नचित्त लग रहा है?''

''क्षमा करे मुनिवर! मैंने आपको पहचाना नहीं?'' राम ने विनम्रतापूर्वक कहा।

''उद्दंड बालक तू किसी योग्य नहीं है। तू महान् परशुराम को भी नहीं पहचानता। तुझे जीने का कोई हक नहीं।'' परशुराम क्रोध में आ चुके थे।

राम ने उनके बारे में पहले से ही महर्षि से सुन रखा था, अत: उनका नाम सुनते ही राम ने आदर सहित झुककर उन्हें प्रणाम किया, किंतु परशुराम, जो गुस्से से उबल रहे थे, उन्होंने राम को कोई भी प्रतिउत्तर नहीं दिया, पर वे राम को मृत्युदंड देने का वचन कह, किसी और की निगाहों में चढ़ गए थे और वे थे क्रोधी लक्ष्मण, जो अपने बड़े भाई के विषय में कुछ भी नहीं सुन सकते थे। वे क्रोध में चीख पड़े—

''देखिए मुनिवर! आप जो कोई भी हैं और आपकी जो भी शक्ति हो, किंतु आप मेरे भइया को एक शब्द भी बुरा नहीं बोल सकते।'' यह सुनते ही परशुराम का क्रोध सातवें आसमान पर पहुँच गया।

''मूर्ख बालक! लगता है अपने भाई से पहले तू मृत्यु को प्राप्त होगा।''

''अरे आप क्या मारेंगे मुझे। इतनी उम्र हो चुकी है, जाकर ध्यान-तप करिए। ये अस्त्र-शस्त्र अब त्याग दीजिए। ये अब आपके हित में नहीं।'' लक्ष्मण ने व्यंग्य से मुसकराते हुए कहा।

''मूर्ख बालक लगता है, तू मृत्यु को प्राप्त करने को उतावला है, ठहर! अभी तुझे मजा चखाता हूँ।'' कहकर परशुराम अपना फरसा तानते हुए, आगे बढ़े। तभी उनके और लक्ष्मण के बीच राम आ गए। इधर राजा दशरथ और राजा जनक दोनों को लक्ष्मण के ऊपर गुस्सा आ रहा था, जो बेवजह बात को बढ़ा रहे थे।

''क्षमा करें प्रभु! वह आपके बारे में नहीं जानता। इसलिए ऐसी मूर्खता कर रहा है, कृपया उसे नादान समझकर, क्षमा कर दीजिए।'' विनम्रतापूर्वक हाथ जोड़कर राम बोले।

''रहने दीजिए भइया विनती मत करिए, आप बस आज्ञा दीजिए, अभी इस घमंडी का घमंड चूर-चूर करता हूँ।''

यह सुन एक बार फिर परशुराम क्रोध में तिलमिलाकर दौड़े और राम पुन: बीच में आ गए। यह सब देख महर्षि वसिष्ठ पहली बार लक्ष्मण के क्रोध से ख़ुश थे। लक्ष्मण फिर कुछ बोलने जा रहे थे, तभी राम ने बात को बढ़ते देख लक्ष्मण को आदेशात्मक निगाहों से घूरा।

लक्ष्मण राम को घूरते देख, चुप हो सकपका गए और जाकर राजा दशरथ के पास खड़े हो गए, जो कब से भगवान् से प्रार्थना कर रहे थे कि लक्ष्मण चुप हो जाए। राजा दशरथ ने क्रोधपूर्ण निगाहों से लक्ष्मण को घूरा।

फिर कुछ सोचते हुए परशुराम बोले—

''राम तेरा भाई तो निरा मूर्ख है, किंतु तू समझदार प्रतीत होता है। बता तूने यह पवित्र धनुष, यह जानते हुए भी कि यह महान् प्रभु शिव का है, इसे क्यों तोड़ा?''

''प्रभु! क्योंकि यह स्वयंवर की शर्त थी, किंतु यदि इसे नहीं तोड़ना था, तो आप पूर्व ही आकर इस शर्त को बदलवा सकते थे।'' राम पुनः विनम्रता से बोले।

''मुझे इसकी मजबूती पर भरोसा था। खैर, तुम्हें एक परीक्षा देनी होगी। मेरे साथ युद्ध करना होगा और यही तुम्हारी परीक्षा है, या तो तुम मुझे परास्तकर अपनी योग्यता सिद्ध करोगे या फिर अपने प्राण मुझे सौंपोगे।''

''हे महान् प्रभु क्षत्रियों के विनाशक! मैं कभी और किसी भी हालत में आपसे युद्ध नहीं करूँगा, क्योंकि आप मेरे लिए पूजनीय है, किंतु आपकी यदि यही इच्छा है तो मैं इस इच्छा पूर्ति हेतु अपना मस्तक आपको खुशी-खुशी समर्पित करता हूँ। यह मेरे लिए गर्व की बात होगी कि मैं किसी भी प्रकार आपकी सेवा कर सका।'' यह कहकर राम अपने घुटनों के बल बैठ गए और अपना मस्तक उनके सामने कर दिया।

यह देख महान् परशुराम प्रसन्न हो उठे और बोले—

''उठो! हे महान् रघुवंशी! उठो! तुम्हें पता है मैंने इक्कीस क्षत्रिय राजाओं को युद्ध में परास्तकर उनके सिर क्यों काटे, क्योंकि वे घमंडी थे, लेकिन तुम नहीं हो। तुमने इतना बड़ा कार्य किया, जो इस भारतवर्ष का कोई भी अन्य राजा न कर सका, फिर भी तुम इतने विनम्र हो। पुत्र मैं केवल तुम्हारे इसी चरित्र की परीक्षा ले रहा था कि यदि तुमने धनुष तोड़ा है, तो तुम निस्संदेह इस भारतवर्ष के सबसे ताकतवर इन्सान हो और ताकत सदैव इन्सान को अहंकारी बना, उसे बुरे मार्ग की ओर प्रेरित करती है। इसलिए यदि तुम आज मेरे सामने घमंड प्रदर्शित करते, तो अच्छाई की रक्षा हेतु मुझे तुम्हें मृत्युदंड देना पड़ता, परंतु तुम श्रेष्ठ हो राम⋯श्रेष्ठ।'' और यह कह उन्होंने राम को गले से लगा लिया। यह देख वहाँ मौजूद अन्य सभी लोग बेहद प्रसन्न हुए। एक को छोड़, जो किसी और बात को सोचकर दुखी हो उठा था, और वे थे—महर्षि वसिष्ठ। वे अपने मन में सोचने लगे—काश आज राम की जगह रावण ने यह धनुष तोड़ा होता, तो वह निश्चय ही इस परीक्षा में घमंड दिखाता और परशुराम का शिकार बनता, क्योंकि वह किसी भी कीमत पर प्रभु परशुराम से न जीत पाता और मृत्यु को प्राप्त होता। वे अभी सोच ही रहे थे कि महान् परशुराम ने अपने जाने की घोषणा की। यह सुन महर्षि वसिष्ठ ने बिना इस बात की परवाह किए कि वहाँ कौन-कौन मौजूद हैं, बोल पड़े। उन्होंने महान् परशुराम को रावण के उदय से लेकर अब तक के उसके अत्याचारों की पूरी कहानी बताई। रावण के विषय में पहली बार सुन रहे राजा जनक, मृगाधीश लक्ष्मण,

भरत और शत्रुघ्न आश्चर्य और चिंता से भर गए। अब राजा जनक भी रावण का भय महसूस करने लगे तथा उसकी पूर्व कही बातों का मतलब समझ सके।

यह पूरी घटना सुन महान् परशुराम बोले—

''महान् वसिष्ठ! मैं रावण को परख चुका हूँ और मैं उसका अंत अवश्य करता, किंतु अब यह कार्य मैं नहीं वह करेगा जो इसके हेतु बना है, रावण के आक्रमण से अब भारतीय राजा स्वयं की रक्षा में समर्थ हैं और अब यहाँ मेरे रहने का उद्‌देश्य भी समाप्त हो गया। जब धनुष ही नहीं रहा, तो मैं यहाँ रहकर क्या करूँगा। अत: अब मैं दूर हिमालय पर जा रहा हूँ और वहाँ से अपने प्रभु की सेवा में परलोक गमन करूँगा, किंतु जाने से पूर्व मैं राम को धनुर्विद्या के कुछ नए गुण सिखाता जाऊँगा।''

यह सुन महर्षि वसिष्ठ चिंतित स्वर में बोले—

''ये तो अच्छी बात है प्रभु, किंतु···।''

महान् परशुराम समझ गए कि महर्षि वसिष्ठ क्या कहना चाहते हैं और वे बीच में ही बोल पड़े—

''चिंतित मत हो वसिष्ठ, जो होता है, वह अच्छे के लिए होता है, इसलिए नियति को तय करने दो कि वह क्या चाहती है। सब अच्छा और उचित समय पर होगा।'' इसके बाद महान् परशुराम ने राम को कुछ नई धनुर्विद्या के गुण सिखाए और फिर हिमालय को चले गए। सभी ने उनका वंदन किया। राजा जनक ने उनसे कुछ दिन और रुक आतिथ्य स्वीकारने हेतु आग्रह किया, किंतु परशुराम तो परशुराम थे। वे जो कह दें, जो सोच लें, उसे हर हाल में पूरा करते थे, लेकिन वहाँ मौजूद सभी लोग रावण के बारे में इतना सबकुछ सुनने के बाद भी महान् परशुराम द्वारा उसे इतने हलके में लेने के लिए स्तब्ध थे, पर हो सकता था कि यह महान् परशुराम की एक बड़ी भूल थी या फिर उन्होंने कुछ ऐसा देखा, जो वहाँ मौजूद कोई अन्य न देख सका।

शुभ घड़ी में चारों भाइयों का विवाह संपन्न हुआ। सब खुशी-खुशी अयोध्या लौट आए। राम के राज्याभिषेक की औपचारिक घोषणा हो चुकी थी, केवल अब परंपरा का पालनकर राम को सिंहासन सौंपा जाना ही शेष था। ये सारी खबर सुन कैकेय नरेश अर्थात् भरत के नाना श्री भी अयोध्या पधारे और जाते वक्त वे भरत और शत्रुघ्न को अपने साथ ननिहाल लेते गए और सीधा राम के राज्याभिषेक पर आने का वादा किया। हालाँकि वे लक्ष्मण और राम को भी अपने साथ ले जाना चाहते थे, किंतु राम को राज्य के प्रशासनिक कार्यों का प्रशिक्षण लेना था और रही बात लक्ष्मण की तो ये जग जाहिर था, जहाँ राम, वहाँ लक्ष्मण। अत: लक्ष्मण भी नहीं गए। सब ठीक चल रहा था, सभी खुश थे, किंतु एक कहावत है, **''न ही दु:ख ज्यादा देर टिकता है और न ही सुख।''**

23

पुत्र मोह और रक्षक का वनवास

रानी कैकेयी का कक्ष, अयोध्या

"रानी आपकी ये चुप्पी कैकेय और भरत के भविष्य के विनाश की वजह बन रही है।"

"आज केवल रानी? और मेरी कौन सी चुप्पी कैकेय और भरत के भविष्य के विनाश की वजह बन रही है?" रानी कैकेयी ने आश्चर्य से मंथरा से पूछा।

"क्योंकि आप साबित कर रही कि आप इसी लायक हैं।" मंथरा ने गुस्से में कहा।

"तुम भी न, क्या-क्या बोलती रहती हो, तुम्हें अपनी मर्यादा का जरा भी खयाल है कि नहीं? सबकुछ इतना अच्छा चल रहा है, फिर भी तुम्हें चैन नहीं आ रहा।" रानी कैकेयी को अब गुस्सा आ रहा था।

"मुझे अपनी मर्यादा का पूरा खयाल है रानी, इसीलिए एक आखिरी कोशिश कर रही हूँ, और वैसे आपकी जानकारी के लिए बता दूँ कि कुछ भी अच्छा नहीं चल रहा है।"

"साफ-साफ बताओ कि आखिर कहना क्या चाहती हो?"

"भरत एक बार फिर षड्यंत्र के शिकार हुए हैं, और आप खामोश हो राम के राज्याभिषेक का इंतजार कर रही हैं। यहाँ कोई नहीं चाहता कि भरत राम से ज्यादा नाम कमाएँ, क्योंकि राम बड़ी रानी अर्थात् महारानी के बेटे जो हैं, फिर चाहे वे अयोग्य ही क्यों न हों।"

"भरत के साथ कैसा षड्यंत्र हुआ है?"

"यहाँ से गए थे भरत स्वयंवर में हिस्सा लेने, अपनी ताकत सिद्ध कर नाम कमाने, लेकिन जिसके वहाँ पहुँचने की कोई उम्मीद तक नहीं थी, वह षड्यंत्र-पूर्वक वहाँ बुला लिया गया और भरत की जगह स्वयं स्वयंवर में हिस्सा भी लिया। और नाम कमा अब अयोध्या का राजा बनने जा रहा है। और ये सब एक बड़े षड्यंत्र की ओर इशारा करते हैं, रानी।" मंथरा चीखी।

''मंथरा, तुम पागल हो गई हो क्या?''

''हाँ, मैं पागल हो गई हूँ और अपने कैकेय वापस जाना चाहती हूँ, किंतु ध्यान रहे रानी, आप जो अपने पुत्र के लिए कर रही हैं, आनेवाली पीढ़ियाँ आपको एक माँ के रूप में कोसेंगी।'' दु:खी होती मंथरा बोली।

''इतने कठोर वचन न कहो, मंथरा। भरत के लिए क्या मुझे दु:ख नहीं हुआ, किंतु राम भी तो मेरा बेटा है।''

''केवल कहने के लिए। वह कभी आपके नाम का पोषण नहीं करेगा। इतिहास उसे केवल कौशल्या पुत्र के रूप में ही जानेगा और आपका कहीं नामो-निशान तक नहीं होगा। भले ही आप राम के लिए कितना भी त्याग क्यों न करें। आनेवाले दिनों में जहाँ एक बार राम का राज्याभिषेक हुआ, उसके बाद न भरत, न कैकेयी, न कैकेय। मैं यहाँ रहकर यह सब अपनी आँखों से होता नहीं देख सकती और खासकर तब, जब हम कुछ कर सकने योग्य हों। इसलिए मैं आपसे यहाँ से वापस कैकेय जाने की आज्ञा माँगती हूँ।''

''मंथरा, ऐसा मत कहो, मैं नहीं समझ पा रही कि ऐसे हालात में मुझे क्या करना चाहिए। मैं भरत का भी कल्याण चाहती हूँ और राम का भी अहित नहीं चाहती। किंतु क्या सचमुच भरत के साथ षड्यंत्र हुआ है?''

''हाँ! बिल्कुल महारानी। पहले राम का आश्चर्यजनक रूप से श्रेष्ठ शिष्य बनना और फिर एकदम से स्वयंवर में आना, यह सब एक षड्यंत्र की ओर इशारा करता है कि राम भरत से योग्य नहीं, किंतु सबकुछ उन्हें एक योजना के मुताबिक प्रदान किया जा रहा है।'' मंथरा रहस्यमयी मुद्रा बनाती हुई बोली।

''तो ऐसे में भरत के लिए मुझे क्या करना चाहिए?'' रानी कैकेयी ममता से बोली।

''आपको वे वचन याद हैं, जो राजा दशरथ ने आपको अपनी जान की रक्षा करने हेतु आपको देने के लिए बोल रखा है?''

''वे दो वचन?''

''हाँ वही। उसमें से एक में आप भरत के लिए राज्यसिंहासन माँग लें और दूसरे में राम के लिए बीस वर्ष का वनवास।''

''हाय! मंथरा ये तुम क्या कह रही हो, पहला तो मैं पुत्रमोह में माँग भी लूँ, किंतु मैं किस मुख से राम के लिए बीस वर्ष का वनवास माँगूँगी? हम कुछ और भी तो माँग सकते हैं? इतने लंबे समय के लिए वनवास की क्या जरूरत?'' दु:ख और पीड़ा से कराहती रानी कैकेयी बोली।

''महारानी, मुझे भी यह पसंद नहीं, किंतु राम धोखे से कौशलवासियों के हृदय में इतना गहरा स्थान बना चुका है कि यदि वह यहाँ रहा, तो जनता कभी भरत को नहीं स्वीकारेगी और यदि राम यहाँ लंबे समय तक न रहे, तो धीरे-धीरे जनता का मोह उस पर से मिट जाएगा और वह स्वत: भरत को अपना राजा स्वीकार कर लेगी। उसके लिए यह

बेहद जरूरी है कि राम लंबे समय तक यहाँ न रहे।'' मंथरा किसी विदूषक की भाँति बोली।

''किंतु इतना लंबा समय भी उपयुक्त नहीं।'' रानी कैकेयी राम के प्रति अपना मोह नहीं छोड़ पा रही थी।

''महारानी, यदि इतना आपको ज्यादा लग रहा है, तो कम-से-कम चौदह-पंद्रह वर्ष का वनवास बेहद जरूरी है, वरना जनता राम का मोह कभी नहीं छोड़ पाएगी।''

''किंतु...''

''किंतु-परंतु कुछ नहीं महारानी, इसके सिवा आपको अपने पुत्र को उसका हक दिलाने का कोई दूसरा उपाय नहीं है।''

''क्या भरत यह पसंद करेंगे?''

''हाँ महारानी! वे अवश्य पसंद करेंगे। आखिर उन्हें भी तो राम के कृत्यों से दुःख पहुँचा होगा, भले ही वे जाहिर न करें।''

''तो ठीक है, मंथरा! यह मैं केवल अपने पुत्र हेतु करूँगी।'' रानी कैकेयी गंभीर होकर बोली। यह सुनते ही मंथरा की आँखें खुशी से चमक उठीं। आखिरकार उसकी योजना कार्य रूप में परिणत होने जा रही थी। वह खुशी से नाचने लगी। और बोली, ''महारानी, आप जो भरत के लिए यह करने जा रही हैं, उसे न कभी कैकेय भूलेगा, न भरत और न ही भारतवर्ष।''

शायद मंथरा द्वारा आखिर में बोले गए वाक्य बोलते समय उसकी जिह्वा पर सरस्वती विद्यमान थी, क्योंकि अक्षरशः यह वाक्य इतिहास में अमर हो गया।

उस समय रघुवंश में एक परंपरा थी (चूँकि एक राजा राजनैतिक हितों के लिए एक से अधिक विवाह करता था, इसलिए), यदि किसी रानी को राजा से कोई शिकायत करनी हो, तो वह विशेष रूप से बने एक भवन का सहारा लेती थी, जिसे **'कोप भवन'** कहा जाता था। उस भवन में गई रानी की समस्या को सुनना राजा की पहली जिम्मेदारी माना जाता था। अयोध्या का कोप भवन तो लंबे समय से किसी रानी ने नहीं देखा था, किंतु अब समय बदल चुका था, क्योंकि रानी कैकेयी ने अपनी बात राजा दशरथ तक पहुँचाने के लिए कोप भवन का सहारा लिया, ताकि राजा दशरथ अयोध्या आते ही सबसे पहले उन्हीं की बात सुनें। कैकेयी के कोप भवन में जाने की खबर सुन अन्य दोनों रानियाँ बेहद चिंतित हुईं, जबकि ऐसे शुभ अवसर पर उन्होंने रानी कैकेयी से इस तरह के व्यव्हार की उम्मीद न की थी, लिहाजा उन्होंने रानी कैकेयी से बात करने की कोशिश की, लेकिन रानी कैकेयी ने किसी अन्य से मिलने को मना कर दिया।

इधर राजा दशरथ खुशियों से नाचते-झूमते जैसे ही अयोध्या पहुँचे, पूरी अयोध्या नगरी झूम उठी। सब बस राम की एक झलक पाने को बेताब थे। जैसे ही राजा दशरथ को रानी कैकेयी के बारे में पता लगा, वे हँस पड़े। उन्होंने सोचा; शायद मैंने चारों पुत्रों की शादी यूँ ही अचानक कर दी, इसलिए वह क्रोध में है, क्योंकि हर महत्त्वपूर्ण कार्य में वह हमारे साथ रहना चाहती है। वे हँसते-हँसते कोप भवन में प्रविष्ट हुए और बोले—

''आह! मेरी प्रिये! यह क्या हाल बना रखा है अपना? अब क्या मेरी प्रिये को अपनी बात कहने के लिए इस भवन का सहारा लेना पड़ेगा?'' राजा दशरथ ने रानी कैकेयी को छेड़ते हुए कहा।

''रहने दीजिए! यह झूठा प्रेम प्रदर्शित मत कीजिए। आपको मेरी परवाह ही कहाँ है?'' रानी कैकेयी मुँह फेरे ही बोली। पिछले कुछ दिनों से कोप में ही रहने की वजह से उनके चेहरे और बालों ने एक विकृत आकार ले लिया था।

''नहीं प्रिये ऐसा नहीं है! और मैं जानता हूँ कि आप क्यों क्रोध में हैं?''

''क्या जानते हैं आप?''

''कि यदि बच्चों की शादी यूँ ही माता की अनभिज्ञता में कर दी जाए तो माता का क्रोध तो स्वाभाविक ही है।'' राजा दशरथ ने रानी कैकेयी के चेहरे को प्रेम से पकड़ अपनी और करते कहा। रानी कैकेयी, वापस चेहरे को उनसे मोड़ते हुए कहा—

''हाँ! और यदि पुत्रों की पत्नियाँ भी बदल दी जाए, तो और भी।''

यह सुन राजा दशरथ अब थोड़े गंभीर हो गए।

''इसका क्या मतलब है प्रिये?''

''मेरे भरत के साथ अन्याय हुआ है।''

''क्या भरत के साथ अन्याय?''

''हाँ! हाँ! अन्याय, और अब इतने अनजान क्यों बनते हैं आप, यही तो करते आए हैं अब तक भरत के साथ। आप केवल अपनी झूठी शान की रक्षा हेतु राम को सबकुछ सौंपते जा रहे हैं, क्योंकि वह आपका बड़ा बेटा है, महारानी का पुत्र, इसलिए उसकी अयोग्यता आपके सम्मान को ठेस पहुँचाती, किंतु क्या हुआ यदि भरत छोटा है, वह योग्य तो है,'' रानी कैकेयी चीखती हुई क्रोध में बोली।

''रानी कैकेयी।'' राजा दशरथ भी क्रोध में चीखे।

पहली बार राजा दशरथ के मुख से अपने लिए रानी कैकेयी का उच्चारण सुन रानी कैकेयी को और दु:ख हुआ और वह और कठोर हो गई।

''आप भरत को उसका हक 'राज्यसिंहासन' दीजिए।''

''यह नामुमकिन है। राम योग्य है, बड़ा है और उसने पूरे जनसमूह के सामने अपनी योग्यता सिद्ध की है।''

"जो की है, वह एक छलावा है। महाराज आज आप मेरी यह एक विनती स्वीकार लीजिए, वरना आपको पछताना पड़ेगा और राम के लिए आपको और भी अधिक दुःख होगा और मैं यह नहीं चाहती। इसलिए मैं एक बार फिर आपसे अनुरोध करती हूँ कि आप मेरा कहना मान लीजिए।" रानी कैकेयी दुःख और कठोरता के साथ राजा दशरथ की ओर देखकर बोली, किंतु राजा दशरथ, जो कि अपने दिए वचनों को भूल चुके थे और कल्पना भी नहीं कर सकते थे कि कैकेयी आज उनसे वह माँग सकती है। गुस्से और स्पष्टता से बोले—

"यह नामुमकिन है, किसी भी कीमत पर संभव नहीं। तुम कुछ और कहो, मैं अवश्य पूरा कर दूँगा।" और रानी से मुँह फेर दूसरी और देखने लगे।

यह सुन रानी कैकेयी के चेहरे पर एक दुःख की रेखा तैर गई और वह कठोर हो बोली—

"तो ठीक है यदि आपको सीधा रास्ता नहीं पसंद, तो पूरे कीजिए अपने दिए वे दो वचन, जो आपने भरे दरबार में मुझसे माँगने को कहा था, जब असुरों के खिलाफ युद्ध में मैंने आपके प्राणों की रक्षा की थी। मेरा पहला वचन है—**भरत को राज्य सिंहासन** सौंप दीजिए और दूसरा है—**राम को चौदह वर्ष वनवास।**"

यह वाक्य राजा दशरथ पर किसी बिजली की भाँति टूट पड़ा। वे उस कक्ष से तुरंत बाहर निकल जाना चाहते थे। उन्होंने उठने की कोशिश की, परंतु लड़खड़ा कर गिर पड़े। उनके सामने वह चलचित्र चल पड़ा, जब वे भरे दरबार में रानी कैकेयी को दो वचन माँगने का वरदान दे चुके थे। राजा दशरथ लड़खड़ाते-गिरते, बिना कुछ बोले उस कोप भवन से दूर निकल जाना चाहते थे, क्योंकि अब बोलने को कुछ नहीं बचा था, राजा दशरथ को रानी कैकेयी के इन वचनों का पालन करना था। एक ही पल में मानो वे सौ वर्ष के हो उठे हों। उनकी यह हालत देख, रानी कैकेयी पछतावे में फूट-फूटकर रो पड़ी, किंतु वह भी जानती थी कि भरतवंशी कभी अपने वचन से पीछे नहीं हटते। इसका मतलब था राम की नियति ने एक नया मोड़ ले लिया था।

जिसने भी यह खबर सुनी, वह दुःख से व्याकुल हो उठा। चारों तरफ अब केवल सन्नाटा पसरा था। कुछ ही पलों में मानो अयोध्या की खुशियों को काल ने ग्रास लिया था। किसी की कुछ समझ में नहीं आ रहा था कि अचानक यह क्या हो गया। महर्षि वसिष्ठ खुद इस खबर को सुन बेहद चिंतित हो उठे, "राम, जो कि रक्षक नियुक्त हुए थे, जब वे ही राज्य में नहीं रहेंगे, तो राज्य की रक्षा कौन करेगा, रावण को कौन रोकेगा?" पर शीघ्र ही उन्हें महान् परशुराम की कही वह बात याद आई, "जो होता है, वह अच्छे के लिए होता है, इसलिए नियति को तय करने दो की वह क्या चाहती है। सब अच्छा

और उचित समय पर होगा।'' याद आते ही उन्होंने खुद को शांत किया।

रानी कौशल्या यह खबर सुन मूर्छित हो गई और बिस्तर पर पड़ गई। रानी सुमित्रा की भी अत्यधिक चिंता से तबीयत खराब हो गई। वहाँ हर कोई इस खबर के संताप की चपेट में था। केवल एक शख्स को छोड़कर और वे थे स्वयं राम।

दु:ख और चिंता के भीषण माहौल से दूर राम अयोध्या के शाही बगीचे में एक बड़े वट वृक्ष के नीचे लेटे हुए कुछ चिंतन कर रहे थे। बस हैरानी की बात यह थी कि इस मुश्किल-घड़ी में लक्ष्मण का कोई अता-पता नहीं था, जो सदैव राम के साथ होते थे। तभी वहाँ राम को ढूँढ़ती हुई सीता आईं और राम को यूँ शांत-प्रसन्नचित्त लेटे देख उन्हें बेहद हैरानी हुई और वे बोलीं—

''मैं आपको कब से ढूँढ़ रही हूँ, केवल इस बात से परेशान होकर कि यह खबर सुन आप पर क्या बीत रही होगी और आपका व्यवहार मेरी आशा के अनुरूप ही है।''

''सीता! आइए बैठिए। मैं आपके बारे में ही सोच रहा था।''

''मुझे पता है कि आप इसे सहर्ष स्वीकारने को तैयार हैं और मुझे आपसे कोई शिकायत नहीं, किंतु ध्यान रहे कि आप मुझे मेरे हक से वंचित नहीं कर सकते।'' सीता दुलार से बोली।

''आप बेझिझक होकर कहिए कि आप मुझसे क्या चाहती हैं। बस केवल उस वचन पालन को करने से मुझे मत रोकिएगा।''

''आप ऐसा सोच भी कैसे सकते हैं कि मैं अपने पति को उसके आदर्श से हटने को कहूँगी।''

''तो आप क्या चाहती हैं प्रिये?''

''मैं हमेशा के लिए आपका साथ चाहती हूँ।''

''मैं हमेशा आपके साथ ही हूँ।''

''केवल बातों से काम नहीं चलेगा। आपको इस वचन का पालन भी हकीकत में करना पड़ेगा।''

''मतलब।''

''मतलब कि मैं भी आपके साथ चौदह वर्षों के लिए वन में चलूँगी।''

यह सुन राम चौंक गए। उन्होंने कभी कल्पना भी नहीं की थी कि मिथिला की सुकुमार राजकुमारी जो आज तक इतने सुख-सुविधाओं में पली-बढ़ी है, वह ऐसी बात कहेगी।

''सीते! क्या आप जानती हैं कि यह वक्त कितना दुखदायी होने वाला है, वहाँ राजमहल जैसी कोई सुख-सुविधा नहीं होगी।''

"तो क्या आपने, अपनी सीते को कभी राज-ठाठ के मोह में देखा है। मैं केवल आपको समर्पित हूँ और मेरा सारा सुख और धन आप ही हैं।"

राम की आँखें खुशी से भर आईं। वे भावुक होते हुए बोले—

"सीते मुझे आपसे यही उम्मीद थी। यदि आप निश्चिंत हैं, तो मुझे आपको साथ ले चलने में बेहद खुशी होगी।"

"किंतु जानते हैं, बड़ी माँ और छोटी माँ की हालत बेहद खराब है।"

"हाँ, मुझे पता है और यदि मैं उनके सामने गया तो उनका दु:ख और बढ़ जाएगा। कुछ दिनों में वे ठीक हो जाएँगी।" दु:खी होते हुए राम बोले।

राम को दु:खी होते देख सीता मजाक की मुद्रा बनाते हुए बोलीं—

"हाँ वैसे कोई और भी है, जो आपके और मेरे साथ अवश्य चलेगा, जहाँ तक कि मुझे लगता है।"

उनके मजाक को समझ राम बोले—

"हाँ! उम्मीद तो मुझे भी थी कि वह अवश्य मेरे साथ आएगा, किंतु इस खबर को सुनने के बाद मैंने उसे देखा तक नहीं। न जाने कहाँ है वह।"

"न जाने कहाँ नहीं, वह ठीक आपके ऊपर हैं।"

चौंककर राम ने अपनी निगाहें ऊपर उठाईं। ऊपर पेड़ पर छिपकर बैठे लक्ष्मण दिखाई दिए, जिनकी आँखें पिछले कुछ घंटों से लगातार रोते रहने की वजह से लाल हो चुकी थीं। राम ने स्नेह से उन्हें नीचे बुलाया। लक्ष्मण नीचे उत्तर फफककर रोते राम के गले लग गए। राम बोले—

"लक्ष्मण! यदि तुम यहाँ रहोगे तो मुझे अत्यंत प्रसन्नता होगी। मैं तुम्हें अपने साथ कष्ट भोगने नहीं ले जाना चाहता।"

यह सुनते ही लक्ष्मण और जोर से रोने लगे। राम इस और जोर से रोने का मतलब समझकर बोले—

"ठीक है! ठीक है!...चल रहे हो तुम मेरे साथ।" लक्ष्मण ने राम को भींच लिया।

राम उन्हें दुलारते हुए सीता से बोले—

"सीते! आपने कब इस बदमाश को वहाँ देख लिया? मैं पिछले काफी समय से इसी वृक्ष के नीचे लेटा हूँ, फिर भी यह शैतान मुझसे छिपा रहा।"

"जब मैं इस वृक्ष के नीचे पहुँची, तभी इनके आँसू मेरे हाथों पर गिरे। मैंने ऊपर देखा, ये अपना चेहरा आँखों से ढक रो रहे थे।"

थोड़ी देर बाद खुद को सँभालते लक्ष्मण सीता का पैर छूते हुए बोले—

"भाभी माँ, आप एक देवी के समान हैं। आपने मुझे, आप दोनों के साथ आने का

मौका देकर, मुझ पर बहुत बड़ा एहसान किया है, मैं···।''

बीच में ही सीता राम की ओर देखती बोलीं—

''आप सच कहते हैं। ये वाकई बहुत बड़े शैतान हैं, अपनी भाभी माँ से एहसान की बातें करते हैं।''

यह सुन लक्ष्मण ने स्नेह से सीता को देखा। सीता मुसकरा दीं, तभी वहाँ एक सेवक आया और उसने सूचना दी कि राजा दशरथ अपने कक्ष में राम से अकेले में मिलना चाहते हैं। राम तुरंत सेवक के साथ हो गए।

जैसे ही राम कक्ष के भीतर प्रविष्ट हुए, उनको देखते ही राजा दशरथ किसी बच्चे की भाँति रोने लगे। राम उनको देख हैरान रह गए। वे किसी सौ वर्ष के वृद्ध रोगी की भाँति लग रहे थे। राम ने दौड़ते हुए उनके करीब जाकर, उन्हें सहारा दिया। राजा दशरथ की आँखें लगातार रोने की वजह से काली हो, अंदर की ओर धँस गई थीं। उनकी यह हालत देख राम की आँखों में भी आँसू आ गए, किंतु वे नहीं चाहते थे कि उनके पिता उनके इन आँसुओं को देखें, इसलिए वे धीरे से अपने आँसुओं को पोंछ बोले—

''कोई बात नहीं पिताश्री! मैं समझ सकता हूँ और मैं सहर्ष वन जाने को तैयार हूँ। आपको दुःखी होने की जरूरत बिल्कुल नहीं है।''

यह सुन राजा दशरथ के मुख से केवल इतना निकला—

''पुत्र!''

और वे फिर फफककर रो पड़े और थोड़ी देर बाद खुद को संयत करते बोले—

''पुत्र! मैंने तुम्हें यहाँ अपना एक फैसला सुनाने हेतु बुलाया है।''

''वह क्या पिताश्री।''

''पुत्र रघुवंश की परंपरा है कि 'प्राण जाई, पर वचन न जाई'।''

''हाँ पिताश्री! मैं जानता हूँ।''

''इसलिए मैंने फैसला किया है कि मैं अपने प्राण त्याग दूँगा, किंतु तुम्हें वन न जाने दूँगा।''

''नहीं पिताश्री! आप ऐसा कुछ भी नहीं करेंगे, क्योंकि हम सभी भारतवंशी हैं और अपने-अपने कर्तव्यों से भी बँधे हैं। जैसे आपका मेरे प्रति कर्तव्य है, मुझे खुश रखना, हर बुराई से बचाना, हर मुश्किल से मेरी रक्षा करना। उसी प्रकार मेरा आपके प्रति कर्तव्य है कि मैं आपके वचनों का सम्मान करूँ, आपकी मर्यादा, आपकी इज्जत पर कोई आँच न आने दूँ, इसलिए मैं नहीं चाहता कि इतिहास आपको रघुकुल के एक ऐसे कमजोर राजा के रूप में याद करे, जो पुत्र मोह में अपने वचनों का पालन न कर सका।''

हालाँकि राजा दशरथ जानते थे कि राम ठीक बोल रहे हैं, किंतु वे पुत्र मोह में बोले—

''पुत्र! छोड़ो ये बेकार की बातें, मुझे नहीं परवाह कि दूसरे मुझे क्या कहते हैं या मुझे किस रूप में याद करते हैं। मैं किसी भी हाल में अपने पुत्र को दुःख उठाते वन-वन नहीं भटकने दूँगा।''

''पिताश्री! आपको क्यों लगता है कि वन में मैं तकलीफ में रहूँगा? मैंने अपने जीवन के पंद्रह वर्ष वन में ही वेद अध्ययन और तंत्र तथा मंत्र विद्या सीखने में व्यतीत किए हैं और आपने तो मेरी शिक्षा का इतना उचित प्रबंध किया कि मैं अब अपनी रक्षा करने में भी समर्थ हूँ, तो फिर क्यों आप व्यर्थ चिंता करते हैं। मुझे अपनी सहर्ष आज्ञा प्रदान करें और अपने वचनों का निष्ठापूर्वक पालन करिए।''

''पुत्र सचमुच तुम कितने समझदार हो, किंतु तुम एक पिता का उसके पुत्र के प्रति मोह नहीं समझते, इसलिए इन आदर्श से भरी बातों को कह रहे हो। यदि तुम मेरे वचन पालन हेतु वन गए तो मेरी मृत्यु निश्चित समझो।''

''ऐसा मत कहिए पिताश्री, यदि मैं यहाँ रुका तो आप मुझे हमेशा के लिए खो देंगे।''

यह सुन राजा दशरथ चौंककर राम को देखने लगे।

''पिताश्री, मैंने आज तक कभी आपसे अपने हृदय की बात नहीं बताई, किंतु आज बताने की आज्ञा चाहता हूँ।''

दुःख और वात्सल्य से राजा दशरथ बोले—

''आज्ञा है पुत्र। कहो जो भी तुम्हें कहना है।''

''पिताश्री, मैं एक नए समाज का निर्माण करना चाहता हूँ, जो कि मेरे द्वारा अब तक देखी गई सभी बुराइयों से मुक्त हो, 'एक आदर्श समाज' और ऐसे समाज का निर्माण केवल अनुशासन और कठोर नियमों से ही हो सकता है। अब यदि मेरे उस समाज का निर्माण, सबसे पहले मेरे द्वारा ही कठोर नियमों के पालन से हो तो लोग उसे सहर्ष स्वीकार कर लेंगे। इसलिए पिताश्री यदि मैं अपने कर्तव्य, अपने नियमों का पालन न करते हुए यहाँ रुक गया, तो मेरी अंतरात्मा मुझे धिक्कारेगी और फिर मेरे लिए जीवित रहना संभव नहीं।''

यह सुन राजा दशरथ ने अत्यंत दुःख और पीड़ा से अपना सिर नीचे झुकाया।

''तो यानी कि यह निश्चित है कि तुम वन अवश्य जाओगे, किंतु पुत्र तुम्हारे इतने वर्ष उपरांत लौटने के बाद यह कौशल तुम्हारा नहीं रह जाएगा, फिर तुम उस आदर्श समाज का निर्माण कैसे करोगे?''

''पिताश्री क्या आपको अपने पुत्र पर भरोसा नहीं। भारतवर्ष बहुत बड़ा है। मैं कहीं से भी शुरुआत कर सकता हूँ।''

भर्राए गले से राजा दशरथ बोले—

"भरोसा है पुत्र! खुद से ज्यादा भरोसा है, किंतु पुत्र तुम नहीं जा सक्ते।" कहकर राजा दशरथ एक बार फिर राम से बिछुड़ने की कल्पना कर किसी बच्चे की भाँति रो पड़े।

राम उनके आँसुओं को पोंछते उन्हें गले लगाते हुए बोले—

"मुझे गर्व है कि मैं आपका पुत्र हूँ।"

"मुझे भी गर्व है तुम पर पुत्र।" राजा दशरथ धीमी आवाज में बोले।

"पुत्र, सीता का क्या?"

"पिताश्री मेरी उनसे बातचीत हो चुकी है। वे मेरे साथ जाने को उत्सुक हैं और खुश भी हैं।"

"पुत्र, सीता को मुझसे शिकायत होगी और लक्ष्मण को भी, मेरी वजह से दो और जानें इस मुसीबत में पड़ गईं।"

"नहीं पिताश्री, किसी को आपसे कोई शिकायत नहीं है और आपको कैसे पता चला कि लक्ष्मण भी मेरे साथ जा रहा है?"

"पुत्र वह तुम्हारे बगैर कहीं नहीं रह सकता यह बात हम सभी जानते हैं। उसका और सीता का खयाल रखना।"

"जी पिताश्री! मैं रखूँगा।"

"किंतु क्या उर्मिला भी साथ जा रही है?"

"शायद नहीं पिताश्री, लक्ष्मण अभी उर्मिला से इस विषय में बातचीत करेगा।"

राजा दशरथ को फिर न जाने क्यों रोना आ रहा था। राम थोड़ी देर उनको करुणा से देखते रहे और फिर बोले—

"पिताश्री! अब मुझे आज्ञा और आशीर्वाद दीजिए कि मैं अपने कर्तव्य और नियम पालन में कामयाब रहूँ।"

राजा दशरथ राम के माथे को चूमते हुए,भर्राए गले से बोले—

"चिरायु भव पुत्र। ईश्वर हर मुसीबत व संकट से तुम्हारी रक्षा करें और तुम्हारे बल-यश में वृद्धि करें, साथ ही तुम्हारे आदर्श समाज की स्थापना के सपने को भी साकार करें।"

राम आगे बढ़े और भावपूर्ण ढंग से अपने पिताश्री के चरण छूकर तेजी से बाहर को चले गए। इधर उनके जाते ही, राजा दशरथ को ऐसा लगा मानो उनके पास अब कुछ भी न रहा हो, उनके हृदय के अंदर से एक तीव्र पीड़ा की लहर उठी और वे अपना पैर पटककर रोने लगे। वे चारों ओर ऐसे देखने लगे, मानो सबकुछ भूलते जा रहे हों। अत्यधिक पीड़ा, उनकी बुद्धि को क्षति पहुँचा रही थी और वे मूर्च्छित हो गिर पड़े।

राम भी कक्ष से बाहर निकल एक खंभे को पकड़ फफककर रो पड़े। ठीक कुछ

वक्त बाद ही उन्हें निकलना था। उन्होंने सभी राजसी कपड़ों को त्याग, गेरुए रंग का एक अंगवस्त्र धारण किया। जाने की सामग्री में केवल कुछ कपड़े, खाना पकाने हेतु एक हाँड़ी और राम-लक्ष्मण के कुछ अस्त्र-शस्त्र ही थे।

आखिरकार वह वक्त आ ही गया, जब वे रवाना होने को तत्पर हुए। वे बेहद सादगी से निकले। राजा दशरथ अभी तक मूर्च्छित ही थे। माता कौशल्या और माता सुमित्रा तथा उर्मिला का रो-रोकर बुरा हाल था। लक्ष्मण बड़ी मुश्किल से उस मासूम उर्मिला को मनाने में सफल हुए कि वह उनके साथ वन न जाए। लक्ष्मण ने उर्मिला को दोनों दुःख से पीड़ित माताओं की सेवा का वास्ता दिया और ऐसे कई कार्यों का बहानाकर वे किसी तरह उर्मिला को मना पाए थे।

राम-सीता-लक्ष्मण को इस तरह जाते देख महर्षि वसिष्ठ और महर्षि विश्वामित्र बेहद व्याकुल थे। राम ने राजमहल से ही पैदल यात्रा प्रारंभ करने का निर्णय लिया। हालाँकि दोनों माताओं और सेनापति मृगाधीश ने उन्हें किसी अच्छे वन तक रथ में जाने हेतु कहा, किंतु राम अपने आदर्श में कोई कलंक नहीं लगाना चाहते थे। वे अपना कर्तव्य पूरी ईमानदारी और निष्ठा के साथ पूरा करना चाहते थे। वे जैसे ही राजमहल से बाहर निकले, उन्होंने एक भारी जनसमूह देखा, जो अपने साथ बड़ी-बड़ी गठरी लिये बाहर खड़ा था। राम ने एक को बुलाकर इस जनसमूह का कारण जानना चाहा, तब उसने बताया—

"ये सभी लोग कौशलवासी हैं और आपकी सेवा करने हेतु आपके साथ जाना चाहते हैं। सब इस बात से बेहद दुःखी हैं कि किस तरह आप इस सुखमय राजमहल को छोड़कर बाहर वन में रहेंगे। इस जनसमूह में धोबी, रसोइया, नाई, खटीक, शिकारी सभी शामिल हैं और वे आपके साथ जाना चाहते हैं। इनका कहना है कि जिस प्रकार आप अपने पिता के वचनों के सम्मान हेतु जा रहे हैं, उसी प्रकार हमारा भी कर्तव्य है कि हम भी जिसे प्रेम करते हैं, जिसे मन से अपना राजा स्वीकार किया है, उसके लिए कुछ करें।"

यह सुन सीता की आँखों में आँसू आ गए। राम ने उन्हें अपने साथ न चलने को कहा, किंतु वे सब नहीं माने। उन सबका अपने प्रति प्रेम और हठ देखकर, उन्हें अपने साथ आने की अनुमति दे दी। वे सभी देर रात तक चलते रहे और फिर एक छोटी नदी के तट पर रात्रि विश्राम हेतु रुके। सभी बेहद थक चुके थे, उनमें कुछ के पैरो में तो छाले भी पड़ गए थे। उस जनसमूह में कुछ बेहद वृद्ध भी शामिल थे, इतनी दूर पैदल चलने के कारण वे बीमार भी पड़ गए थे, लेकिन फिर भी वे सब बेहद खुश थे, आखिर वे अपने रक्षक, अपने चहेते राजा के साथ रात्रि बिता रहे थे।

दूसरे दिन सुबह जब लोगों की आँखें खुलीं तो राम वहाँ नहीं थे, न सीता और न ही लक्ष्मण। लोगों ने उन्हें बहुत ढूँढ़ा, पर वे कहीं न मिले। तब लोगों की समझ में

आया कि उनके रक्षक उन्हें मुसीबत में न डालने हेतु, उन्हें सोता छोड़, भोर में ही आगे निकल गए। वे सभी विलाप करने लगे और राम-सीता-लक्ष्मण की रक्षा हेतु ईश्वर से प्रार्थनाकर वापस लौट गए।

इधर राम-सीता-लक्ष्मण चलते रहे, किसी उचित वन की खोज में, जो कौशल प्रांत से दूर हो। उन्होंने अपना पहला पड़ाव अयोध्या से लगभग बीस किलोमीटर दूर एक तमसा नामक नदी के तट पर डाला, वहाँ विश्राम करने के बाद फिर आगे बढ़े और अपना दूसरा पड़ाव शृंगवेरपुर, जो गंगा-यमुना-सरस्वती नदियों के संगम से कुछ दूरी पर स्थित था, वहाँ डाला।

यहाँ पर उनकी मुलाकात निषादों के राजा गुह से हुई, जिसने राम के बारे में पहले से सुन रखा था। निषाद राज तो राम के आने के समाचार की खुशी में इतना डूब गया कि वह राम से मिलने को नंगे पाँव कँटीलें रास्तों पर दौड़ गया। वह राम का विशेष आतिथ्य-सत्कार करना चाहता था, किंतु वह थोड़े संकोच में था कि कहाँ वह उच्च कुल के, भारतवर्ष के सबसे बड़े नायक थे, कहाँ वह निम्न जाति का निषाद राज। इसी कारण वह बेहद संकोच भाव लिये राम से मिला। राम उसकी यह भावना समझ गए और उन्होंने स्वयं आगे बढ़कर उसे गले लगा लिया और उसे अपने पास बिठा प्रेमपूर्वक उसका हाल-चाल पूछने लगे।

निषाद राज राम की इतनी विनम्रता देख भाव-विह्वल हो गया। जब उसे उनके वनवास के विषय में पता चला तो यह सुन वह दुःख से रोने लगा और बोला, ''हाय रे समाज! इतने विनम्र, महान् ताकतवर राजकुमार की ये हालत कर दी तुमने।''

उसने सीता को एक आदर्श पत्नी का दरजा दिया, जो अपने पति के लिए सारी सुख-सुविधाओं को त्याग, उनका साथ देने वन तक आ गई।

उसने तुरंत राम से यह अनुरोध किया कि राम उसका पूरा राज्य ले लें और वहाँ का राजा बन, वहीं सदैव के लिए निवास करें। वह उनकी छत्रछाया में खुश रहेगा, किंतु राम ने उसका अनुरोध विनम्रतापूर्वक ठुकराते हुए कहा कि वह कभी कर्तव्यपालन को नहीं छोड़ सकते। न अपने बनाए नियमों को तोड़ सकते हैं, अतः वह केवल वन में ही निवास करेंगे और वह भी कौशल प्रांत से काफी दूर।

उनके इन आदर्श विचारों को सुन निषाद राज गुह बेहद प्रसन्न हुआ और वह राम के इस आदर्श को तोड़ना नहीं चाहता था, इसलिए उसने राम से और आग्रह नहीं किया। राम वहाँ कुछ दिन ठहरे और तब तक निषाद राज ने उनका खूब आदर-सत्कार किया और फिर राम वहाँ से आगे बढ़े।

कुछ और आगे बढ़ने के बाद उन्हें महान् गंगा नदी मिली, जिसे पार कर वे आगे बढ़ना चाहते थे। वहाँ उनकी मुलाकात एक अंधविश्वासी केवट (नाव चलानेवाला) से हुई, जिसने राम की ताकत के बारे में इतनी बढ़ी-चढ़ी अफवाहें सुन रखी थीं कि वह राम को देखते ही भयभीत हो उठा और राम को अपनी नाव से गंगा नदी पार कराने को तैयार नहीं हुआ। राम के पूछने पर उसने बेहद मासूमियत से भरा उत्तर दिया—

''उसने सुना है कि राम में कुछ अद्भुत शक्तियाँ हैं कि हजार वर्षों से पत्थर बनी अहिल्या को छूते ही उसे स्त्री का रूप देकर श्राप से मुक्त कर दिया। राम इतने ताकतवर और बलशाली हैं कि यदि वे मेरी नाव में बैठे तो नाव उनका भार सहन नहीं कर पाएगी और डूब जाएगी और उसने बड़ी मुश्किल से यह नाव बनाई है, वह इसे खोना नहीं चाहता।'' यह सुन राम-सीता-लक्ष्मण हँस पड़े। फिर राम ने उसे काफी समझाया कि वह एक हजार दिन था, न कि एक हजार वर्ष और वह देवी सचमुच पत्थर की नहीं बनी थी, किंतु वह फिर भी नहीं माना। आखिरकार लक्ष्मण को उसे राम को उठाकर दिखाना पड़ा, साथ ही उसे राम ने कई वस्तुएँ छूकर दिखाईं। तब जाकर वह मानने को तैयार हुआ कि राम सचमुच अत्यधिक भारी और जादुई शक्तिवाले नहीं हैं कि उसकी नाव डूब जाए और तब जाकर उसने राम को गंगा नदी पार करवाई, किंतु वह राम को बराबर प्रभु ही पुकारता रहा और राम से अपने कल्याण हेतु आशीर्वाद भी लिया। राम, खुद पर उसके इस विश्वास को तोड़ना नहीं चाहते थे, इसलिए उन्होंने उसे ज्यादा कुछ समझाया नहीं। किंतु राम ने अपने मन में सोचा—

'मैंने गुरु वसिष्ठ से सुन तो रखा था कि *जब बातें लोगों के द्वारा यात्रा करती हैं तो वे अपना मूल स्वरूप छोड़कर एक नए स्वरूप में बदलाव ग्रहण कर अतिशयोक्ति रूप में सामने आती हैं और आज इसका प्रत्यक्ष प्रमाण भी देख लिया।*''

राम-सीता-लक्ष्मण थोड़ा-थोड़ा विश्रामकर, निरंतर चलते रहे और आखिरकार उन्हें उनके मन अनुकूल शांत, खूबसूरत वन मिल ही गया। वह अयोध्या से काफी दूर दक्षिण में स्थित था। उसका नाम चित्रकूट था।

इधर जैसे ही भरत तक अयोध्या में घटी घटनाओं की जानकारी पहुँची। वह तुरंत शत्रुघ्न को साथ ले वापस अयोध्या लौट आए और सारी बात सुन अन्न-पानी त्याग दिया और उन्होंने कैकेयी को बहुत बुरा-भला कहा तथा कैकेयी की शक्ल देखना भी पाप समझा, तब कैकेयी ने रोते हुए भरत को मंथरा द्वारा बताई गई सारी बातचीत बताई। यह सुन भरत बहुत दुःखी हुए और मंथरा को कारावास में डलवा दिया, लेकिन भरत ने कैकेयी को माफ नहीं किया, बल्कि उन्हें भी एक दंड दिया। उन्होंने प्रतिज्ञा की कि जब तक राम वापस नहीं आ जाते, तब तक वे न तो कैकेयी से बात करेंगे, न ही उनकी शक्ल देखेंगे।

वे उसी दिन राम को ढूँढ़कर वापस लाने के लिए निकलनेवाले थे कि तभी उन्हें एक ऐसा समाचार मिला, जो भरत को अंदर से तोड़ गया। वह था राजा दशरथ का पुत्र मोह में देहांत। हर कोई भरत और कैकेयी को बुरा-भला कह रहा था। राजदरबारी भी अब भरत से सीधे मुँह बात न करते थे, लेकिन महर्षि वसिष्ठ और सेनापति मृगाधीश जानते थे कि भरत अपने भाई से कितना प्रेम करते हैं। राजा दशरथ के अंतिम संस्कार के बाद भरत ने भी अपने प्राण त्यागने चाहे, किंतु महर्षि वसिष्ठ ने उन्हें ऐसा करने से रोक लिया और उन्होंने भरत को आश्वासन दिया कि वे स्वयं भरत के साथ राम को ढूँढ़ने जाएँगे और राम को वापस लाएँगे। अतः दूसरे ही दिन भरत-शत्रुघ्न, महर्षि वसिष्ठ और सेनापति मृगाधीश थोड़ी सेना अपने साथ लेकर राम को वापस लेने हेतु चल दिए। वे सभी पूछते, निशान ढूँढ़ते, राम के द्वारा चले गए पथ पर चलने लगे। वे चलते-चलते उसी निषाद राज गुह के राज्य में पहुँचे। जब निषाद राज को पता चला कि यह राम का चचेरा भाई भरत है और उसने भरत के साथ एक सेना भी देखी तो उसने सोचा कि निश्चय ही यह राम को धोखे से वन में मारने हेतु निकला है, ताकि निष्कंटक हो राज्य कर सके।

निषाद राज अपनी पूरी सेना को इकट्ठा कर राम की रक्षा हेतु, भरत से युद्ध करने को तत्पर हुआ, ताकि वह भरत को राम तक पहुँचने से पूर्व ही रोक सके, किंतु तभी महर्षि वसिष्ठ आगे आकर उसे सच्चाई बताते हैं और तब जाकर निषाद राज शांत होता है और उन्हें आगे का मार्ग बताता है, जितना राम ने उसे बताया था। अपने भइया के प्रति उसकी ऐसी भक्ति देखकर भरत बेहद खुश होते हैं और निषाद राज को आर्थिक मदद का आश्वासन देते हैं। वे फिर निषाद राज द्वारा बताए गए रास्ते पर आगे बढ़ते हैं और चलते-चलते आखिरकार वे सब शांत और प्राकृतिक वातावरण से भरपूर चित्रकूट पहुँच ही जाते हैं। तब जाकर उनकी मुलाकात राम-सीता-लक्ष्मण से होती है। भरत उन्हें इतने साधारण कपड़ों में देख राम से लिपट काफी देर तक रोते रहते हैं और फिर माफी माँगते सीता के चरणों में गिर पड़ते हैं। राम और सीता ने उन्हें उठाया और उनके सामने स्पष्ट किया कि छोटी माँ के आचरण के कारण वे भरत से नाराज नहीं हैं, बल्कि अब भी वे उनके प्यारे भाई हैं। फिर भरत उन्हें राजा दशरथ की मृत्यु की खबर सुनाते हैं, जिसे सुनकर राम-सीता-लक्ष्मण रोने लगते हैं। राम बेहद दुःखी हो उठते हैं। तब महर्षि और भरत उनसे आग्रह करते हैं कि वे वापस अयोध्या चल, वहाँ का राज-काज सँभाल लें। अब तो राजा दशरथ ही नहीं रहे, किंतु राम अपने कर्तव्य और नियमों पर दृढ़ रहते हुए सहर्ष मना कर देते हैं। यह देख सभी यह एहसास करते कि राम अपने कर्तव्यपथ पर कितने ईमानदार हैं। कोई रास्ता न देख भरत राम से उनकी चरण पादुका ले अपने माथे से लगा कहते हैं—

''यह अब अयोध्या के राज सिंहासन पर तब तक विराजमान रहेंगी, जब तक आप अपना कर्तव्य पूरा कर वापस अयोध्या आकर राजसिंहासन नहीं सँभाल लेते। मैं केवल

आपके एक सेवक के रूप में तब तक अयोध्या का प्रशासन चलाऊँगा।''

हालाँकि राम उनसे कहते हैं कि वे अयोध्या का राजसिंहासन सँभाल लें, लेकिन भरत तैयार नहीं होते और राम को अपने उस पूर्व वचन को याद दिलाते हैं, जो उन्होंने लिया था, ''उनके जिंदा रहते अयोध्या के राजसिंहासन पर राम के अतिरिक्त कोई अन्य नहीं बैठ सकता।'' फिर वे राम का आशीर्वाद लेकर वापस अयोध्या लौट आते हैं और राम उसी वन में स्थायी निवास करने की योजना बना निवास करने लगते हैं।

कुछ समय के पश्चात् राम से मिलने एक ऋषि, चित्रकूट स्थित उनकी कुटिया में आए। उनका नाम अत्रि था, वे सतना प्रदेश में निवास करते थे, जहाँ उनका आश्रम था। उनके साथ कुछ अन्य तपस्वी भी वहाँ रहते थे। वे राम से एक मदद माँगने आए थे। उन्होंने बताया कि पिछले कुछ समय से राक्षसों का प्रभाव सतना प्रदेश में बढ़ता ही जा रहा है, वे **दंडकारण्य वन** से भारतवर्ष के उत्तरी हिस्से की ओर तेजी से बढ़ रहे हैं। उन्होंने राम के बारे में काफी कुछ सुन रखा था, अतः उन्होंने राम से अनुरोध किया कि वे उन्हें राक्षसों के आतंक से बचाए। यह सुन राम उनके साथ उनके आश्रम गए और वहाँ आसपास मौजूद सभी राक्षसों को मार गिराया, उनमें कोई भी राक्षस, राम के सामने पल भर भी न टिक पाया, किंतु राम ने देखा कि किस तरह राक्षसों ने वहाँ उत्पात और आतंक मचाया था, राम ने वहाँ मौजूद सभी तपस्वियों के अंदर राक्षसों का भय देखा। यह देख राम अत्यंत चिंतित हुए। तब ऋषि अत्रि ने बताया कि यहाँ से थोड़ी दूर भारतवर्ष के दक्षिणी-पश्चिमी हिस्से से वह खतरनाक दंडकारण्य वन शुरू होता है, जहाँ से ये खतरनाक राक्षस आते-जाते हैं और आए दिन सैकड़ों ऋषि-मुनि, तपस्वी, निरीह-बेजुबान जानवर, राक्षसों के अत्याचार से प्रताड़ित हो भागे आते हैं और बताते हैं कि दंडकारण्य जहाँ खतरनाक सर्प और उकाव पक्षी पाए जाते हैं, वहाँ अब राक्षसों का प्रभुत्व बढ़ता जा रहा है। वे बेहद क्रूर और अत्याचारी हैं और उनको रोकनेवाला कोई भी नहीं है।

वे आगे कहते हैं, ''हे राम! आप बेहद योग्य और रक्षक भी हैं, इसलिए आपको आगे बढ़ उन राक्षसों को समाप्तकर ऋषियों-मुनियों और अन्य जीवों के प्राणों की रक्षा करनी चाहिए।''

राम राक्षसों की क्रूरता देख बेहद दुखी थे, अतः वे वापस चित्रकूट गए और लक्ष्मण और सीता को ले निकल पड़े दंडकारण्य वन की ओर, जहाँ वे निवास करते और साथ ही राक्षसों से अन्य प्राणियों की रक्षा भी करते।

24

भयानक दंडकारण्य वन और विशाल उकाव

दंडकारण्य में प्रविष्ट होने के बाद राम को भयंकर आकारवाले खतरनाक पक्षी दिखाई दिए, जो इतने बड़े और ताकतवर थे कि अपने पंजे में एक समूचा हाथी का बच्चा पकड़कर उड़ जाया करते थे। यह देख राम-सीता-लक्ष्मण बेहद आश्चर्यचकित हुए। वन अपने नाम के मुताबिक ही खतरनाक था। वहाँ राम का सामना कई खतरनाक विषैले सर्पों से भी हुआ। राम वन में आगे बढ़ते रहे और इस बीच उनका सामना कई राक्षसों से हुआ और सभी राम के हाथों मारे गए।

समय बीतता रहा और राम दंडकारण्य में भ्रमणकर राक्षसों का संहार करते रहे।

इधर जब रावण को पता चला कि कोई ऐसा दंडकारण्य वन में आ गया है, जिसकी वजह से लगातार उसके राक्षस सिपाही मारे जा रहे हैं, तो वह थोड़ा चिंतित हुआ कि कही बालि ही तो नहीं वहाँ आकर रहने लगा। अत: उसने सच्चाई का पता लगाने हेतु गुप्तचर भेजे।

इसी बीच राम को दंडकारण्य वन में एक रहने लायक उचित स्थान मिल ही गया, जो चित्रकूट की ही भाँति शांत और मनोरम था। वह स्थान था—पंचवटी।

पंचवटी

अयोध्या से निकले अब तक 12 वर्ष पूरे हो चुके थे।

अब बस एक और वर्ष उसके बाद राम का वनवास खत्म। अयोध्या में भी सभी बेसब्री से बस उस वक्त के इंतजार में थे कि कब एक वर्ष बीते और राम वापस आए।

इसी बीच भ्रमण के दौरान राम को एक भीमकाय उकाव पक्षी, जो अभी कम उम्र

का था, जमीन पर पड़ा तड़पता हुआ मिला। देखने से प्रतीत होता था कि वह किसी बेहद कँटीली झाड़ी में गिरकर घायल हो गया था। उसके शरीर पर जगह-जगह घाव थे। राम तुरंत मदद को आगे बढ़े, किंतु लक्ष्मण ने उन्हें रोका और कहा—

"भइया ये पक्षी बेहद खतरनाक होते हैं। हो सकता है कि हम मदद को आगे जाएँ और यह हमें ही मारकर खा जाए।"

"नहीं लक्ष्मण! हमें इस वक्त ऐसा नहीं सोचना चाहिए। जरूरतमंद की मदद करना एक इन्सान का कर्तव्य होता है और तुम मुझे जानते हो, यदि मैं अपना कर्तव्य पूरा करने में असमर्थ रहा, तो मेरी जान वैसे ही निकल जाएगी तो इससे अच्छा है न कि तुम मुझे कोशिश ही कर लेने दो।"

यह सुन सीता मुसकरा दी। लक्ष्मण भी अपने सिर पर हाथ मारते हुए पीछे हट गए।

राम उस पक्षी के पास गए। वह बिल्कुल मरणासन्न था, उसके पंखों में कोई हलचल नहीं हो रही थी। इधर उस घायल पक्षी ने देखा कि एक छोटा जीव (राम) उसके घावों पर कुछ लगा रहा था, जिससे उसे आराम मिल रहा था, वह शांत हो उसी अवस्था में पड़ा रहा। राम उस पक्षी के उपचार में लगे रहे। वह भीमकाय पक्षी केवल राम को इधर-से-उधर उसके घावों की औषधि-उपचार करते डबडबाई आँखों से देखता रहता। राम उसकी सेवा लगातार दो महीने तक करते रहे और उस मृतप्राय जीव को मौत के मुख से बाहर खींच लाए। सीता और लक्ष्मण तो उसके भोजन के इंतजाम में ही लगे रहते थे, क्योंकि वह खाता बहुत था। कभी-कभी लक्ष्मण उस पर झल्ला उठते थे।

राम ने उपचार करने के दौरान खुद का उस पक्षी से एक लगाव महसूस किया। वह पक्षी भी यदा-कदा राम की गोद में अपनी भीमकाय चोंच सहित सिर रख देता था, जिसे प्रेमपूर्वक राम सहला देते। आखिरकार वह दिन आ ही गया, जब वह पूरी तरह स्वस्थ्य और उड़ान भरने को तैयार था। उसने उठकर एक लंबी अँगड़ाई ली और अपने पंखों को फैलाया और एक-दो प्रयासकर उड़ गया। राम उसे डबडबाई आँखों से दूर तक जाते देखते रहे, किंतु उस पक्षी ने पलटकर भी नहीं देखा। यह देख लक्ष्मण बोले—

"देखा भइया! इसे कोई फर्क नहीं पड़ता कि आपने इसके लिए क्या किया। अब आपका उसके जीवन में कोई स्थान नहीं है, उसने तो एक बार आपको पलट कर भी नहीं देखा और आप तो मेरी, कोई भी बात नहीं मानते। इसीलिए मैं कहता हूँ कि आदर्श कभी व्यावहारिक नहीं हो सकता। ज्यादा आदर्श भी इन्सान को पतन की ओर ले जाता है।"

सीता मंद-मंद मुसकरा रही थी, क्योंकि उन्हें पता था कि आज लक्ष्मण को मौका

मिला है बोलने का और वे इस मौके को नहीं छोड़ना चाहते।

राम के पास भी उस वक्त, उस सवाल का कोई जवाब नहीं था, अतः वे चुप रहे, किंतु राम की तरफ से शायद वह पक्षी जवाब देना चाहता था। इसलिए कुछ देर बाद अपने पंजों में ढेरों फल दबाए वह वापस आ गया। अब राम ने लक्ष्मण की ओर मुसकराते हुए देखा। मानो वे लक्ष्मण को जवाब दे चुके हों। लक्ष्मण झेंप गए और दूसरी ओर देखते हुए बोले—

''भाभी माँ! अब जब श्रीमान मेरी इज्जत की धज्जियाँ उड़ाते हुए फल लेकर आए हैं, तो क्यों न मैं जाकर सरोवर से पानी ही लेता आऊँ।

यह सुन सीता जोर-जोर से हँसने लगीं। राम भी हँस पड़े और उस पक्षी की ओर प्रेमपूर्ण निगाहों से देखा, जिसने उनके विश्वास की रक्षा कर ली थी।

अब वह पक्षी राम के साथ वहीं रहने लगा। उसके वहाँ रहने से जँगली जानवरों या खुद उकावों का डर नहीं रह गया और साथ-ही-साथ भोजन की समस्या भी खत्म हो गई, क्योंकि वह अपने साथ ढेरों फल लाया करता था। एक दिन सीता ने राम से कहा, ''अब जब यह हमारे परिवार का एक सदस्य बन चुका है, तो क्यों न इसका एक नाम रख दिया जाए। इसके लिए एक अच्छा नाम बताइए।''

राम ने काफी सोच-विचार के बाद कहा, ''जटायु।''

सीता ने कहा, ''यह नाम काफी उपयुक्त है। बिल्कुल पक्षियों के नाम जैसा ही लगता है।''

कुछ दिनों तक तो वह पक्षी उस नाम से अनजान था, किंतु अपने लिए बार-बार उस शब्द का प्रयोग सुनते-सुनते, वह उस शब्द को पहचानने लगा और उस पर प्रतिक्रिया करने लगा।

दंडकारण्य वन

अयोध्या छोड़े 13 वर्ष

एक दिन राम-लक्ष्मण कुछ पल के लिए पंचवटी से थोड़ी दूर निकल गए और जब वे वापस लौटे तो उन्होंने कुटिया के बाहर ठेर सारा रक्त देखा। वे सन्न रह गए और भागते हुए अंदर गए, किंतु वहाँ सीता बिल्कुल सुरक्षित थीं। सीता ने बताया कि एक बाघ न जाने कहाँ से यहाँ आ गया और शायद हमला करने के उद्देश्य से चोरी-छिपे, अंदर कुटिया में प्रविष्ट होना चाहता था, किंतु तभी उस पर जटायु की नजर पड़ गई। उसने बाघ को मार डाला और अपने पंजे में दबाकर उड़ गया। तभी उन्हें बाहर जटायु के फंख फड़फड़ाने की आवाज सुनाई दी। राम तुरंत बाहर गए और आँखों में आँसू

लिये, जटायु के बड़े पैरों को पकड़ उससे लिपट गए, जटायु भी अब शायद मानवीय भावनाएँ समझने लगा था, इसीलिए उसने भी प्रेमपूर्वक राम के कंधे पर अपनी चोंच टिका दी, जो शायद उसके गले लगने का तरीका था।

समय बीतता जा रहा था और राम उस रास्ते से गुजरनेवाले सभी राक्षसों का वध कर देते। धीरे-धीरे राक्षसों में राम का डर व्याप्त होता जा रहा था।

इधर रावण को अपने गुप्तचर के माध्यम से पता चला कि वह बालि नहीं, बल्कि राम है, तो वह और भी अधिक चिंतित हो गया, क्योंकि वह पहले भी राम की जीवटता और ताकत को देख चुका था, लिहाजा उसने राम को अपना पहला भारतीय शत्रु राजा घोषित किया और राम से निपटने हेतु अपनी सेना को गठित करने लगा। एक दिन रावण ने अपने भाइयों और बहन शूर्पणखा को बुलाया और भारत पर आक्रमण करने की एक रूपरेखा खींची तथा एक तिथि को भारत पर आक्रमण कर देने की रणनीति बनाईं। जब रावण के भाइयों और बहन शूर्पणखा ने उस भारतीय राजा शत्रु राम के बारे में पूछा तो रावण ने उन्हें राम से स्वयंवर में हुई मुलाकात के विषय में बताया। राम के बारे में सुन रावण का छोटा भाई विभीषण राम से बेहद प्रभावित हुआ और रावण को चेताया कि उसे राम को हलके में नहीं लेना चाहिए, बल्कि पहले राम की ताकत और सैन्य शक्ति आदि के विषय में गुप्तचर द्वारा पूरी जानकारी जुटानी चाहिए, ताकि भारतवर्ष पर विजय सुनिश्चित करके ही, उस पर आक्रमण किया जाए।

रावण को यह विचार पसंद आया, क्योंकि उसे राम बेहद दिलचस्प लगे कि एक अकेला नवयुवक सारे राक्षस सिपाहियों की मात दे रहा है। शूर्पणखा, जो भारतवर्ष भ्रमण हेतु जानेवाली थी, उसे रावण ने राम का गुप्तचर नियुक्त कर उसे दंडकारण्य भेजा। राम के विषय में सुन रावण के छोटे भाई विभीषण ने भी अपना एक व्यक्तिगत गुप्तचर राम के विषय में जानकारी इकट्ठा करने हेतु भेजा।

25

क्रोध और कष्ट

दंडकारण्य वन

अयोध्या छोड़े 13 वर्ष 2 महीने

अब काफी कम समय शेष बचा था—राम के वनवास में। किंतु एक कहावत है, **''जब मंजिल सबसे ज्यादा करीब हो, तब इन्सान को सबसे ज्यादा सावधान हो जाना चाहिए।''**

शूर्पणखा दंडकारण्य वन में पहुँच चुकी थी और उसने छुपकर राम पर नजर रखनी शुरू भी कर दी थी। शूर्पणखा ने देखा कि राम किस तरह अपनी पत्नी सीता को प्रेम करते हैं, उनका अपनी पत्नी के प्रति इतना प्रगाढ़ प्रेम देख, वह अपने लिए भी ऐसा प्रेम करनेवाले पति की कल्पना करने लगी और धीरे-धीरे वह राम के प्रति आकर्षित हो गई। उसने राम को धनुर्विद्या का अभ्यास करते देखा, इतनी शानदार धनुर्विद्या को देख वह आश्चर्यचकित रह गई। उसने अपने अंदर प्रेम पीड़ा को महसूस किया और उसने राम से प्रेम निवेदन करने का फैसला किया। चूँकि उस समय राजा कई विवाह (राजनैतिक कारणों से) करते थे, अत: पहले से शादीशुदा राम से प्रणय निवेदन करने में उसे जरा भी संकोच न हुआ।

एक दिन जब राम-सीता-लक्ष्मण नदी तट पर बैठ, ढलते सूरज के मनोरम दृश्य का आनंद ले रहे थे, तभी शूर्पणखा उनके सामने आई और अपना परिचय दे राम से प्रणय निवेदन करने लगी। उसने सोचा कि राम उसे रावण की बहन समझ तुरंत स्वीकार लेंगे, क्योंकि इससे उनका राजनैतिक हित भी होता, किंतु वह राम के आदर्श विचारों से अभी अनजान थी। राम का आदर्श केवल समाज पर ही आधारित नहीं था, बल्कि उनके स्वयं के जीवन पर भी आधारित था। राम केवल एक पत्नी की विचारधारा में विश्वास करते थे, जो तत्कालीन परिस्थितियों के लिए बिल्कुल नई विचारधारा थी। राम

केवल सीता से ही प्रेम करते थे और उन्हीं को आजीवन प्रेम करना चाहते थे। वे अपनी पत्नी का प्रेम किसी के साथ नहीं बाँटना चाहते थे और न ही पति-पत्नी के अनमोल रिश्ते को राजनैतिक हितों की पूर्ति का एक साधन बनाना चाहते थे।

अतः राम ने शूर्पणखा को अपनी आदर्श विचारधारा से परिचित करवाया कि "वह केवल एक पत्नी ही रखेंगे और संपूर्ण जीवन उसके प्रति पूर्ण ईमानदार और समर्पित रहेंगे।"

राम के मना करने के बावजूद शूर्पणखा उनसे बार-बार आग्रह करने लगी। शूर्पणखा को न मानते देख राम ने उससे मजाक में कहा—

"आपको एक बार मेरे प्रिय छोटे भाई से बात करनी चाहिए, वह फिलहाल अकेला है और आदर्शों में भी विश्वास नहीं रखता, साथ ही वह बहुपत्नी प्रथा में विश्वास भी रखता है।"

यह सुन बेचारी प्रेम की भूखी शूर्पणखा पहुँच गई लक्ष्मण के पास प्रेम निवेदन लेकर, लेकिन उसको सपने में भी अंदाजा न था कि यह उसके जीवन का सबसे भयंकर प्रेम निवेदन होने वाला है। शूर्पणखा को राम की निगरानी करते वक्त कुछ समय लक्ष्मण पर भी देना था, ताकि वह लक्ष्मण के उग्र स्वभाव को समझ पाती। लक्ष्मण पहले ही शूर्पणखा के व्यवहार से रुष्ट थे और उसका राम के पीछे पड़ जाना लक्ष्मण को पहले ही क्रोध दिला चुका था। ऐसे में जब शूर्पणखा ने पहली बार लक्ष्मण से पूछा तो लक्ष्मण ने उसे एक लड़की समझ, खुद को किसी तरह समझा, विनम्रता का प्रदर्शन करते हुए उसे शालीनतापूर्वक मना किया, किंतु शूर्पणखा अब माननेवाली न थी, उसने आगे बढ़कर लक्ष्मण को अपनी बाँहों में भर लिया। बस फिर क्या था, लक्ष्मण का पारा सातवें आसमान पर। लक्ष्मण के सब्र का बाँध टूट गया और लक्ष्मण ने उसे खुद से दूर करते हुए एक जोरदार झटका दे दिया। वह लड़खड़ाती हुई पीछे की ओर गई और उसी जगह जा गिरी, जहाँ लक्ष्मण का धनुष-बाण रखा था। वह वहाँ मुख के बल गिर पड़ी और गिरते वक्त उसकी नाक सीधी नुकीले बाण पर पड़ गई, जो उसके नासिका को फाड़ता अंदर गहरा धँस गया। लक्ष्मण का क्रोध तुरंत उड़नछू हो गया। शूर्पणखा का घाव देख राम और सीता भी दुःख से भर उठे। सीता तुरंत शूर्पणखा को सहारा देने दौड़ी, परंतु शूर्पणखा सबकुछ बरदाश्त कर सकती थी, किंतु अपने चेहरे पर कोई घाव नहीं बरदाश्त कर सकती थी। लिहाजा वह बेहद क्रोध से भर उठी। उसने सीता को झिड़क दिया तथा खुद उठी और राम-लक्ष्मण को धमकी देती वन में अंदर भाग गई। लक्ष्मण को अपने कृत्य पर बेहद पछतावा हुआ, किंतु राम ने लक्ष्मण को समझाया कि तुमने यह जान-बूझकर नहीं किया अतः दुःखी मत हो, किंतु लक्ष्मण का यह क्रोध उस पर और साथ ही राम पर कितना भारी पड़नेवाला था, यह राजा दशरथ के कहे उस

वाक्य से स्पष्ट होता है, जब उन्होंने राम से कहा था, ''देखना एक दिन इसका क्रोध तुम्हें और स्वयं इसको बेहद नुकसान पहुँचाएगा।''

इधर शूर्पणखा वहाँ से रोती-चीखती सीधा भारतवर्ष के दक्षिणी छोर पर गई, जहाँ उसके भतीजे खर-दूषण रह रहे थे। उन्होंने अपनी बुआ का यह हाल देखा तो वे क्रोध से चीखते बोले—

''बुआ यह सब कैसे हुआ ?''

शूर्पणखा ने उनसे सच्चाई को बदलकर बताया, क्योंकि वह राम से प्रणय निवेदन की बात कह, स्वयं को उपहास का पात्र नहीं बनाना चाहती थी। अत: उसने बताया कि वह रावण के निर्देश पर चुपचाप राम की निगरानी कर रही थी और एक दिन उसने गलती से मुझे ऐसा करते हुए देख लिया और मेरा अपना परिचय बताने के बाद भी, उसने तुम्हारे पिता को बहुत बुरा-भला कहा और उन्हें चेतावनी देने के लिए मेरे साथ यह दु:साहस कर गया। उसने तुम लोगों को डराने और भाई को ललकारने हेतु ऐसा किया है।''

यह सुनते ही खर और दूषण गुस्से से पागल होकर, कुछ राक्षस सैनिकों को इकट्ठा कर राम को चुनौती देने निकल पड़े।

किष्किंधापुरी

इसी बीच भारतवर्ष के एक कोने में एक और घटना घटी, जो आगे चलकर राम से संबंधित होनेवाली थी। यह घटना किष्किंधापुरी में घटी। कहानी शुरू होती है एक भयंकर दानव से, जो कहीं से किष्किंधापुरी में आ गया था और उसने किष्किंधा नगरी में उत्पात मचा **बालि** को युद्ध हेतु ललकारा। बालि तुरंत युद्ध में कूद गया। वे दोनों काफी देर तक एक-दूसरे से लड़ते रहे, क्योंकि वह दानव वाकई बेहद ताकतवर और भयंकर था। दोनों लड़ते-लड़ते एक गुफा में प्रवेश कर गए। तभी उस दानव ने एक जोरदार मुक्का बालि को जड़ दिया। पहली बार बालि किसी से मार खाया था, अत: वह गुस्से से पागल हो गया तथा क्रोध में चीखते हुए, उसे बेरहमी से पीटने लगा। मार से वह दानव भी चीखने लगा। चूँकि एक गुफा में आवाजें गूँजती हैं, अत: गुफा के बाहर ऐसा प्रतीत हो रहा था मानो बालि मारा जा रहा हो। तभी बालि क्रोध में चीखते हुए बोला—

''मैं तुझे इसी गुफा में दफना दूँगा।''

गुफा के बाहर खड़े सुग्रीव और वानर सैनिकों को लगा कि बालि कह रहे हैं कि इसे इसी गुफा में दफना दो। यह सुन सभी ने सोचा की शायद बालि उस दानव के हाथों मारे जा रहे हैं, अत: किष्किंधावासियों की रक्षा हेतु कह रहे हैं कि दानव को इसी गुफा में दफना दो। अत: सुग्रीव ने अपनी वानर सेना को आदेश दे, गुफा के मुख को एक विशाल पत्थर से बंद कर दिया, ताकि वह दानव वहीं अंदर रह जाए। सुग्रीव काफी देर तक इंतजार करने के बाद, अपनी वानर सेना के साथ वापस महल लौट गया और सभी शोक में डूब गए। तब किष्किंधावासियों और किष्किंधा के कुछ विशिष्ट वानरों के अनुरोध पर सुग्रीव ने किष्किंधा का राजा बनना स्वीकार कर लिया।

इधर, चूँकि वह दानव बेहद शक्तिशाली था, अत: वह काफी देर तक संघर्ष करता रहा और बालि उसे पीटता रहा। यहाँ तक की बालि उस दानव को मृत्यु के बाद भी पीटता रहा और जब वह शांत हुआ तो वापस गुफा के द्वार पर लौटा, किंतु उसने गुफा के द्वार पर एक मजबूत पत्थर लगे देखा और उसने पाया कि वह अंदर कैद हो चुका है। वह काफी देर तक सुग्रीव का नाम ले-लेकर पुकारता रहा और कोई प्रतिक्रिया न पा, कड़ी मशक्कत के साथ वह विशाल पत्थर किसी भाँति गुफा के द्वार से हटाने में कामयाब हुआ और वापस महल पहुँचा। वहाँ उसने सुग्रीव को राजसिंहासन पर बैठे देखा तो उसे लगा सुग्रीव ने राजा बनने के लालच में उसे मरने हेतु गुफा का द्वार बंद कर दिया। लिहाजा वह क्रोध से पागल हो गया और तुरंत बिना बातचीत किए ही, उसने सुग्रीव की पिटाई करनी प्रारंभ कर दी और कुछ ही पलों में सुग्रीव अधमरा हो गया। जब वहाँ मौजूद सेना के अन्य वानरों ने बालि को समझने की कोशिश की, तो बालि ने उन्हें भी दंड स्वरूप पीटा और अधमरे सुग्रीव के साथ किष्किंधा से निकल जाने को कहा। वे सभी बालि के क्रोध को जानते थे, अत: वे तुरंत मरणासन्न सुग्रीव की लेकर सुमेरु पर्वत की ओर निकल पड़े, जहाँ उन्हें आश्रय मिलने की उम्मीद थी। उन्हें सुग्रीव को ले जाता देख सुग्रीव की पत्नी रोमा रोती-बिलखती सुग्रीव के साथ जाने को हुई, तो बालि ने जबरन उसे सुग्रीव के दंडस्वरूप कह अपने पास रख लिया। वह रोती रही, चीखती रही, बालि से मिन्नतें करती रही, किंतु बालि क्रोध में अंधा हो चुका था। उसने किसी की एक न सुनी।

26

सुमेरु पर्वत का रहस्यमयी राजा

कुछ वानर सेना के सिपाही, जो सुग्रीव के प्रति वफादार थे, वे सुग्रीव को ले सुमेरु पर्वत पहुँचे, जहाँ का नवनिर्वाचित राजा बेहद दयालु था, किंतु हैरानी की बात उसे बहुत कम लोगों ने देखा था। उसकी दयालुता इसी बात से जाहिर होती थी कि उसने सुमेरु पर्वत पर वानरों से भिन्न एक अन्य रीछ प्रजाति को भी शरण दे रखी थी। रीछ एक विलुप्तप्राय प्रजाति थी, जो कुछ बड़े भालू जैसे दिखते थे। असल में वे वानरों के भी पूर्ववर्ती थे। उनके पूरे शरीर पर गहरे काले रंग के बड़े बाल होते थे और उनके हाथों की लंबाई लगभग उनके पैरों जितनी ही होती थी। रीछ के सरदार का नाम—'जामवंत' था। जामवंत का पालन-पोषण एक मुनि ने किया था। जामवंत जब बहुत छोटा था, तभी उसके माता-पिता की मृत्यु हो चुकी थी और वह उस छोटी उम्र में मुनि मतंग को मिला था। मतंग मुनि ने ही उसे पाला और बड़ा किया था। अत: वह इन्सानों को भी करीब से जानता था।

सुमेरु पर्वत के राजा ने जामवंत को अपना मंत्री और सेनापति दोनों बना रखा था। इन सबके बावजूद सच्चाई यह थी कि जामवंत केवल इतना ही नहीं था, बल्कि वह वहाँ का राज-काज भी देखता था, कारण था कि सुमेरु पर्वत का राजा बेहद शांत, रहस्यमय और ध्यानयोगी था। वह सदैव ध्यान में डूबा रहता था और उसकी जिद थी कि एक दिन कोई-न-कोई ईश्वर उसे साक्षात् दर्शन देंगे और उसके जीवन के असली लक्ष्य को बताएँगे। इन्हीं सब कारणों से सुमेरु के नगरवासियों के लिए वह एक रहस्यमय व्यक्ति था।

सुमेरु के राजा की आज्ञा पर सुग्रीव को वहाँ पनाह मिल गई। जामवंत ने तुरंत सुमेरु के राज वैद्य को बुला सुग्रीव का उपचार करवाया।

सुग्रीव कुछ दिनों में स्वस्थ हो गया। उसने वहाँ आश्रय पाने और उसके उपचार हेतु सुमेरु के राजा को स्वयं मिल उन्हें धन्यवाद देने की इच्छा जताई। तब जामवंत सुग्रीव को ले सुमेरु पर्वत की सबसे ऊँची चोटी की ओर ले गया। सुग्रीव ने सोचा कि

राजा ने ऊपर वहाँ अपना महल बनवाया होगा। इन दिनों उसने उस रहस्यमय राजा के विषय में काफी कुछ सुना था, वह उनसे मिलने को बेहद बेताब और मन में आश्चर्य लिये था कि एक राजा ऐसा भी हो सकता है।

जामवंत सुग्रीव को ले सुमेरु पर्वत की सबसे ऊपरी चोटी पर पहुँचा। सुग्रीव ने वहाँ जो कुछ भी देखा, वह उसकी सोच से बिल्कुल परे था। वह आश्चर्य में बिल्कुल डूब गया और उसे वह राजा अब और रहस्यमय लगने लगा, क्योंकि वहाँ किसी इन्सानी ऋषि की एक कुटिया की भाँति बनी, एक कुटिया देखी। वहाँ कोई महल नहीं था। जब जामवंत सुग्रीव को ले कुटिया के अंदर गया तो सुग्रीव और चौंका। उसने वे एक बालिष्ठ वानर को किसी महर्षि की भाँति श्वेत अंगवस्त्र धारणकर पूजा और ध्यान करते देखा। सुग्रीव ने इससे पहले दिखने में इतना हृष्ट-पुष्ट और बलिष्ठ वानर कभी नहीं देखा था। उसकी मांसपेशियाँ मानो किसी साँचे में खूबसूरती से ढाली गई हों। उसका शरीर और तेज देख सुग्रीव विस्मित हो गया और सोचने लगा कि इस राजा के बारे में सुनी सारी अफवाहें सच प्रतीत होती हैं, वाकई यह बेहद रहस्यमय है। कौन है यह?''

जामवंत ने सुग्रीव की यह मुद्रा देख मुसकरा दिया और तब उसने उस राजा को ध्यान से जागते हुए पुकारा—

''हे हनुमान! आपसे मिलने सुग्रीव आए हैं।''

तब सुग्रीव को ज्ञात हुआ कि अद्‍भुत तेज धारण किए हुए, रहस्यमय, बलिष्ठ शरीर के उस मालिक का नाम—'**हनुमान**' था।

हनुमान उठे, पलटे और सुग्रीव को सादर प्रणाम किया। सुग्रीव उम्र में उस राजा से काफी बड़े थे। तब सुग्रीव ने जवाब देते कहा, ''वह उन सभी चीजों के लिए उनका धन्यवाद करना चाहते हैं, जो उन्हें सुमेरु से प्राप्त हुईं।''

प्रतिउत्तर में हनुमान ने विनम्रतापूर्वक केवल इतना कहा, ''यह उनका कर्तव्य था।'' सुग्रीव हनुमान की विनम्रता से भी बेहद प्रभावित हुए, पर अभी सबसे बड़ी हैरानी सुग्रीव का इंतजार कर रही थी, जब वहाँ के राजा हनुमान ने जामवंत से कहा— ''आज से सुमेरु पर्वत के राजा सुग्रीव हैं और आप उनके प्रति वफादार रहकर, राज-काज में उनकी मदद करिएगा।'' यह सुन सुग्रीव आश्चर्य से जड़ पड़ गए। उनकी समझ में नहीं आया कि यह अचानक कैसे?

जबकि यह सुन जामवंत ने शांति की साँस ली, क्योंकि वह अकेले सारी जिम्मेदारियाँ निभाते-निभाते थक चुका था। अतः इस वाक्य ने जामवंत को काफी राहत पहुँचाई। तब हनुमान ने सुग्रीव को कुछ हैरान देखकर, बात को स्पष्ट किया— ''जामवंत के ऊपर पहले से ही काफी जिम्मेदारी है और मेरे पास राज-काज चलाने का वक्त नहीं है। सबसे बड़ी बात आप हमसे उम्र में बड़े, हमारे पिता के सामान हैं और

राजा के पद हेतु सुयोग्य हैं।'' यह सुन सुग्रीव ने हनुमान को गले लगा लिया और फिर हनुमान सुग्रीव से विदा ले पुनः अपने ध्यान योग में डूब गए।

वापस लौटते हुए सुग्रीव ने जामवंत से कहा कि इतने बलिष्ठ शरीर के मालिक होने के बावजूद हनुमान कितने शांत और विनम्र हैं, साथ ही बेहद रहस्यमय भी। तब जामवंत ने कहा कि अभी जो उन्होंने देखा, वह कुछ भी नहीं, यदि वह सचमुच हनुमान के विषय में जानने हेतु उत्सुक हों, तो वे उन्हें और कई रहस्यमय बातें उनके विषय में बता सकते हैं। यह सुन सुग्रीव उत्सुकता से आग्रह करने लगे कि वे हनुमान के विषय में सबकुछ बताएँ।

तब जामवंत ने बताना शुरू किया—

''हनुमान का जन्म सुमेरु पर्वत के राजा वानरराज केसरी तथा माता अंजना के द्वारा हुआ था। माता अंजना हनुमान को एक महान् व्यक्तित्व प्रदान करना चाहती थीं, अतः उन्होंने पहले मेरे माध्यम से इन्सानों के ज्ञान की किताब—वेदों की शिक्षाओं के विषय में जाना और बचपन से हनुमान को वे उसकी शिक्षा देने लगीं। उन्हें इन्सानी प्रजाति के देवताओं पर विश्वास होने लगा और धीरे-धीरे माता अंजना का वेदों पर विश्वास बढ़ता गया। उन्होंने हनुमान को ध्यान-योग सिखाया और कहा कि ध्यान-योग के माध्यम से ही उन्हें एक दिन इन्सानी देवताओं के दर्शन होंगे और वे ही हनुमान को उनके जीवन के असली उद्देश्य को बताएँगे, यानी उन्हें एक महान् कार्य सौपेंगे, जो उन्हें इस संसार का सबसे महान् और प्रसिद्ध वानरराज बना देगा। हनुमान चूँकि बचपन से ही अपनी माता की हर एक बात मानते थे, लिहाजा उन्होंने उनके द्वारा कही गई इस बात को भी गाँठ बाँध ली और तब से लेकर आज तक वे उसी ईश्वर के इंतजार में ध्यान-योग में डूबे हुए हैं। पहले तो मैं न तो वेदों पर विश्वास करता था, न ही ध्यान-योग पर, किंतु हनुमान ने मुझे कुछ ऐसा दिखाया कि मैं अब इन पर यकीन करने लगा हूँ, क्योंकि एक दिन मैंने हनुमान को ध्यान-योग की प्रक्रिया में जमीन से काफी ऊपर हवा में उड़ते हुए पाया। मैं आज तक नहीं समझ पाया कि ध्यान-योग में ऐसा क्या है, जो इन्सान को इतना ऊपर हवा में उठा सके। ये सब मेरे लिए आश्चर्यजनक और मेरी समझ से परे है। हनुमान का वह बलिष्ठ शरीर तो अपने देखा ही, वह भी शायद ध्यान-योग का ही परिणाम है। मैंने बहुत से राजा देखे हैं, जो भोग-विलास में डूबे रहते हैं, किंतु हनुमान तो बचपन से लेकर आज तक एक ध्यान-योगी ही हैं और सबसे बड़ी बात कि अपने माता-पिता की मृत्यु के बाद और राजा बनने के बाद भी हनुमान कभी भोग-विलास में नहीं पड़े। वे एक बाल ब्रह्मचारी हैं।''

यह सुन सुग्रीव के मन में हनुमान के प्रति एक श्रद्धा सी हो गई और अपने मन में सोचने लगे—

'निश्चय ही हनुमान अद्भुत और रहस्यमय हैं।'' और तभी सुग्रीव को एक

विचार आया और वे खुशी से उछालते हुए बोले—

"यदि हनुमान सच में इतने बलशाली हैं, तो मैं उनकी मदद से बालि को उसके कृत्यों का दंड दे, अपनी पत्नी रूमा को वापस ला सकता हूँ।" उसने उसका जबरन अपहरण कर रखा है।

"मुझे बेहद दुःख हुआ यह सुनकर वानरराज सुग्रीव, किंतु हनुमान आपकी इस कार्य में कोई मदद नहीं करेंगे।" जामवंत ने अफसोस जताया।

"लेकिन क्यों?" सुग्रीव ने आश्चर्य से पूछा।

"क्योंकि हनुमान ने आज तक जितने भी दुष्टों, राक्षसों को मारा है, वह अपने माँ की आज्ञा पर, कमजोरों की रक्षा हेतु मारा है, पर अब जब उनकी माँ नहीं हैं तो वे अब केवल ईश्वर के दर्शन और उनके दिशा निर्देशानुसार ही कुछ करेंगे। यही वजह है कि मैं सुमेरु का सेनापति और मंत्री हूँ तथा आप राजा।"

"तो इसका मतलब हनुमान सचमुच इन्सानी देवता के साक्षात् दर्शन कर ही वह कुटिया छोड़ नीचे नगर में आएँगे?" सुग्रीव ने आश्चर्य के साथ पूछा।

"हाँ! ऐसा ही है।"

"और यदि इस बीच किसी भयंकर शत्रु ने आक्रमण कर दिया, तो क्या हनुमान नगरवासियों की रक्षा हेतु नहीं आएँगे?"

"अब तक तो ऐसा नहीं हुआ, किंतु यदि ऐसा होता है तो संभवतः अपने नगरवासियों की पुकार पर उनकी रक्षा हेतु अवश्य आएँगे।"

सुग्रीव ने मन में सोचा कि सचमुच हनुमान बेहद रहस्यमय हैं।

इधर खर-दूषण, शूर्पणखा का बदला लेने पंचवटी पहुँच गए और राम को युद्ध हेतु ललकारने लगे। राम दोनों को देखते ही पहचान गए कि कुछ वर्ष पूर्व, इन्होंने ही गुरुकुल पर आक्रमण कर कई मासूमों को मौत के घाट उतारा था। राम उनपर टूट पड़े। पहली बार राम ने धनुर्विद्या में तंत्र ज्ञान का उपयोग किया। खर-दूषण बेहद आश्चर्यचकित हुए राम का तंत्र ज्ञान देखकर। उनके बीच एक भयंकर युद्ध हुआ, किंतु वे दोनों अधिक समय तक राम का सामना न कर सके और मृत्यु को प्राप्त हुए।

अब शूर्पणखा रावण के पास दो बुरी खबरों के साथ पहुँची, उसे रास्ते में ताड़का का पुत्र मारीच भी मिला, जो राम के डर से भागकर भारतवर्ष के दक्षिण में छिप गया था। शूर्पणखा उसे अपने साथ राम की बुराई करने हेतु रावण के समक्ष ले गई।

27

रावण का षड्यंत्र और रक्षक का दुःख

रावण शूर्पणखा का हाल और खर-दूषण के बारे में जानकर अत्यंत क्रोधित और चिंतित हुआ। अब रावण को स्पष्ट हो चुका था कि उसके मार्ग की सबसे बड़ी बाधा स्वयं राम है। अतः वह अपने भाइयों के साथ विचार-विमर्शकर राम के खिलाफ युद्ध-रणनीति बनाने लगा। तब शूर्पणखा और मारीच ने बताया कि राम बेहद ताकतवर है और वह तंत्र विद्या भी जनता है, ऐसे में वह इस वक्त जहाँ रह रहा है, वहाँ अधिक बड़ी सेना लेकर नहीं जाया जा सकता और कम सेना के साथ राम के साथ युद्ध करना भी एक मूर्खता ही होगी। वैसे भी दंडकारण्य वन बेहद घना और विषैले सर्पों और भीमकाय खतरनाक उकावों से भरा पड़ा है, आधी सेना तो इन्हीं के द्वारा मारी जाएगी, अतः उसे दंडकारण्य वन में मारना नामुमकिन है। तब रावण ने शूर्पणखा के सुझाव पर एक नई योजना बनाई—

''शूर्पणखा ने बताया कि राम अपनी पत्नी से बेहद प्रगाढ़ प्रेम करता है। यदि हम उसकी पत्नी का अपहरण कर लें, तो वह उसे छुड़ाने यहाँ जरूर आएगा और मारा जाएगा, साथ-ही-साथ हम उसे इसी बहाने तड़पाकर खर-दूषण की मृत्यु का बदला भी ले लेंगे।''

रावण को यह योजना बेहद पसंद आई और वह मारीच को साथ ले निकल पड़ा राम की पत्नी का अपहरण करने।

उनकी योजना थी—मारीच किसी तरह राम को सीता से दूर ले जाए और मौका पाकर रावण सीता का अपहरण कर ले।

रावण इस योजना को हर हाल में सफल बनाना चाहता था, इसीलिए वह स्वयं वहाँ जाने को तैयार हुआ।

कुछ सप्ताह उपरांत, दंडकारण्य वन पंचवटी,

राम और सीता इन सबसे बेखबर कुटिया के बाहर एक वृक्ष के नीचे बैठ, प्रेम से भरी मीठी-मीठी बातें कर रहे थे, जबकि कुटिया के पीछे लक्ष्मण धनुर्विद्या का अभ्यास कर रहे थे। जटायु उन्हें ऐसा करते टुक-टुक देख रहा था।

इधर रावण मारीच के साथ पंचवटी से थोड़ी दूर, जहाँ से उसके पुष्पक विमान की आवाज राम तक न पहुँचे, उतरा और विमान को वहीं छोड़, वह राम की कुटिया की ओर बढ़ा। रास्ते में मारीच ने सुझाव दिया—

''यदि हम अपने साथ एक मृग का बच्चा ले चलें, तो निश्चय ही सीता उसे देख उसके साथ खेलने को लालायित होगी और राम को उसे लाने हेतु भेजेगी, क्योंकि औरतों को बच्चे बेहद पसंद होते हैं, फिर चाहे वह किसी जानवर के ही क्यों न हों और मृग तो वैसे ही किसी को भी अपनी तरफ आकर्षित कर लेता है और यदि इससे काम न बना, तो मैं कोई और तरकीब आजमाऊँगा। बस आपको लक्ष्मण का सामना करना पड़ सकता है।''

यह सुन रावण बोला—

''मुझे लक्ष्मण की कोई परवाह नहीं है। तुम किसी तरह केवल राम को वहाँ से दूर कर दो बस, बाकी सब मैं देख लूँगा।''

थोड़ी देर चलते रहने के बाद आखिरकार वे राम की कुटिया तक पहुँच ही गए। उन्होंने राम और सीता को एक साथ कुटिया के बाहर देखा, तब रावण ने पूछा लक्ष्मण कहाँ है ?

तब मारीच ने कुटिया की दूसरी तरफ इशारा किया, जहाँ लक्ष्मण अभ्यास कर रहे थे, किंतु एक चीज ने उन्हें आश्चर्य में डाल दिया वह था—वह भीमकाय, खतरनाक पक्षी—जटायु।

यह देख मारीच बोला, ''निश्चय ही राम बेहद ताकतवर और कुछ गुप्त शक्तियों का मालिक है, नहीं तो इतने विशाल पक्षी को पालतू बनाना नामुमकिन है।'' मैं यह पहली घटना देख रहा हूँ।

''हाँ, यह वाकई अद्‌भुत है।'' रावण ने भी उस भीमकाय पक्षी को आश्चर्य पूर्वक देखते हुए कहा। फिर मारीच ने वन में एक मृग का बच्चा पकड़ा और उस तरफ गया, जिधर राम की पीठ थी। वह झाड़ियों के पीछे से सीता को उस मृग के बच्चे की एक झलक दिखलाकर उसे वापस खींच लाया। सीता उसे देख खुशी से उछल पड़ी। राम भी चौंककर अपने पीछे देखने लगे, तभी मारीच ने उस मृग के बच्चे की गरदन दबाई तो वह एक मासूम आवाज में चीखने लगा। उसकी चीख सुन सीता राम से बोलीं—

''एक मृग का प्यारा सा बच्चा है। लगता है उसे किसी मांसाहारी पशु ने पकड़

लिया है, कृपाकर जाइए और उसे बचाकर ले आइए, मैं उसके साथ थोड़ी देर खेलना चाहती हूँ।''

राम ने भी सहमति में सिर हिलाया, तभी उस मृग शिशु की आवाज दूर जाती प्रतीत हुई, क्योंकि मारीच उसे लेकर वन में अंदर की ओर जा रहा था। राम तुरंत उठे और अपना धनुष-बाण उठा वन में अंदर भागे। वे उस मृग के बच्चे की आवाज का पीछा करते हुए चलते रहे और वन में काफी अंदर पहुँच गए। तभी उन्हें वह शिशु एक बेल की लतिकाओं में बुरी तरह फँसा हुआ दिखाई दिया। राम उसके पास गए और उसे प्रेम से पुचकारते हुए लता से मुक्त करने लगे। वे शिशु को छुड़ा ही चुके थे कि तभी उन्हें महसूस हुआ कि उनके पीछे कोई है। जैसे ही वे देखने के लिए पलटे, मारीच ने एक जोरदार प्रहार राम के सिर पर किया। राम के सिर से रक्त की एक तेज धारा बाह निकली और वह मृग शिशु राम के हाथ से छूट गया और वन में भाग गया। राम दर्द से चीखते वहीं गिर पड़े। सीता ने जैसे ही राम की दर्द से भरी आवाज सुनी, उन्होंने तुरंत लक्ष्मण को आवाज लगाई। लक्ष्मण दौड़े आए। सीता ने उन्हें राम की चीख की आवाज सुनने की बात बताई। पहले लक्ष्मण को विश्वास नहीं हुआ, किंतु सीता की जिद और दु:ख को देखकर लक्ष्मण वन में जाने को तैयार हुए। सीता की रक्षा हेतु, उन्होंने कुटिया के बाहर जमीन पर एक लंबी, गहरी रेंखा खींची और उसमें एक के बाद एक, कई आग्नेयास्त्र छुपा दिए। अब यदि कोई भी उस लकीर पर पैर रख देता, तो वह उस भयानक आग्नेयास्त्र की चपेट में आ, अग्नि से जलकर खाक हो उठता। फिर लक्ष्मण ने वन की ओर जाते हुए कहा—

''भाभी माँ! कुछ भी हो जाए, किसी भी कीमत पर आप इस लकीर से बाहर मत जाइएगा, न ही भूलवश इस पर पाँव रखिएगा।'' और जटायु की ओर देख लक्ष्मण पुन: बोले—

''जटायु! किसी को भी इस रेखा के उस पार अंदर मत घुसने देना।'' जटायु ने अपनी गरदन ऐसे हिलाई जैसे वह समझ गया हो, किंतु अपने नाम का उच्चारण सुन जटायु ने आदतन अपना सिर हिलाया था। लक्ष्मण वन की ओर दौड़े।

इधर राम ने किसी तरह खुद को सँभाल, अपनी आँखें खोलीं और देखा कि एक असुर हाथ में एक मोटी शाखा लिये, एक और वार करने को तैयार था, लेकिन तभी अचानक कुछ ऐसा हुआ कि मारीच के हाथ से वह मोटा तना गिर पड़ा, उसने तुरंत नीचे अपने पेट की ओर देखा, जहाँ एक तीर उसके शरीर के आर-पार हो चुका था। वह बाण चलानेवाला कोई और नहीं, बल्कि स्वयं राम थे। मारीच की आँखें आश्चर्य से फैल गईं और उसने अपने जीवन में पहले कभी इतना तीव्र धनुर्धर नहीं देखा था। उसने कुछ बोलना चाहा, किंतु उसके मुख से केवल इतना निकला—''रावण···।'' राम ने यह

शब्द स्पष्ट रूप से सुना और उठने का प्रयास करने लगे, किंतु सिर में घाव गहरा होने के कारण पुन: गिर पड़े। तभी लक्ष्मण वहाँ दौड़ते हुए आ पहुँचे। उन्होंने तुरंत अपना अंगवस्त्र फाड़कर राम के सिर पर बाँधा, ताकि रक्त के प्रवाह को रोक जा सके। इसके बाद उन्होंने घृणा से उस असुर मारीच की तरफ देखा, जिसको देखने से ही स्पष्ट होता था उसने राम के साथ क्या किया था।

इधर रावण लक्ष्मण को वन में जाता देख अत्यंत प्रसन्न हुआ और सोचा अब रास्ता और भी आसान हो गया। उसने देख लिया था कि लक्ष्मण ने जमीन पर उस गहरी रेखा के भीतर क्या छुपा रखा था और वह जानता था कि यदि वह किसी प्रकार उस रेखा को लाँघ अंदर पहुँच भी गया, तो जैसे ही वह सीता के अपहरण की कोशिश करेगा, सीता प्रतिरोध करेंगी और तब ऐसी हालत में वह उस आग्नेयास्त्र से सँभलकर सीता को वहाँ से नहीं ले जा पाएगा। अत: उसने एक योजना बनाई—वह जो लबादा सीता को ढककर अपहरण करने हेतु लाया था, उसे कुछ इस तरह लपेटा कि वह किसी ब्राह्मण की भाँति लगने लगा। अब वह सीता के सामने एक ब्राह्मण के रूप में जाएगा और सीता को उस आग्नेयास्त्रवाली रेखा के बाहर भिक्षा देने हेतु बुलाएगा और आसानी से सीता का अपहरण कर लेगा। यह सोच रावण ने उस बड़े सफेद लबादे में स्वयं को छिपाया और सीता की तरफ, कुटिया की ओर बढ़ा। उसने कुटिया के बाहर ही ठिठक सीता से भिक्षा माँगी। सीता ने उसे सफेद लबादे में देखा तो, सोचा कि वह कोई ब्राह्मण है, अत: सीता नहीं चाहती थी कि वह ब्राह्मण उस रेखा में छुपाकर रखे गए, भयानक बाण की अग्नि से जलकर घायल हो जाए, लिहाजा वह स्वयं उसे भिक्षा में कुछ फल देने उस रेखा से बाहर आ गई। जैसे ही सीता ने उस रेखा से बाहर कदम रखा, रावण ने तुरंत अपना लबादा बाहर फेंका और सीता को पकड़कर हँसता हुआ लेकर जाने लगा। यह देख विस्मित सीता पहले तो विनती करने लगीं, किंतु रावण की मजबूत पकड़ को देख, वे जोर-जोर से चीखती हुई राम को आवाज लगाने लगीं। सीता को रावण से छुड़ाते और चीखते हुए देख जटायु रावण से जूझ पड़ा, उसे एहसास हो चुका था कि कुछ गलत हो रहा है। सीता की रक्षा उस विशालकाय पक्षी को करते देख रावण आश्चर्यचकित रह गया और तुरंत उसने प्रतिरक्षा में अपना विशाल खड्ग अपनी पीठ के पीछे से निकाल लिया, जो इस बात का सबूत था कि अब जटायु के लिए मुश्किल वक्त आनेवाला था।

इधर राम कुछ सँभले, तभी उन्हें सीता की चीख सुनाई दी। चीख बढ़ती जा रही थी। राम हड़बड़ाते हुए उठे और लक्ष्मण की ओर देखते हुए चिल्लाए—

"सीता!...लक्ष्मण...सीता।" और स्वयं उठकर तेजी से कुटिया की ओर दौड़े, किंतु रक्त ज्यादा बह जाने के कारण कमजोरी से उन्हें हल्की मूर्छा सी आ गई। लक्ष्मण

ने, जो राम के ठीक पीछे कुटिया की ओर दौड़ लगा रहे थे, राम को गिरता देख, ठिठककर राम को थाम लिया। उधर सीता के चीखने की आवाज बढ़ती ही जा रही थी। वे लगातार राम को पुकार रही थीं। राम तुरंत अपने सिर को झटकते हुए, खुद को संयत करते हुए पुनः चिल्लाते हुए कुटिया की ओर दौड़े—

"सीते! मैं आ रहा हूँ, सीते।"

जैसे ही राम कुटिया तक पहुँचे, उन्होंने देखा कि वहाँ ढेर सारा रक्त और पंख फैले हुए थे। काफी रक्त बह जाने के बाद भी राम, जो सीता की रक्षा हेतु अपना होश सँभाले हुए थे, वह रक्त को देखते ही बेहोश होकर गिर पड़े। लक्ष्मण अब एक अलग दुविधा में थे, उन्हें नहीं समझ आ रहा था कि इस परिस्थिति में उन्हें क्या करना चाहिए। एक तरफ राम बेहोश पड़े थे, दूसरी तरफ सीता दिखाई नहीं दे रही थीं। तभी लक्ष्मण की नजर वन के दूसरे छोर पर रक्त से सने, घायल जटायु पर पड़ी, जिसका एक पंख धड़ से कटा, दूसरी ओर पड़ा तड़प रहा था। लक्ष्मण समझ गए कि वह रक्त जटायु के शरीर का था। लक्ष्मण ने अपनी रेखा की तरफ देखा, उसे देखकर यह प्रतीत नहीं होता था कि उससे कोई छेड़खानी हुई है, अतः उन बाणों को वहाँ से निकाल लक्ष्मण तुरंत कुटिया में अंदर गए, यह देखने कि कहीं सीता वहाँ तो नहीं है, किंतु कुटिया में कोई न था। तब लक्ष्मण को राम का खयाल आया और वे वहाँ से जल ले जाकर राम के चेहरे पर छिड़क, उन्हें होश में ले आए। होश में आते ही, राम तुरंत उठ बेतहाशा कुटिया के अंदर भागे, किंतु सीता वहाँ भी नहीं थीं। तब लक्ष्मण ने उन्हें पुकारते हुए जटायु की ओर इशारा किया और दोनों भाई जटायु की ओर दौड़े। जटायु की हालत देख राम की अश्रुधारा और तेज गति से बहने लगी। जटायु को होश में लाने हेतु राम ने जटायु को छुआ और सीता के विषय में पूछा। मरणासन्न जटायु ने किसी तरह अपनी गरदन को घुमाया और दक्षिण दिशा की ओर देखने लगा, जो राम के लिए उनके प्रश्न का उत्तर था। राम समझ गए कि सीता उसी तरफ गई है। राम दर्द से चीखते दक्षिण दिशा की ओर दौड़े। लक्ष्मण उनके पीछे-पीछे, राम लगातार बदहवास हो सीता का नाम पुकारे जा रहे थे और दुःख-पीड़ा में उनके आँसू लगातार बह रहे थे। अभी थोड़ी देर पहले वे सीता के साथ बैठे प्रेम भरी बातें कर रहे थे और थोड़े ही समय में उनकी पूरी दुनिया ही उजड़ गई। राम लगातार दौड़े जा रहे थे। उनके रक्त का बहाव और तेज हो गया। दौड़ते-दौड़ते उन्हें अपनी आँखें बंद होती प्रतीत हुईं और वे मूर्छित हो जमीन पर गिर पड़े। पीछे से रोते-रोते लक्ष्मण पहुँचे। उन्होंने तुरंत राम को कंधे पर उठाया और वापस कुटिया की ओर लौटे।

थोड़ी देर बाद···

लक्ष्मण के आँसू राम के माथे पर टपक रहे थे। लक्ष्मण राम का सिर अपनी गोद में रखकर, कुटिया के द्वार पर बैठे रो रहे थे। उन्होंने राम के घावों पर औषधि का लेप

लगा दिया था, किंतु उन्होंने राम को जगाया नहीं, क्योंकि वे जानते थे कि राम पुनः सीता के खोज में दौड़ पड़ेंगे, जो उनके इस वक्त की हालत के लिए सही नहीं था, किंतु लक्ष्मण के आँसुओं की ठंडक से राम का होश वापस लौटा। उन्होंने लक्ष्मण को बेहाल रोते देखा, तब राम ने खुद को संयत किया और आराम से उठ लक्ष्मण को चुप करवाया और खुद को उनके सामने बेहद शांत प्रदर्शित किया, ताकि लक्ष्मण को अच्छा महसूस हो, लेकिन लक्ष्मण स्पष्ट देख सकते थे कि भले ही राम ने खुद को संयत कर लिया था, किंतु उनकी आँखें इस प्रकार सुर्ख हो चुकी थीं, मानो किसी इन्सान ने इतने दु:ख देख लिये हों कि उसने उन दु:खों को अपना हमसफर बना लिया हो। फिर राम ने अपने सिर पर बँधी पट्टी को महसूस किया और लक्ष्मण के साथ मृत पड़े जटायु के पास गए। पूरी कुटिया में जटायु के पंख फैले हुए थे। राम ने लक्ष्मण के साथ मिलकर जटायु के पंखों को समेटा। उन्होंने मिलकर जटायु के लिए किनारे पर एक चिता तैयार की और किसी तरह जटायु को उस पर लिटाया तथा उसका अंतिम संस्कार किया। अंतिम संस्कार के वक्त राम बुदबुदाए—

''हे महान् पक्षी जटायु! तुम अपने कार्य के लिए सदैव याद किए जाओगे। ईश्वर तुम्हारी आत्मा का कल्याण करें।''

इसके बाद लक्ष्मण ने प्रश्नसूचक निगाहों से राम की ओर देखा, तब राम बोले—

''वह रावण था।''

''क्या!'' लक्ष्मण ने आश्चर्य से कहा।

''मैं रावण को ऐसा दंड दूँगा कि ये धरती काँप उठेगी।'' लक्ष्मण क्रोध से दाँत पीसते पुनः बोले।

राम भी क्रोध में थे, किंतु उन्होंने खुद को समझा रखा था पर अंदर से वे पीड़ा और क्रोध से उबल रहे थे।

''हमें दक्षिण की ओर चलना होगा।'' राम ने कहा और लक्ष्मण ने सहमति में सिर हिलाया।

फिर राम ने आँखें मूँद स्वयं से कहा—

''हे ईश्वर! मुझे केवल दिशा पता है। हे प्रभु! मुझे क्या करना चाहिए, मैं सीता तक कैसे पहुँचूँगा प्रभु, क्या मेरी नियति में केवल दु:ख लिखा है, मैं स्वयं को बेहद अकेला, असहाय और निर्बल महसूस कर रहा हूँ। क्या करूँगा आगे मैं?''

वहाँ से काफी दूर सुमेरु पर्वत

हनुमान ने एक और दिन बाद अपनी ध्यान-प्रक्रिया खत्म की। एक और दिन

ईश्वर के दर्शन न पा, हनुमान ने स्वयं से कहा, ''हे मेरे स्वामी! मेरे प्रभु! आप चाहे मेरी कितनी कड़ी परीक्षा क्यों न ले लें, मैं आपके दर्शन पाकर ही चैन लूँगा और आपके दिखाए मार्ग पर चलूँगा। मेरे प्रभु आपके इंतजार में मेरी आँखें सूख रही हैं, पर आप मुझे अवश्य मिलेंगे और इसके लिए सारी सृष्टि आपको मुझसे मिलने हेतु मजबूर करेगी। मेरे और आपके मिलन के बाद ही यह दुनिया देखेगी असली हनुमान को। आप जो भी आदेश देंगे, मैं उसे अवश्य पूरा करूँगा। चाहे इसके लिए मुझे आकाश-पाताल एक ही क्यों न करना पड़े। आपका भक्त आपके लिए वह भी कर दिखाएगा। मेरे प्रभु आप कब दर्शन देंगे मुझे?''

समाप्त